PETER SELG

Die Heilungen in den Evangelien und der Geist der Medizin

D1734201

PETER SELG

Die Heilungen in den Evangelien und der Geist der Medizin

VERLAG DES ITA WEGMAN INSTITUTS

Ita Wegman Institut
für anthroposophische Grundlagenforschung
Pfeffingerweg 1 A, CH-4144 Arlesheim

Umschlagmotiv: Heilung der verdorrten Hand,
Codex Egberti, 980 – 993
Gesamtgestaltung: Walter Schneider, www.schneiderdesign.net
Druck: GuldeDruck, Tübingen
ISBN 978-3-906947-86-0

Inhalt

Vorwort

Als Ita Wegman Ende 1934 nach ihrer schweren Erkrankung und Genesung von ihren Reisen nach Palästina und Rom zurückkehrte, entschied sie sich, die christliche Dimension der Medizin in ganz neuer Weise ins Zentrum ihrer Arbeit, des Klinisch-Therapeutischen Instituts in Arlesheim und aller befreundeten Einrichtungen zu stellen.[1] Das Motiv einer «Verchristlichung» der Heilkunde hatte schon zuvor eine große Bedeutung für Wegman gehabt, gewann jedoch in der Begegnung mit dem Heiligen Land und den Stätten des Urchristentums in Rom noch einmal ein anderes Gewicht.

In der Arbeit an der Herausgabe von Wegmans gesammelten Studien zur Frage der Mysterien und der Heilkunst – im Kontext der 100-jährigen Wiederkehr des Kurses in Penmaenmawr,[2] des Beginnes ihrer intensiven Zusammenarbeit mit Rudolf Steiner am Manuskript des Buches «Grundlegendes zu einer Erweiterung der Heilkunst nach geisteswissenschaftlichen Erkenntnissen»[3] und ihrer Übernahme der Leitung der Medizinischen Sektion am Goetheanum (Ende 1923)[4] – entschieden wir uns im Ita Wegman Institut, auch die vergriffenen Texte des vorliegenden Bandes in überarbeiteter Form neu zugänglich zu machen. Sie wurden 2001, 2003 und 2005 erstmals in der Absicht publiziert, den geistigen Hintergrund der Anthroposophischen Medizin sichtbarer werden zu lassen,[5] einer Heilkunst, die ihrem Selbstverständnis nach mehr und

7

anderes ist als ein zusätzliches Element im weiten Spektrum der «komplementärmedizischen», «alternativen» oder «naturheilkundlichen» Therapierichtungen.

Für die Möglichkeit, in der ersten Hälfte des Jahres 2023 durch Vorträge und Studienaufenthalte Israel und Rom besuchen zu können und für die dort gesammelten Eindrücke, die die Überarbeitung und Neuherausgabe der Texte dieses Buches begleiteten, danke ich in erster Linie Meron Barak, Michal Ben Schalom, Stefanie und Gilad Allon, Rolf Herzog, Franco Lattughi, Stefano Gasperi, Luigi Fiumara, Guido Guidi und Patrizia Andreoli.

Goetheanum   *Prof. Dr. med. Peter Selg*
Ita Wegman Institut
Rom, Pfingsten 2023

Einleitung
Vom therapeutischen Auftreten des Christentums

Kaum dass die christliche Lehre staatliche Duldung
erlangt hatte und mit allen ihren Einrichtungen aus
dem Dunkel der Katakomben heraus in das prüfende
Licht des Tages treten konnte, wurden die bevölkerten
Länderstriche des römischen Weltreichs mit Kran-
kenhäusern, Armenanstalten und Pilgrimsherbergen
förmlich übersät. *A. Stöhr*[6]

Die Beziehungen des Christentums zur Medizin waren von
Anfang an existent, ideell und spirituell, aber auch im Bereich der zivilisatorischen Wirksamkeit. Die von August Stöhr
skizzierte Etablierung von Spitälern, von Orten und Weisen der
Krankenbehandlung und -pflege – aber auch der Behinderten-
betreuung – verstand die urchristliche Gemeinschaft ganz offenbar als Teil einer Aufgabe, der sie mit Unbedingtheit nachzu-
kommen suchte. Als die Christen im vierten Jahrhundert nach
der überwundenen Illegalität und dem Ende eines weitgehend
verborgenen Daseins in kleinen Kreisen beginnen konnten, öffentlich zu wirken, entstanden medizinische und soziale Stätten
nicht nur in großer Zahl, sondern mit einem besonderen therapeutischen Ethos. Basilius erbaute im Jahre 379 eine ganze Hos-
pitalstadt in Caesarea, die in ihrem monumentalen Ausmaß geradezu als ein «Weltwunder» bestaunt und in ihrem inneren
Duktus bewundert wurde:

Die Krankheit wurde hier voll geduldiger Haltung
überwunden; so konnte das Unglück sich als be-

glückt betrachten. Das Mitgefühl mit dem fremden Leid bestand hier seine Prüfung. (Gregor von Nazianz[7])

Viele christliche Krankenhäuser und Pflegeeinrichtungen wurden in den kommenden Jahrhunderten in der Nähe der Klöster errichtet und befanden sich unter der Leitungshoheit der Priester, die nicht selten eine ärztliche Ausbildung hatten und – bis zum Eintritt eines entsprechenden kirchlichen Verbotes – medizinisch praktizierten. Auch den Nicht-Christen imponierte die therapeutisch-soziale Kraft dieser Orte, die Ausdruck eines neuen Verständnisses von Krankheit und Heilung, Leiden, Sterben und Tod war und einen anderen inneren Umgang mit den Grenzerfahrungen der menschlichen Existenz ermöglichte. Als die große Pest des dritten Jahrhunderts Karthago und Alexandrien erreichte und unzählige Menschen unter katastrophalen Umständen starben, schrieb Dionysos von Alexandrien über die dortige Lage und die Haltung der christlichen Gemeinde:

Alles ist jetzt nur noch Jammer, alles trauert trostlos, und in der ganzen Stadt erschallt das Weinen wegen der Menge der Toten und all derer, die Tag für Tag sterben. Denn so, wie es von den Ahnen der Ägypter geschrieben steht, so gilt es auch jetzt: Ein überlauter Schrei des Schmerzes bricht aus […], gibt es doch kein einziges Haus, darin nicht ein Leichnam anzutreffen wäre […].
Die Krankheit hatte mit uns kein Erbarmen, wenn auch in den Reihen der Heiden die Verwüstung eine noch größere war. […]
Die Mehrzahl unserer Brüder, die ihre überaus starke Liebe zu den Mitmenschen antrieb, hat nicht auf die eigene Person geachtet; sie haben im

Zusammensein ausgeharrt. Furchtlos besuchten sie die Kranken, mit liebevoller Betreuung pflegten sie um der Liebe willen und schieden freudig mit ihnen zugleich aus dem Leben. Auf diese Art gingen die edelsten unserer Brüder zugrunde, mehrere Presbyter und Diakone und die in hohem Ansehen stehenden Männer in der Gemeinde. – Im Unterschied dazu verhielt es sich unter den Heiden genau umgekehrt. Diese verjagten die Erkrankten aus ihrer Nähe, entflohen vor den Menschen, die sie am meisten geliebt hatten, schleuderten die Sterbenden auf die Gassen und ließen die Toten unbeerdigt. So war ihr Bestreben dieses, sich aus dem Bereich der Ansteckung herauszuhalten und aus der allgemeinen Massensterblichkeit. Aber sie vermochten ihr, obwohl sie so handelten, doch nicht zu entrinnen.[8]

Die frühen Christen, so das Zeugnis des Dionysos, fürchteten weder die Ansteckung noch den Tod und pflegten aus ihren spirituellen Gemeinschaftskräften[9] – in selbstloser, hingabevoller Liebe.[10]

Dabei ist jedoch zu berücksichtigen, dass der karitative Geist des Urchristentums nicht lediglich auf die Form einer – von einem hohen inneren Ethos getragenen und bestimmten – Krankenpflege und Sterbebegleitung beschränkt war, sondern offenbar auch konkrete therapeutische Handlungen in unbedingt heilender Ausrichtung beinhaltete. Nicht nur die Evangelienberichte über die Wirksamkeit des Christus Jesus sprachen von medizinischen Heilungen, sondern auch die Apostelgeschichte machte Gleiches – oder zumindest Verwandtes – für die Taten der nachfolgenden Jüngerschaft geltend. In ihr (wie auch in den apokryphen Apostelzeugnissen) wird von der erfolgreichen Behandlung von Lahmen und Gichtbrüchigen, von der Therapie körperlich sowie seelisch Erkrankter berichtet, in Einzelgeschichten und in größeren, zusammenfassenden Darstellungen oder Andeutungen: «Schon trug man überall die Kranken auf die Straßen hinaus auf Betten und Bahren, damit, wenn Petrus vorüberginge, sein Schatten auf sie fiele. Es strömten auch viele zusammen aus den Städten im Umkreis von Jerusalem, um Kranke herbeizubringen und solche, die von unreinen Geistern geplagt waren; und alle wurden geheilt.» (Apg 5, 15-16). Der aus Antiochia in Syrien stammende und mit Paulus reisende Evangelist Lukas war selbst Arzt («Es grüßt Euch Lukas, der geliebte Arzt.» Kol 4, 14) und verfasste sein Evangelium in christlich-therapeutischem Geist.[11]

Als eine «Religion für Kranke» wurde das Christentum in diesem Sinne früh bezeichnet und geachtet, zugleich aber auch denunziert. Indirekt – durch die Antwort des Origines – der Nachwelt überliefert ist das entschiedene Votum des gebildeten Römers Celsus, der die christlichen Bemühungen um die seelisch sowie körperlich Kranken, aber auch um die geistig Unvorbereiteten in seiner gegen Ende des zweiten nachchristlichen Jahrhunderts verfassten Schrift über das «Wahre Wort» *(alethes logos)* kritisch hinterfragte und im Hinblick auf die von christlicher Seite praktizierte Integration von Bedürftigen in die kultisch-sakramentalen Vollzüge bemerkte:

Jene, die zu den religiösen Feierlichkeiten anderer, nichtchristlicher Mysterien Einladungen ausgehen lassen, tun dies mit der folgenden Verkündigung: «Wer reine Hände hat und mit Vernunft spricht, der möge kommen» – oder auch mit dieser: «Wer von jeder Schuld rein ist und keine Sündenmakel in seiner Seele fühlt, und zudem ein reines, gerechtes Leben lebt, der finde sich ein.» Und dies sagen sogar jene, die das Versprechen geben, man werde bei ihren Kulten von den Sünden gereinigt. Hören wir nun, des Kontrastes halber, was diese Leute [die Christen] behaupten: «Wer ein Sünder, ein Tor, ein Einfaltspinsel, oder, um es mit einem Wort zu sagen, wer ein Unglücklicher ist, dem wird das Reich Gottes entgegenkommen ...» Wenn jemand eine Räuberbande zusammenrufen wollte, dann könnte er es auf diese Weise tun, dass er sich an solche Leute wendete.

Origines schrieb siebzig Jahre später in seiner Erwiderung auf Celsus, der selbst dem Äskulap-Kultus anhing:

Wenn ein Christ die gleichen Leute einlädt, wie dies ein Räuberhauptmann tut, so macht er das auf Grund einer ganz anderen Absicht als jener. Er tut es, damit er mit Hilfe seiner Lehre ihre Wunden heile, damit er das Fieber ihrer seelischen Leidenschaften sänftige – auf Grund der heilenden Arzneien, die der Glaube hergibt, und die dem Wein und dem Öl und allen anderen Arzneien gleich gelten, welche die Heilkunde zur Linderung der Schmerzen des Körpers in Anwendung bringt.[12]

Nicht zu den Mysterien und zur Teilnahme an der Weisheit, die im Geheimnis verborgen liegt, rufen wir den Ungerechten, den Dieb, den Einbrecher usw., sondern zur Heilung. Denn ein Doppeltes bietet unsere göttliche Lehre. Sie reicht dem Kranken Heilmittel dar und darauf bezieht sich das Wort: «Nicht die Gesunden bedürfen des Arztes, sondern die Kranken», und sie eröffnet denen,

13

die rein an der Seele und am Leibe sind, das Geheimnis, das seit ewigen Zeiten verschwiegen war, nun aber durch die prophetischen Schriften offenbart worden ist und durch die Erscheinung unseres Herrn Jesu Christi. [...]
Gott das Wort ist demnach als Arzt gesendet für die Sünder, als Lehrer der göttlichen Geheimnisse aber für die, welche bereits rein sind und nicht mehr sündigen.[13]

Plato und die anderen weisen Männer unter den Griechen sind mit ihren schönen Aussprüchen jenen Ärzten ähnlich, die nur den höheren Ständen ihre Aufmerksamkeit schenken, den gemeinen Mann aber verachten, während die Jünger Jesu dafür zu sorgen bemüht sind, dass die große Menge der Menschen gesunde Nahrung erhalte.[14]

Origines, der Philosoph, Theologe und geweihte Priester, argumentierte in sozialer Diktion und in jener Spannung zwischen Heilung und Heiligung, die die ersten nachchristlichen Jahrhunderte und ihr Schrifttum prägen sollten. Immer wieder ist in den Ausführungen der «Kirchenväter», in den Schriften und Veröffentlichungen von Ignatius von Antiochien, von Tertullian, Cyprian von Karthago, Clemens von Alexandrien und Origines von «Christus, unserem Arzt» die Rede, von der «heilsamen» Lehre und der «heilsamen» Gnade des Christus-Ereignisses bzw. – bei Ignatius – vom sakramentalen Abendmahl als «Pharmakon der Unsterblichkeit». Manche der später bekannt gewordenen urchristlichen Ärzte (wie das in Syrien ausgebildete und in Sizilien arbeitende Märtyrer-Brüderpaar Cosmas und Damian) lehnten es vor diesem Hintergrund und in prinzipieller Wendung geradezu ab, überhaupt noch mit physischen Heilsubstanzen zu the-

rapieren[15] und wirkten – ganz offensichtlich medizinisch erfolgreich – ausschließlich durch geistige Mittel, Methoden und
Wege (und ohne jede Bezahlung).

*

Obwohl die nur noch spärlich vorhandenen Dokumente der ersten Jahrhunderte nach der Zeitenwende keineswegs erlauben, zu
einem umfassenden Bild der ursprünglich vorhandenen und immanent praktizierten Beziehungen zwischen dem Christentum
und der Medizin zu gelangen, so verdeutlichen bereits die einlei-
tend zitierten Zeugnisse, dass das Christentum von Anfang an
medizinische Implikationen mit sich brachte, die den Bereich
einer – psychologisch eng gefassten bzw. interpretierten – «Seel-
Sorge» deutlich überschritten und die Gesamtexistenz des Menschen als eines geistig-physischen Wesens in heilender Intention
betrafen. Ganz offensichtlich ermöglichte das Christentum respektive die konkrete Wirksamkeit des Christus Jesus nicht nur
ein neues anthropologisches Denken im Hinblick auf die Funda-
mentalkategorien von Gesundheit, Krankheit und Heilung sowie eine diesen Kategorien immanente Ethik der Behandlung
und Pflege, sondern auch konkrete therapeutische Optionen, die
den Patienten zugute kamen und die Konnotation einer «Religion für Kranke» gerechtfertigt erscheinen ließen – und dies sowohl im somatischen als auch im seelisch-geistigen Bereich
(«Der gute Pädagog aber, die Weisheit, der Logos des Vaters,
der Schöpfer des Menschen, kümmert sich um das ganze Gebilde und heilt es nach Leib und Seele […].» Clemens von Alexandrien[16]).
Bemüht man sich, im Wissen um diese Zusammenhänge, um
eine medizingeschichtlich orientierte Aufarbeitung der genannten Entwicklungen, so greifen die unternommenen Untersuchungen jedoch ganz überwiegend aus methodischen Grün-

den zu kurz. Zwar ist es in begrenzter Weise möglich und auch sinnvoll, anhand der noch zugänglichen Schriftdokumente die ideellen «Systeme» der vor- und nachchristlichen Heilkunde versuchsweise zu rekonstruieren und zu vergleichen; zugleich aber muss für ein umfassendes Verständnis der inhaltlichen Beziehungen des Urchristentums zur Medizin aus christologischer Perspektive berücksichtigt werden, dass die Heilswirksamkeit des Christus Jesus eine reale, weiterwirksame und ausstrahlende Tat und keine ideelle Lehre war – und insofern die spezifischen Kategorien ihrer Beurteilung erst immanent (das heißt aus einer subtilen Phänomenologie der Christus-Heilungen) aufgefunden und entwickelt werden müssen –, sofern dies aus den zur Verfügung stehenden Evangelien-Berichten überhaupt noch möglich ist. Berücksichtigt und bedacht werden muss ferner auch, dass die Zeitenwende der Christus-Wirksamkeit in einen geschichtlichen Raum eintrat, dessen geistige Vor-Geschichte über lange Epochen durch die noch von Celsus gekannten und mitthematisierten Mysterien-Zusammenhänge bestimmt gewesen war. Dies aber bedeutet: eine Würdigung des medizinisch bedeutsamen «Christus-Impulses», ja, die originär christliche Heilkunst muss nicht nur aus der spezifischen Therapie-Charakteristik des Neuen Testaments, sondern auch vor einem spirituellen Hintergrund erfolgen, der die philosophisch-anthropologischen Entwicklungen und Denkformen der unmittelbar vorchristlichen Jahrhunderte überschreitet und den Blick auf jene spirituelle Mysterienkultur zentriert, deren – realiter schwacher, jedoch zivilisationsprägender – «Abglanz» in den philosophisch-anthropologischen und medizinischen «Systemen» der vorchristlichen Jahrhunderte Gestalt gewonnen hatte. Erst eine solche methodische Annäherung kann ansatzweise den umfassenden Horizont eröffnen, innerhalb dessen der christlich-therapeutische Einschlag der «Zeitenwende», aber auch sein Wiederaufgreifen durch Rudolf Steiner unter den bewusstseinsgeschichtlichen

Prämissen des endenden 19. und beginnenden 20. Jahrhunderts im Sinne einer «geisteswissenschaftlich erweiterten» und in sich christologisch orientierten Heilkunst einem vertieften Verständnis zugänglich wird.

Nachfolgend werden in drei kurzen Skizzen medizinische Aspekte des vorchristlichen Mysterienwesens sowie Entwicklungslinien der hellenisch-hebräischen Medizin in den Jahrhunderten vor Eintritt des Christentums beschrieben,[17] sodann dann in jeweils umfänglicheren Darstellungen die christologischen Charakteristiken der Evangelien-Medizin und der Anthroposophischen Heilkunst des 20. Jahrhunderts.

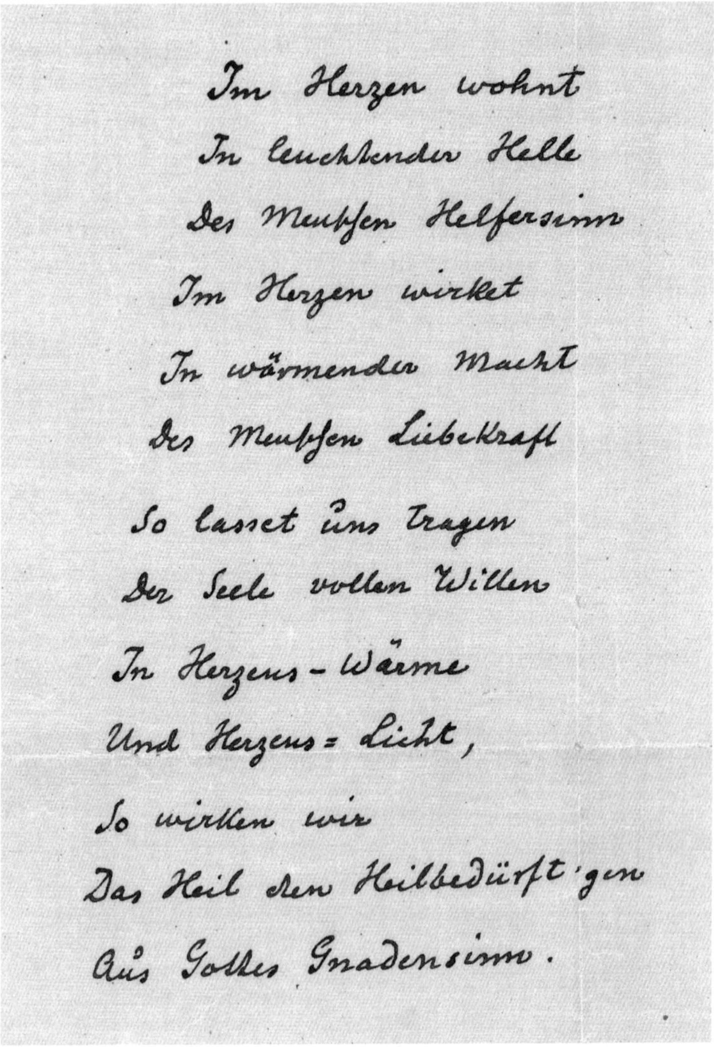

Im Herzen wohnt
In leuchtender Helle
Des Menschen Helfersinn
Im Herzen wirket
In wärmender Macht
Des Menschen Liebekraft
So lasset uns tragen
Der Seele vollen Willen
In Herzens-Wärme
Und Herzens-Licht,
So wirken wir
Das Heil den Heilbedürft'gen
Aus Gottes Gnadensinn.

Abb. 1: Meditation Rudolf Steiners für die Krankenschwestern des
Klinisch-Therapeutischen Instituts in Arlesheim.
© Ita Wegman Archiv, Arlesheim

I.

Der Geist der Medizin

[...] in den älteren Zeiten suchte ein Kranker, der mit irgend etwas behaftet war, eben seine Zuflucht in den Mysterienstätten; denn die Priester waren auch zugleich Künstler und Ärzte. Kunst, Religion und Wissenschaft waren eines; das wurde in den Mysterien gepflegt. In jenen alten Zeiten gab es noch eine Gesamtanschauung des Menschen. *Rudolf Steiner*[18]

Abb. 2: Fotografie aus dem Nachlass Marie Steiners.
Megalith-Steinkreis, Penmaenmawr, ohne Datum

Die alte Mysterien-Medizin
in den Schilderungen Rudolf Steiners[19]

Diese Konkordanzen [zwischen den Metallen und Planeten] werden in einer unglaublich oberflächlichen Weise [heute] behandelt, während sie auf den minutiösesten Untersuchungen, die in den alten Mysterien gepflogen worden sind, beruhen. [...] Die Angaben, die heute darüber noch in dilettantischen Büchern zu finden sind, sind wirklich aus dem Grunde wahr, weil sie die Menschen nicht verderben konnten, weil sie nicht wissen, woher sie kommen [...]. Die bleiben richtig, weil die Menschen die Wissenschaft verloren haben, aus der sie stammen. *Rudolf Steiner*[20]

Die medizingeschichtliche Literatur zum Krankheits- und Heilungsverständnis sowie zu konkreten Therapieweisen in den alten spirituellen Hochkulturen Indiens, Persiens, Mesopotamiens, Ägyptens und Griechenlands, aber auch Asiens und Südamerikas ist vielfältig und eindrucksvoll.[21] Unzweifelhaft aber ist, dass diese ganz überwiegend auf Textfunden basierende Literatur lediglich die schriftgewordenen Ausdrucksformen bzw. einzelne Spuren der medizinischen Praktik einer originären Erkenntnisarbeit zu erfassen vermag, die als solche die jeweilige Mysterienkultur fundierte, das heißt ihren geistigen Gehalt und ihre zivilisatorische Wirksamkeit bestimmte. Von dieser spezifischen, nicht durch Textdokumente rekonstruierbaren, sondern nur spirituell zugänglichen Forschungspraktik der Mysterienstätten sprach der Geisteswissenschaftler Rudolf Steiner seit dem Jahre 1901, beginnend mit einer Berliner Vortragsfolge über «Das Christentum als mystische Tatsache» und in konsequent methodischer Ausrichtung («[...] im Geistesleben wird man sich an den Geist und nicht an seine äußeren Dokumente zu halten haben.»[22]).

Wiederholt wies Steiner in seinen entsprechenden Darstellungen darauf hin, dass die Mysterienstätten der alten spirituellen Hochkulturen nicht nur in allgemeiner Orientierung kultur- (und kultus-)bestimmend, sondern stets eng mit anthropologisch-medizinischen Fragestellungen und Handlungsmöglichkeiten verbunden waren.[23] Die vorchristlichen Mysterienstätten waren nicht nur Kult- und «Weihe»-stätten, sondern Zufluchtsorte für Kranke und Leidende aller Art, die an ihnen Rat und Hilfe erbaten und sich selbst oft in ihrem Umkreis ansiedelten. In Berlin sagte Rudolf Steiner in einer Schilderung vom 7. Dezember 1922:

Denn nehmen Sie einmal an: irgendeine alte Mysterienstätte versorgte mit den Angelegenheiten der Mysterien eine umliegende Gegend. Da erstreckte sich die Sorge dieser Mysterienstätte auf alle Angelegenheiten der Menschen, die umher wohnten, auf alle diejenigen Angelegenheiten, die eben nur durch den Zusammenhang des Erdenlebens mit der geistigen Welt erfüllt, geordnet werden konnten. Nehmen wir an, es trat bei einem Menschen eine Krankheit auf. Da fragte man in jenen älteren Zeiten nun nicht: Was haben wir für Stoffe probiert, die eine Wirkung auf den Menschen nach dieser oder jener Richtung geäußert haben? – Am wenigsten fragte man sich nach der Wirkung von Stoffen, die man ausprobiert hat auf Tiere und so weiter. Das alles muss der Mensch heute durchmachen. Es ist jetzt nicht etwa eine abfällige Kritik der Medizin damit gemeint, sondern nur eine Einordnung in den richtigen Ort der Erden- und Menschheitsentwickelung. Aber in den älteren Zeiten suchte ein Kranker, der mit irgend etwas behaftet war, eben seine Zuflucht in den Mysterienstätten; denn die Priester waren auch zugleich Künstler und Ärzte. Kunst, Religion und Wissenschaft waren eines; das wurde in den Mysterien gepflegt. In jenen alten Zeiten gab es noch eine Gesamtanschauung des Menschen.[24]

In den auf geistigen Initiationswegen basierenden Forschungsarbeiten der vorchristlichen Mysterienstätten wurde, Steiner zufolge, der Inkarnationssituation des Menschen eine umfassende Aufmerksamkeit zuteil. Im Einzelnen erforscht – und sekundär auch gelehrt – wurde demnach die humane Inkarnationsrealität im Hinblick auf die Welt- und Menschheitsentwicklung bzw. die Verbindung kosmischer und irdischer Einflüsse und Wesenselemente, damit auch die anthropologisch fundamentalen Grundgegebenheiten der Gesundheit und des Erkrankens. Es wurde dabei, so Steiner, u. a. herausgearbeitet, dass die gesamte Konstitution, in die der Mensch auf Erden hineingeboren wird, potenziell pathogen ist und einer prophylaktischen Behandlung bedarf – einer salutogenetischen Bemühung zur Restitution der ursprünglichen Gesundheit der – sekundär in einen Erdenleib inkarnierten – Geistseele, einer Restitution bzw. gezielten Ermöglichung eines Inkarnationsgleichgewichtes, die methodisch nicht zuletzt in einer konsequenten pädagogischen Führung der Kindes- und Jugendentwicklung gesehen und in den Mysterienstätten auch bereits zivilisatorisch veranlagt wurde: «Der Mensch fühlte sich hier auf dieser Erde so, dass er in sich finden musste die Überwindung der Krankheit. Deshalb kam immer mehr und mehr das Bewusstsein über diese älteren Seelen: Wir brauchen als Erziehung etwas, was Heilung ist. Die Erziehung ist Medizin, die Erziehung ist Therapie.»[25]

Akribisch, so Steiner, wurde in den Initiationsstätten der Inkarnationsweg des Menschen untersucht – darunter seine präin-

karnatorischen Schritte und Erfahrungen im planetarischen
Geistkosmos und die später eingegangenen Beziehungen seiner
übersinnlichen Wesensglieder zu den irdischen Elementen, deren sich die Geistseele im Sinne leiblicher Inkarnationsstruktu-
ren bedient. Exakte Forschungsstudien zur Wirksamkeit differenzierter Erdsubstanzen – mit durchaus experimenteller Gabe
– seien dabei, so Steiner, unternommen worden, um die rich-
tungsweisende Bedeutung der einzelnen, in übergeordneten
Wirkzusammenhängen stehenden Substanzen für die therapeutische Förderung einer je gegebenen Inkarnationssituation her-
auszuarbeiten zu können. Der Weg der Substanzen im Organismus, aber auch die Veränderungen der Erdensubstanzen im
Jahreslauf und damit unter differenzierten kosmischen Einflüssen wurden in diesem Kontext analysiert und menschenkundlich
ausgewertet. In einer skizzenhaften Schilderung der praktizierten Diagnose- und Therapiesituation in den alten Mysterienstätten sagte Rudolf Steiner in der zuvor genannten Berliner Darstellung vom 7. Dezember 1922:

> Kam also ein hilfesuchender Kranker im Alter von
> vierzehn bis einundzwanzig Jahren – die Dinge
> sind approximativ – zu einem Mysterienarzt, so
> wusste dieser: es gibt eine Anzahl von Erkrankun-
> gen, die einfach etwas zu tun haben mit dem
> Durchgange des Menschen durch die Sonnensphä-
> re bei seinem Heruntersteigen aus der Planeten-
> welt in die physische Welt. War der Kranke im Al-
> ter von fünfunddreißig bis zweiundvierzig Jahren,
> so wusste der Mysterienpriester, welche Krankhei-
> ten etwas zu tun haben mit dem Durchgange des
> Menschen durch die Saturnsphäre bei seinem He-
> rabsteigen. Also er fragte sich vor allem nach dem
> Zusammenhang des Erdenlebens mit den Erfah-

rungen und Erlebnissen des Menschen im Dasein zwischen Tod und neuer Geburt: dann kannte er das, was hier auf der Erde wiederum vom Außenwesen in Beziehung steht zu den Wesenheiten der höheren Hierarchien beziehungsweise ihren physischen Abbildern, den Sternen. Nun stehen gewisse Pflanzen auf der Erde in einem innigeren Verhältnis zur Sonne als andere, und andere wiederum stehen in einem innigeren Verhältnis zum Saturn und so weiter. Den sprießenden, sprossenden Blütenpflanzen zum Beispiel werden Sie durch einen gesunden Instinkt ansehen können, dass sie in einem anderen Verhältnis zur Sonne stehen als ein Pilz oder eine Flechte an einem Baume. Und jemanden, der zwischen seinem vierzehnten und einundzwanzigsten Jahre beispielsweise von einer Erkrankung seines Magens oder seines Herzens befallen wird, den werden Sie ganz gewiss nicht mit Kramperl-Tee kurieren, wie ihn der alte Mysterienarzt nicht mit Kramperl-Tee behandelt hätte, sondern mit einem sonnenverwandten Pflanzensaft; aber dies aus der Erkenntnis des Zusammenhanges des Menschenlebens mit dem Weltenall heraus.[26]

Neben der differenzierten, in sich außerordentlich komplexen und von echter Spiritualität gekennzeichneten Substanztherapie[27] wurden nach Steiner in den Mysterienstätten (bzw. den ihnen assoziierten Heilstätten) verschiedene Weisen einer rein geistigen Förderung und Behandlung praktiziert, die dem je vorliegenden Inkarnations- und damit Konstitutionsgefüge des Erkrankten angemessen waren, das heißt, dieses in gezielter Weise zu verändern suchten. So beschrieb Steiner in exemplarischer Weise u. a. die praktizierte Meditation vorgegebener Mantren in einer spezifisch astronomisch-kosmologischen Situation zur gezielten Einflussnahme auf überstarke planetarische Affinitäten innerhalb des präinkarnatorischen Lebensweges, sprach von einer spirituellen «Diätetik» und sagte dabei:

> [...] Die alten Führer in den Mysterien, die in dieser Beziehung auch Ärzte waren, gaben Anweisungen darüber, wie man, wenn man unter diesen oder jenen Gebrechen litt, sein Verhältnis zur Venus oder zum Saturn zu verbessern hatte. Das bestand dann darin, dass sie den Leuten gewisse seelische Anweisungen gaben. Sagen wir zum Beispiel, solch ein alter Arzt in den Mysterien fand: Der Mensch, der Heilung bei ihm suchte, hat eine zu starke Anziehung zu seinem physischen Leib; dieser ist ihm nicht genug Kleid bloß, sondern er lebt zu stark mit seinem physischen Leib. – So ungefähr, wie wenn ein Mensch der heutigen Zeit immer in seinen Kleidern schliefe, so kam einem solchen Arzt ein Mensch vor, der ein gewisses Gebrechen hatte, wodurch er stark an seinen physischen Leib gebunden war. Dann sagte ein solcher Arzt zu einem solchen Kranken: Versuche, wenn des Abends der Vollmond aufgeht, dich ein wenig zu ergehen im Vollmonde, und während du dich ergehst, dies oder jenes Mantram zu sagen.
> Warum tat das der Arzt der alten Mysterien? – Er tat es aus dem Grunde, weil er wusste: Wenn der Mensch nun im Mondenlichte spazieren geht und Mantrams aufsagt, so wirkt das der Saturnkraft entgegen; der Saturn gewinnt weniger Macht über diesen Menschen. Und es wusste dieser alte Arzt in den Mysterien, dass dieses Haften am physischen

Leibe, dieses volle Drinnenstecken im physischen
Leibe die Ursache davon ist, dass der Mensch sich
zu stark an den Saturn gehalten hat, als er von der
geistigen Welt durch die Sternenwelt ins irdische
Dasein hereingegangen ist. Von dieser zu starken
Sympathie mit dem Saturnleben hat der Mensch
dieses Gebrechen erhalten. Mond und Saturn sind
einander entgegenwirkende Himmelskörper. Also
kurierte ein alter Arzt durch die Mondenkräfte die
Schäden der Saturnkräfte.[28]

Die vorchristlichen Mysterienstätten waren auf diese Weise Orte
umfassender therapeutischer Prozesse. Die in ihnen in kleinen,
sozialen Forschungsgemeinschaften vollzogenen Erkenntnis-
vorgänge[29] ermöglichten dabei nicht nur die Entstehung einer
initiierten Heilkunde auf Grundlage einer kosmischen Anthropologie, sondern kamen im weiteren Sinne der gesamtzivilisato-
rischen Entwicklung zugute. Die Mysterienstätten – oder vielmehr die in ihnen tätigen Priester – vereinten noch die erst
später ausdifferenzierten (und voneinander getrennten) kultisch-
religiösen, medizinischen und pädagogischen Aspekte einer
weitreichenden kulturellen Wirksamkeit. Im Hinblick auf die
Heilkunde sagte Steiner am 20. März 1920 in Dornach noch
einmal verdeutlichend:

Immer hatten mit irgendeiner Art des Heilens die
geistigen Wissenschaften etwas zu tun. So dass man
damals in älteren Zeiten nicht sagen konnte: Medizin ist eine Wissenschaft unter vielen, sondern dass
man sagte in diesen älteren Zeiten, in denen höchs-
tens das rein Intellektuelle nicht zu dem Okkulten
gerechnet worden ist: In aller Wissenschaft, in aller
Erkenntnis muss etwas gesucht werden, das zuletzt
abzweckt auf ein Heilen des ganzen Menschen.[30]

*Abb. 3: Hippokrates von Kos. Römische Kopie
eines Originals aus hellenistischer Zeit. Museum in Ostia.
© Deutsches Archäologisches Institut Rom*

Griechenland und der Beginn der naturwissenschaftlichen Medizin

> Für den, der unbefangen gerade auf die Anschauungen
> des Hippokrates hinschaut, [...] sind diese Anschauun-
> gen nicht ein bloßer Anfang [der Medizin], sondern sie
> sind zugleich, und zwar in einem sehr bedeutenden
> Maße, ein Ende alter medizinischer Anschauungen.
>
> *Rudolf Steiner*[31]

Innerhalb der spätgriechischen Kulturentwicklung gab es noch vereinzelte Therapeutengemeinschaften spiritueller Ori-entierung, die im Sinne des alten Mysterienwesens zu wirken versuchten oder aber zumindest einzelne Elemente der alten Initiatenmedizin weiter tradierten und pflegten – wie die Ange-hörigen der pythagoräischen Schule, die in klosterartigen Ge-meinschaftskonventen lebten und den diätetisch-moralischen Aspekten von Krankheit und Heilung unter Inkarnations- und Reinkarnationsgesichtspunkten eine hohe Aufmerksamkeit zu-teil werden ließen. Obgleich die Pythagoräer in dieser Weise von einer «Pädagogik der Krankheiten» sprachen, die mensch-liche Physiologie und Pathologie vor dem Hintergrund der kosmischen Gesamtordnung betrachteten und nicht zuletzt die Relevanz der Krankheitsprozesse für körperliche und seelisch-geistige Umwandlungsvorgänge betonten,[32] entwickelte sich die «offizielle» griechische Heilkunst immer mehr in Richtung ei-nes konsequent naturalistischen Welt-, Menschen- und Krank-heitsverständnisses – und entfernte sich damit sukzessive von den einst in den Mysterienstätten erforschten Einsichten in das Bedingungsgefüge der menschlichen Leiblichkeit als Inkarnati-onsinstrument einer überleiblich verstandenen und mit den kosmischen Realitäten verbundenen Geistseele. Immer eindeutiger richtete sich der aufmerksame Blick der fortschrittlichen Mediziner und Naturforscher auf die sinnlich wahrnehmbaren Natur- bzw. Erdenvorgänge selbst, ihre gegenseitigen Bezüge und Ordnungen, in deren ausschließlichem Horizont man zunehmend dachte und – in Physiologie und Pathologie – forschte: «Die vielfältigen im Körper steckenden Stoffe verursachen Krankheiten, wenn sie sich gegenseitig naturwidrig erhitzen oder abkühlen, austrocknen oder feuchtmachen. [...] Der Körper des Menschen enthält in sich Blut, Schleim, gelbe und schwarze Galle, und diese machen die Natur des Körpers aus, und wegen dieser ist er krank bzw. gesund.»[33] Der «Logos» der menschlichen Physis – als ein zuvor hochgeachtetes übersinnliches «Phänomen» des geistig-physischen Inkarnationsgefüges – wurde immer mehr als alleiniges Maß des menschlichen Körpers, seiner essenziellen Kräfte und «Säfte» verstanden. Fähigkeiten zur genauen typologischen Wahrnehmung und Erfassung der somatischen Elemente, auch in ihrer umweltlichen Abhängigkeit und Bezogenheit, wurden ausgebildet, jedoch unter einer immer radikaleren Abschattung aller kosmologischen Dimensionen, damit auch der faktischen Inkarnationsrealität der menschlichen Geistseele, ja, der gesamten Inkarnationsfrage überhaupt. Kulminierend in der hippokratischen Medizin und Denkweise etablierte sich solchermaßen die selbstbewusste Kunst einer differenzierten Körperbetrachtung sowie einer «Diagnose» und «Therapie», die als gezielte Veränderung der vorliegenden somatischen Naturbeschaffenheit auf der Basis einer ausgebildeten Sinnesempirie sowie eines weitgehend rational-kausalen Wirkverständnisses aufgefasst und zum technischen Handwerk weitergebildet wurde.

Die Geschichte des medizinischen Denkens in Griechenland[34] bildet den solchermaßen charakterisierbaren und im Kontext des erwachenden menschlichen Selbstbewusstseins bzw. der Rationalitätsentwicklung stehenden Prozess, wenn auch nicht in seinen einzelnen Stufen, so doch in literarischen Zeugnissen ab, die ihn als Vorgang einer sukzessiven Entspiritualisierung und «Verweltlichung», aber auch progredienten Individualisierung deutlich werden lassen. Waren noch Homers «Schriften» von der Anschauung der göttlich-geistigen Dimension von Krankheitsvorgängen sowie von therapeutischen Methoden der «Besprechung» und kultischen Reinigung durchdrungen, und kannte noch Empedokles den «heilenden Spruch», den ein weiser, kraft seiner «Sophia» über die Sterblichen hinausgehobener, mit den Göttern verbundener Arzt zu spenden vermochte, so vollzog insbesondere das hippokratische Schriftenkorpus im fünften vorchristlichen Jahrhundert den Schritt zur Lehre einer naturalistisch-somatischen Auffassung der Krankheit und ihrer «rein natürlichen» und weitgehend kausal verstandenen Bekämpfung. In der markanten Einleitung seiner Schrift über die «Heilige Krankheit», aber auch im weiteren Fortgang seiner Monografie verwahrte sich der Autor mit Nachdruck gegen die Sakralisierung der beschriebenen Anfallskrankheit bzw. gegen jede Form der pseudoreligiösen oder magischen Heilkunst[35] und betonte den konsequent «natürlichen» Ursprung ihrer Pathologie und Therapie,[36] wenn auch im – Hellas-typischen – Sinne einer Identität des Sinnlichen mit dem Übersinnlichen, des Natürlichen mit dem Geistigen: «Diese sogenannte Heilige Krankheit entspringt aus denselben Ursachen wie die übrigen, aus den Stoffen, die dem Körper zugeführt und entzogen werden, aus Kälte und Sonnenwärme und den wechselnden, niemals ruhenden Luftströmungen. All das ist göttlich.»[37] Zahlreiche der dem hippokratischen Schriftkorpus angehörenden Texte hoben zwar hervor, dass übernatürlich-göttliche Kräfte zumindest verschiedenen Krankheitsverläufen immanent und daher zu berücksichtigen seien, ja, das unerklärlich Göttliche (theion) ganz offenbar in das Schicksal des Menschen eingreife und dessen Geschicke mitunter zwingend präge – und daher auch zu respektieren sei («Vor allem ist die Kenntnis des göttlichen Wesens selbst [des Arztes] Geist tief eingeprägt; denn man findet, dass die ärztliche Kunst auch bei anderen Heimsuchungen und Ereignissen, in den meisten Fällen wenigstens, den Göttern ehrfurchtsvoll begegnet.»[38]); deutlich aber ist, dass die Tendenz der ganzen hellenischen Rationalitätsentwicklung – und der von ihr geschaffenen oder ermöglichten rationalen Medizin – in Richtung einer konsequent innerweltlich-naturgesetzlichen Krankheitsauffassung und -korrektur zielte und jener Entwicklungshöhe entsprach, «die dem griechischen Geist die Ausarbeitung einer Theorie von der physischen Wirklichkeit ermöglichte, eines für die Belange der Physis, der ‹Naturtatsächlichkeit› ausreichenden Wissens» (Laín Entralgo[39]). Methodisch entwickelt und vorbildlich gelehrt wurde die genaue Sinnesbeobachtung und -erforschung des Krankheitsverlaufes und erstmals auch seine differenzierte Dokumentation in Form von detaillierten Krankenblättern – im Vollzug einer sich ausbildenden Kunstfertigkeit der Medizin als einer *technē iatrikē*, die sich an zentraler Stelle unter den im fünften Jahrhundert zahlreich ausgebildeten technischen Künsten spezifisch bewähren und durch ihr Fachwissen und -können öffentlich rechtfertigen musste.

Der so verstandenen und auch gegenüber der Naturphilosophie zunehmend auf ihre methodische Autonomie bedachten hippokratischen Heilkunst[40] gehörte die Zukunft; gleichwohl existierten auch im fünften und vierten vorchristlichen Jahrhundert neben den pythagoräischen Gemeinschaften noch immer Krankheitsauffassungen und Therapieweisen in der griechischen Bevölkerung sowie an speziellen Heil-Orten, die den Denkvoraussetzungen des sich stetig durchsetzenden Paradigmas zumindest in weiten Teilen widersprachen. Entgegen einer nüchternen Professionalisierung des ärztlichen Berufsstandes – im Sinne einer öffentlich lehrbaren und nicht zuletzt mit finanziellem Einsatz erwerbbaren Fach-Ausbildung – lebte in umschriebenen

Menschenkreisen weiterhin das Bewusstsein vom ursprünglichen Mysterienhintergrund der Medizin; dieser Anschauung zufolge ist der Arzt nicht nur im strikten Sinne «Diener der Kunst», sondern Träger einer inneren Befähigung und Aufgabe, denen eine spirituelle Qualität eigen ist («Heilige Dinge aber werden nur geheiligten Männern offenbart, sie Laien zu verraten ist nicht eher erlaubt, als bis sie in die Geheimnisse der Wissenschaft eingeweiht sind.»[41]). In dieser Hinsicht wurden nicht nur Ärzte mit innerer Befähigung zur wahren Philosophie als den Göttern gleichstehend *(isotheos)* betrachtet, sondern auch spirituelle Heilweisen – parallel zur Hochblüte des hippokratischen Schrifttums – praktiziert, die Elemente von Initiationsriten bewahrten und erfolgreich zum Einsatz brachten, so nicht zuletzt in den Asklepios-Heiligtümern von Korinth, Athen, Epidauros und Kos. Während die zunehmend dominante Richtung der hippokratischen Medizin die geistige Verantwortung (oder zumindest Mitverantwortung) des Erkrankten für das Sein der Krankheit – und damit ihre Zugehörigkeit zum engeren Bereich der eigenen seelisch-geistigen Existenz – mit innerer Konsequenz verneinte oder lediglich auf der biologisch-äußerlichen Ebene einer misslungenen, weil maßlos verfehlten Lebensführung gelten ließ (und insofern die Krankheit als entstellte Tugend der Gesundheit und daher Minderwertigkeit betrachtete), implizierten die Vorbereitungs- und Reinigungsriten der Asklepios-Heiligtümer[42] noch Stufenfolgen einer Krankheitsauseinandersetzung im Zeichen der spirituellen Öffnung und Bewährung. «Der Sinn des Besuchs des Heiligtums von Epidauros war, [dem] Göttlichen in der Heilwendung entgegenzugehen. Es war kein Weg zu einem Arzt, der die Heilung nur vermittelt, sondern zur Heilung selbst in ihrer unvermittelten nackten Ereignishaftigkeit [...].» (Karl Kerény[43])

Auch Plato, der zahlreiche Charakteristiken der hippokratischen *technē iatrikē* mit Nachdruck bejahte und als fortschrittlich und zukunftsträchtig erkannte, erwähnt in seinen Dialogen nicht nur Praktiken der rituellen «Besprechung» mit Mantren, Methoden der «Handauflegung» und des Tempelschlafes (Inkubation[44]), sondern akzentuiert immer wieder die prioritäre Realität der menschlichen Geistseele und ihre Gesamtbedeutung für das Sein und die Lebensordnung des Leibesgeschehens. Die Berücksichtigung eines individuellen Faktors in der menschlichen Konstitution, in Physiologie, Pathologie und Therapie war der hippokratischen Medizin trotz ihrer typologischen Ausrichtung keineswegs fremd; die Eindeutigkeit, mit der Plato und später Aristoteles nicht nur die unbedingte Individualisierung der Krankheits- und Therapiebetrachtung, sondern – damit assoziiert – auch die ontisch-ontologische Relevanz des seelisch-geistigen Daseins in ihrer bestimmenden Bedeutung für den menschlichen Lebensleib hervorhoben, war ihr jedoch inhaltlich-methodisch konträr. Einen aus Thrakien stammenden Arzt lässt Plato in der Auseinandersetzung mit Sokrates bzw. der hippokratischen Medizin sagen:

> Genau in der Art, wie man an das Heilen der Augen nicht herangehen kann ohne die Heilung des Kopfes, und an die Heilung des Kopfes nicht ohne die Heilung des ganzen Körpers, genau ebenso kann man auch die Heilung des Körpers nicht durchführen ohne die Heilung der Seele; und hier mag nun die Ursache dafür liegen, dass innerhalb des Griechenvolkes der größte Teil der Krankheiten nicht mit Erfolg von den Ärzten bekämpft wird; denn tatsächlich verkennen diese samt und sonders jenes Ganze, auf das all ihr Augenmerk sich zu richten hätte: jenes Ganze, das, wenn es in einem schlechten Zustand ist, auch jenes Wohlbefinden eines seiner Teile unmöglich macht. Denn

alles Gute und Schlechte, das es für den Körper und für den ganzen Menschen gibt, hat aus der Seele seine Herkunft, und es hat ihren Ursprung in ihr, so wie die Augen im Kopf ihren Ursprung haben. So muss denn sie, die Seele, an erster Stelle und mit der äußersten Sorgfalt behandelt werden, wenn man will, dass sich der Kopf und der ganze Körper wohl befinden sollen. Was nun die Seele betrifft: sie muss man, das lass dir sagen, guter Freund, vermittels gewisser Besprechungen, der *epôdai*, behandeln.[45]

Die spirituelle Faktizität der menschlichen Geistseele – deren kosmische Herkunft und nur sekundäre Leibverbindung Plato im Abglanz alter Mysterienschau mithilfe mythologischer Bilder beschrieb – muss in diesem Sinne in grundlegender, ja, «erster» Hinsicht berücksichtigt werden. Sie ist nach Plato das bestimmende Prinzip einer menschlichen Physis, der sie sich zum Vollzug ihrer Erdenbiografie realiter anverwandelt, und bedarf ihrerseits besonderer therapeutisch-psychagogischer Zugangsweisen. Als Voraussetzung von deren Anwendung bezeichnete Plato im Gesprächsverlauf des «Charmides»-Dialoges die vertrauensvolle Offenbarung und damit den Eintritt in die dialogische Sphäre einer Ich-Du-Begegnung zwischen dem Arzt und dem sich ihm anvertrauenden Kranken. («Es darf dir […] niemand einreden, dass du mit dieser Medizin seinen Kopf heilen könntest, es sei denn, der zu Heilende hätte Dir zuvor seine Seele geoffenbart: und dies zu dem Zweck, dass sie durch das Mittel der Besprechung der Heilbehandlung zugänglich werde.») Plato lässt den thrakischen Arzt in allgemeiner Wendung betonen:

[…] In den gegenwärtigen Zeiten ist es ein unter den Menschen verbreiteter Irrtum, dass man ein Ärztetum für möglich hält, das nur in getrennter

Weise für eine dieser beiden Sachen, für die Beru-
higung der Seele oder für die Gesundung des Leibes wirkt.[46]

Entgegen dieser entschiedenen und ganz offenbar aus alter Mys-
terienspiritualität formulierenden Voten von Plato[47] und Aristoteles («Die Gesundheit ist der Logos in der Seele und in der
Erkenntnis des Wissens.»[48]) aber bestimmte der zuvor skizzierte
und in sich zunehmend biologistische Naturalismus der hippokratischen Schule die weitere Medizinentwicklung in Griechenland und wurde zum gültigen Maßstab des abendländischen
«Fortschritts», ja, zum zentralen Wissenschaftsimpuls okziden-
taler Prägung.

*

Der ethische Personalismus im Krankheits- und Therapieverständnis des Alten Testaments

Asa wurde krank an seinen Füßen,
und seine Krankheit nahm sehr zu;
aber er suchte auch in seiner Krankheit
nicht den Herrn, sondern die Ärzte.

2. Chr 16, 12

Diametral den dominanten Richtungen der medizinischen Anthropologie hellenistischer Ausprägung gegenüberstehend, akzentuierte die assyrisch-babylonisch-hebräische Heilkunst mit aller Entschiedenheit die Bedeutung des seelisch-geistigen Menschen, ja, seines moralischen Wesenskernes für das Sein und die Behandlung von Krankheiten. Obwohl auch der frühen griechischen Medizin diese Gesichtspunkte nicht völlig fremd gewesen waren, hatte die Dimension der persönlichen Verantwortung und Freiheit und damit die – über die Frage der äußeren, biologischen Lebensführung hinausweisende – Innerlichkeit der menschlichen Existenz keinen wirklichen Raum mehr in den biologischen Denkweisen der hippokratischen Mediziner mehr gefunden.[49] Um so nachdrücklicher aber wurde in den geistig-geografischen Landschaften der späteren Ereignisse von Palästina vertreten, dass die pathologischen Erlebnisweisen der menschlichen Erdenbiografie in einem – spezifisch verstandenen – «Sünden»-Kontext gesehen werden müssen, das heißt, als Folgen eines falsch gelebten inneren Lebens zu betrachten sind. Dem Alten Testament zufolge werden insbesondere jene Menschen krank, die der «Stimme des Herrn» nicht zu folgen

37

vermögen, seine «Gebote» und Ordnungen missachten und damit den moralischen Zusammenhang des individuellen sowie sozialen Lebens verletzen. Die Krankheiten hindern an der Mitbeteiligung am kultisch-sakramentalen Vollzug und implizieren dadurch eine selbstverschuldete – wenn auch temporäre – «Exkommunikation»; sie sind in sich zugleich Ausdruck und Folge eines existenziellen Krankseins – so, wie dies auch von Plato (durch die Person des thrakischen Arztes) hervorgehoben wurde: «*Das ganze Haupt ist krank, das ganze Herz ist siech*» (Jes 1, 4ff.).

In diesem Zusammenhang ist jedoch zu beachten, dass innerhalb des hebräischen Kulturraums kein eng und ausschließlich verstandenes Bestrafungs- und Vergeltungsprinzip im Krankheitsvorgang wirksam gedacht wurde, sondern vielmehr eine Philosophie des individuellen Werdens und damit der persönlichen Entwicklung anfänglich zum Vorschein kam. Im Unterschied zur «offiziellen» hellenischen Medizin hippokratischer Prägung betrachtete die personalistische Heilkunde des Alten Testaments die pathischen Wendungen der menschlichen Biografie als – im Leiden realisierte – Möglichkeiten zur «Umkehr» des Einzelnen: «Den Gottesfürchtigen aber wird der Herr durch sein Elend erretten und ihm das Ohr öffnen durch Trübsal.» (Hiob 36, 13ff.) – «Herr sei mir gnädig, heile meine Seele; denn ich habe an dir gesündigt.» (Ps 41, 5). In diesem Sinne wird der strafende Gott Jahwe im 2. Buch Mose zugleich als «der Heilende» bezeichnet – von Luther als «der Arzt» übersetzt –, während es bei Hosia über ihn heißt:

> Er hat uns zerrissen, er wird uns auch heilen; er hat
> uns geschlagen, er wird uns auch verbinden. (Hos
> 6, 1)

Wenn das Durchlaufen von leiblichen Beschwerden und Leiden demzufolge als reale Möglichkeit zur Heilung von der «Sündenkrankheit» betrachtet wurde, war damit freilich eine – in der

führenden griechischen Medizinrichtung nahezu unthematisier-
te – innere Spannung in der Frage ihrer adäquaten Behandlung
oder gar Aufhebung angelegt, eine Spannung, die in den Schriften der Chronik auch explizit zum Ausdruck gebracht wird:

> Asa wurde krank an seinen Füßen, und seine
> Krankheit nahm sehr zu; aber er suchte auch in
> seiner Krankheit nicht den Herrn, sondern die
> Ärzte. (2. Chr 16, 12)

In assyrisch-babylonisch-hebräischer Auffassung sind die Krankheitsprozesse und -erfahrungen – respektive die Leistungen ihres Erleidens, Bestehens und Überwindens – in sich sinnvoll und
stehen in einem übergeordneten moralisch-biografischen Kontext. Die Weisen und Formen ihrer Behandlung müssen diese
göttlich-geistige Dimension der menschlichen Pathologie berücksichtigen, was keineswegs den Gebrauch natürlicher Mittel
vollständig ausschließt («Der Herr hat den Arzt geschaffen und
lässt Arznei aus der Erde wachsen. Er hat solche Kunst dem
Menschen gegeben, dass er gepriesen würde in seinen Wunder-
werken.» Jes. Sir. 38, 1ff.[50]), jedoch eine geistig-moralische Pri-
orität des Vorgehens impliziert. In den Schriften des Alten Testamentes ist in diesem Sinne auch davon die Rede, dass der
Kranke erst sein Herz reinigen und Opfer bringen musste – was
unter Umständen auch stellvertretend durch andere vollzogen
werden kann[51] –, ehe er sich der medizinisch-somatischen Hilfe
überantworten durfte – «darnach lass den Arzt zu dir» (Sir 38,
12). Über die todesnahe Krankheit des Königs Hiskia heißt es
bei Jesaja:

> So spricht der Herr: Bestelle dein Haus, denn du
> wirst sterben und nicht am Leben bleiben. Da
> wandte Hiskia sein Angesicht zur Wand und bete-
> te zum Herrn. [...]

Da geschah das Wort des Herrn zu Jesaja: Geh hin und sage Hiskia […]: Ich habe dein Gebet erhört. […] Siehe, ich will deinen Tagen noch 15 Jahre zulegen.

Daraufhin erfolgt die medizinische Anordnung von Jesaja:

Man solle ein Pflaster von Feigen nehmen und auf sein Geschwür legen, dass er gesund würde. (2. Kön 20, 1-11)

Umgekehrt eröffnet die physische Heilung im spirituellen Verständnis des Alten Testamentes die nachgeordnete sakramentale Kultfähigkeit wieder, das heißt die erneute – und durch reinigende Salbungen vorbereitete – Möglichkeit zur (Wieder-)Teilnahme am religiös-kultischen Geschehen. Insofern bereitet der moralische Wandlungsprozess den Weg für die Wirksamkeit der physischen Erdensubstanz und organismischen Reorganisation; diese selbst wiederum kulminiert im geistig-sakramentalen Vollzug, der das Heilungsgeschehen zum Abschluss bringt und im ewigen Wesen des Menschen befestigt.

Die im Alten Testament und tendenziell im gesamten assyrisch-babylonischen Kulturraum zum Vorschein kommende Medizin hatte einen in dieser Weise akzentuierten personalistischen Kern und war – nahezu bedingungslos – der ethisch-moralischen Dimension des Krankheitsgeschehens bzw. Menschseins verschrieben. In ihrer einseitigen Übersteigerung oder Missinterpretation tendierte sie damit zum moralischen Rigorismus, zur religiös-kultischen Macht und zur Abwendung bzw. zur – entspiritualisierenden – Verwerfung der Naturprozesse, wenn nicht der ganzen medizinischen Handlung im Sinn der *technē iatrikē*. Andererseits aber konnte in ihr trotz eines noch nicht ausgebildeten Biografie- und Individualitätsbegriffs ganz offenbar ein zentrales ethisch-metaphysisches bzw. moralischspirituelles Element der menschlichen Pathologie und Therapie ansatzweise formuliert werden – ein Element, das im Zug der kognitiv-naturalistischen Entwicklung im Abendland zunehmend in den Hintergrund gedrängt, wenn nicht methodisch aus der «wissenschaftlichen» Medizin eliminiert wurde. Die Medizin des Alten Testaments war der Ausdruck eines alten, kultisch geordneten Gemeinwesens spirituell-religiöser Orientierung – in ihren Anklängen an eine Philosophie des Werdens, der Prüfung und Wandlung jedoch auch ein realer Vorgriff des Kommenden.

*

Abb. 4: Heilung des Blinden bei Jericho, Codex Egberti, 980 – 993

Die therapeutische Wirksamkeit des Christus Jesus und die Individualitäts-Medizin des Neuen Testaments

Ich bin nicht gekommen,
um die Menschen zu richten,
sondern um sie zu heilen.
Joh 12, 47

Die therapeutische Förderung, ja, Heilung der vielen Leidenden und Kranken, der krisenhaft gefährdeten, der besessenen und der dem Tode nahestehenden Menschen ist nicht nur eines unter vielen Geschehnissen der Evangelien, sondern steht ganz im Zentrum des Christuswirkens. Christus lehrte und heilte – und bildete Schüler aus, denen die gleichen Aufgaben zukamen.[52]

Bereits der Beginn des Matthäus-Evangeliums macht diesen Zusammenhang sichtbar: Christus ringt nach seiner Taufe mit den Widersachermächten und überwindet sie; er stärkt durch diesen Prozess sein Eigenwesen, sammelt danach seine ersten Jünger und beginnt seine große Verkündigung, in eins damit sein therapeutisches Wirken:

Und er zog umher durch ganz Galiläa und lehrte dort in den Synagogen und verkündigte die Heilsbotschaft vom göttlichen Reich und heilte alle Krankheiten und Gebrechen, an denen das Volk litt. Und bald sprach man von ihm in ganz Syrien und brachte zu ihm alle Leidenden, vielerlei Kranke und Geplagte, Besessene und Mondsüchtige und Gelähmte, und er heilte sie alle. (Mt 4, 23-25)

Als zu einem späteren Zeitpunkt Johannes der Täufer, der ihm vorausgegangen war und sein Wirken vorbereitet hatte, in der Gefangenschaft unsicher wird und eine Bestätigung von Jesu messianischem Wesen erbittet, lässt ihm der Christus antworten:

> Gehet hin und verkündet Johannes, was ihr gesehen und gehört habt: Blinde sehen, Lahme gehen, Aussätzige werden geheilt, Taube hören, Tote werden auferweckt, und die Armen empfangen die Gottesbotschaft. Selig ist, wer, ohne sich zu verlieren, in mir sich selber findet. (Lk 7, 18-23)

Die in Worten gelehrte, verkündete Gottesbotschaft und die heilende Tat entspringen dem Kern, dem Mittelpunkt des Christuswesens. Nach Johannes besteht dieses Christuswesen im Logos, dem inkarnierten Weltenwort, dem großen «Ich bin» *(ego eimi)* – jenem Logos, der das Licht der Welt ist, dem das Leben, ja, das Brot des Lebens innewohnt, die Macht des Lebendigen und die Überwindung aller Sterbens- und Todesprozesse. Zur Lazarusschwester Martha sagt der Christus in direkter Wendung: *«Ich bin die Auferstehung und das Leben.»* (Joh 11, 25)

Lag diese Logoskraft dem Christus Jesus insgesamt wirkend zugrunde, so auch allen Äußerungen seiner selbst, allen einzelnen Worten, die er sprach und die wirksam werden konnten. Gegenüber den fragenden, oft überforderten Jüngern heißt es einmal: *«Der Geist ist es, der das Leben spendet, das Physische allein hilft nichts. Die Worte, die ich zu euch sprach, sind Geist und sind Leben.»* (Joh 6, 63-64) Zahlreiche, ja, die allermeisten der in den Evangelien beschriebenen Heilungsvorgänge waren daher auch reine Logos-Taten. Christi Wort konnte therapeutisch wirken, Lebensprozesse verändern, bis in die Substanz und Kraftkonstellation der Physis hinein – was die Menschen überrascht bemerkten («Alle waren voller Staunen und sprachen zueinander: Welche Gewalt des Wortes! Als wäre alle Schöpfermacht und

44

Weltenkraft in ihm.» Lk 4, 36), wohingegen dies den widergött-
lich-dämonischen Wesen von Anfang an bekannt war («Ich weiß,
wer Du bist, Du bist der Heilige Gottes.» Mk 1, 23). Der Dämonen Wirksamkeit beendete der Christus; er ließ sie, wie Markus
berichtet, ihrerseits «nicht zu Wort kommen» (Mk 1, 34) – um
sein Wirken ohne allzu große und verfrühte Öffentlichkeit zu
vollziehen, aber auch, um sein eigenes, licht- und lebenerfülltes
Wort an ihr «Wort», an ihre Stelle setzen und sie so zum Schweigen bringen zu können.

Viele Beobachter dieser Geschehnisse, die nicht über das Hin-
tergrundwissen der Dämonen verfügten, fragten sich, woher die
unbestreitbare Logos-Kraft des Christus Jesus stammte, woraus
und aus welcher Sphäre er wirkte. Nicht nur die sogenannten
«Schriftgelehrten» spekulierten entgegen Christi eigenem
Zeugnis über möglicherweise widergöttliche Kräfte in seinem
Wesen («Mein Ich ist von Dämonen frei; nichts als Verehrung
des Vaters ist in mir.» Joh 8, 48), sondern auch die eigene Fami-
lie misstraute ihm («Und die Seinen hörten von ihm und gingen
hin, um ihn zu sich zu nehmen; sie sagten, er sei von Sinnen.»
Mk 3, 21-22); andere begannen offen zu diskutieren: «Viele von
ihnen sagten: Er ist von einem Dämon besessen und ganz von
Sinnen. Warum hört ihr auf ihn? Andere wieder sprachen: Das
sind nicht die Worte eines Besessenen. Oder kann etwa ein Dämon einem Blinden die Augen auftun?» (Joh 10, 20-21)

Tatsächlich aber war die göttliche Logos-Kraft, das leben-
schaffende Licht der Welt, nicht nur in innerer Verbindung mit
dem Wesen des Jesus Christus, sondern durchdrang dieses ganz,
wurde – wie es der Johannes-Prolog sagt – Fleisch: «et incarnatus est». Das lebendige Licht der Welt durchwirkte den ganzen
Christusleib, sodass die Menschen, die mit innerer Hingabekraft
und mit seelisch-geistigem Vertrauen einer leiblichen Berührung des Christus teilhaftig werden konnten, realiter durch dieselbe verändert wurden («Und die ganze Menge trachtete da-

nach, ihn zu berühren, denn es ging eine lebendige Kraft von ihm aus, und er heilte sie alle.» Lk 6, 19). Dem übereinstimmenden Zeugnis dreier Evangelisten zufolge war eine solch heilende Begegnung dabei eine gegenseitig aktive Tat – und zwar selbst dann, wenn es zu einer therapeutisch wirksamen Berührung jenseits der intentionalen Handlungsrichtung des Christus Jesus kam. Über die seit Langem kranke, «blutflüssige» Frau und ihre Begegnung mit Christus heißt es nämlich bei Markus:

> Sie sagte sich: Wenn ich auch nur sein Gewand berühre, so wird mich das schon gesund machen. Und auf der Stelle versiegte der Quell ihres Blutes, und sie fühlte in ihrem Leibe, dass sie von ihrem Leiden befreit war. Da nahm plötzlich Jesus innerlich wahr, dass eine Kraft von ihm ausgegangen war, und er wandte sich in der Volksmenge um und sprach: Wer hat mein Gewand berührt? Da sprachen seine Jünger zu ihm: Du siehst doch das Gedränge der vielen Menschen um dich her; wie kannst du da fragen: Wer hat mich angerührt? Und er blickte sich um, die zu sehen, die dies getan hatte. Da erschrak die Frau und fing an zu zittern, denn sie war sich dessen wohl bewusst, was mit ihr geschehen war. Sie kam und fiel vor ihm nieder und sagte ihm die volle Wahrheit. Und er sprach zu ihr: Meine Tochter, der Glaube deines Herzens hat dich geheilt. Gehe deinen Weg mit Frieden und sei gesund und frei von deinem Leiden. (Mk 5, 28-34)

Die mit Christus verbundene Kraft teilte sich der Hilfe suchenden, ihn berührenden Frau mit; in anderen Heilungen berührte der Christus seinerseits in gerichteter Willensaktivität die Kranken oder ließ sie gar zu einer Begegnung mit seiner eigenen

Flüssigkeitssubstanz, seinem Speichel kommen. Mit diesem Speichel befeuchtete er die Augen des Blinden und die Zunge des Stummen; er verwandelte mit seiner Hilfe die Erdensubstanz und formte einen Teig, den er dem Blindgeborenen auf die Augen legte: «et incarnatus est».

Viele Kranke kamen zu Christus oder wurden auf Bahren zu ihm gebracht, in Scharen. Ihr Anblick ergriff ihn und er wurde der oft langen Geschichte ihres Leidens unmittelbar inne. Der Kranke, der Leidende und Niedriggestellte, der nur allzu oft am Rande der menschlichen Gesellschaft sein schweres, kärgliches Dasein fristete, bewegte sein Herz und seinen heilenden Willen, oft entgegen allen Konventionen und Erwartungen seiner weiteren Umgebung, die in Distanz zu den Gezeichneten verblieb: «Und siehe, ein Aussätziger trat zu ihm, fiel vor ihm nieder und sprach: Herr, wenn du es nur willst, so kannst du mich reinigen. – Und er streckte seine Hand aus, berührte ihn und sprach: Ich will, werde rein!» Mt 8, 2-4) «Nicht die Starken bedürfen des Arztes, sondern die Kranken.» (Mt 9, 12) Die «Herzensträgheit» der Gesunden, ja, die «Erstarrung ihrer Herzen» angesichts dieser leidvollen Schicksale bewegte den Christus Jesus; ihr – von der Orthodoxie erhobenes – Verbot, am kontemplativen Sabbat heilend tätig zu werden, durchkreuzte er unzählige Male, in größter Bewusstheit. Als der Mann mit der verdorrten Hand ihm am Sabbat in der Synagoge mit der Bitte um Hilfe nahte und die Umgebung reserviert das Christuswirken zu beobachten anfing, ließ er den Kranken in die Mitte treten: «Und dann sprach er zu ihnen: Was ist am Sabbat zu tun erlaubt, Gutes oder Böses, die Seele zu heilen oder sie zu töten? Und sie schwiegen. Und er blickte sie im Kreise umher mit zornigem Blick an, aber auch voll Trauer über die Erstarrung ihres Herzens.» (Mk 3, 4-5) In der Ölbergrede heißt es später, kurz vor Anbruch der eigenen Passion, in großer Deutlichkeit und mit Blick auf die apokalyptischen Geschehnisse der Zukunft:

Wenn dann der Menschensohn kommt, umleuchtet vom Licht der Offenbarung, von allen Engeln umgeben, dann wird er den Thron einnehmen über das Reich seiner Offenbarung. Er wird vor seinem Antlitz alle Völker der Welt versammeln und unter den Menschen eine Scheidung vollziehen, so wie ein Hirte die Lämmer von den Böcken scheidet, die Lämmer auf die rechte, die Böcke auf die linke Seite. Dann wird er als ein König sprechen zu denen, die zu seiner Rechten stehen: Kommt, die ihr von meinem Vater gesegnet seid, euch soll zu eigen gegeben sein das Reich, das euch von der Weltschöpfung an zugedacht ist. Ich war hungrig, und ihr gabt mir zu essen; ich war durstig, und ihr gabt mir zu trinken, ich war fremd, und ihr habt mich gastlich aufgenommen; ich war nackt, und ihr habt mich bekleidet; ich war krank, und ihr habt mich besucht; ich war im Kerker, und ihr seid zu mir gekommen. Und antworten werden die Gottergebenen: Herr, wann haben wir dir den Hunger gestillt oder den Durst, wann haben wir dich, als du ein Fremdling warst, aufgenommen und, als du nackt warst, bekleidet; wann haben wir dich in der Krankheit und im Kerker besucht? Und der König wird zu ihnen sprechen: Ja, ich sage euch, was ihr getan habt an dem Geringsten meiner Brüder, das habt ihr an mir getan. Und dann wird er zu denen sprechen, die an seiner Linken stehen: Ihr werdet nicht in meiner Nähe bleiben. Dem Feuerbrand verfallt ihr, in dem der Äon verbrennt und in dem der Widersacher wohnt mit seinen Engeln. Ich war hungrig, und ihr gabt mir nicht zu essen; ich war durstig, und ihr gabt mir nicht zu trinken; ich war fremd, und ihr nahmt mich nicht auf; ich war nackt, und ihr habt mich nicht bekleidet; ich war krank und im Kerker, und ihr habt mich nicht besucht. Und sie werden antworten: Herr, wann haben wir dich hungrig gesehen und gaben dir nicht zu essen, oder durstig und gaben dir nicht zu trinken, oder fremd oder nackt oder krank oder im Kerker und sind dir nicht dienstreich gewesen? Und er wird zu ihnen sprechen: Ja, ich sage euch, was ihr zu tun unterlassen habt an dem Geringsten meiner Brüder, das habt ihr auch an mir zu tun versäumt. Und sie werden dem Äon der Qual verfallen, während die Gottergebenen den Äon des Lebens finden. (Mt 26, 31-46)

Nicht alle der schließlich geheilten Kranken wurden zu Christus gebracht oder nahten sich ihm aus innerstem Willensentschluss und mit selbsteigenem Vermögen. Manchen fand der Christus am Wegesrand, rief ihn herbei oder ging bewusst auf ihn zu – auf den Einzelnen inmitten von vielen. Er löste ihn aus dem Zusammenhang heraus, in dem er bis dahin gestanden hatte, und trat in eine direkte und persönliche Beziehung zu ihm ein. Damit begann ein Prozess, den die Evangelien an verschiedenen Stellen deutlich ausführen und der der inneren Aufrichtung und körperlich-seelisch-geistigen Weiterentwicklung, ja, der Individualisierung des einzelnen Menschen galt, einer folgenreichen Hilfestellung zur tieferen Ich-Geburt, die im Zentrum der Wirkensintention des Christus stand und mit jedem weitergehenden Krankheits- und Heilungsprozess offensichtlich gemeint und verbunden war.

Christus nahm sich des Kranken an, nahm ihn «für sich» – so heißt es bezüglich des Taubstummen bei Markus. Er führte ihn

abseits von der Menge zum Vollzug des eigentlichen Heilvor-
ganges, der – als ein gelingender – oft keine spätere Rückkehr
und bruchlose Wiederaufnahme in die alten Weisen des Her-
kommens erlaubt, sondern ein Neues fordert. Die Aufrichtung,
die die Kranken durch das heilende Schöpferwort erfuhren und
die sich parallel oder in eins mit der Befreiung von ihren körperlichen Beschwerden vollzog,[53] impliziert eine Werdebewegung
ihrer Individualität, die sich tief in ihr ganzes Sein, ihre Gegenwart und weitere Zukunft einschreibt. Selbst in den Diskussionen über die gelungenen Dämonenaustreibungen und die dabei
wirksam gewordenen Kräfte machte Christus deutlich, dass die
vorübergehende Befreiung von den schädlichen Wesenheiten
nicht mit einer Heilung gleichgesetzt werden könne, sofern sich
nicht zugleich eine Ichstärkung des Kranken ereigne:

> Wenn ein unreiner Geist einen Menschen verlässt,
> ohne dass dessen Ich sich erkraftet, so durchirrt er
> wasserlose Räume und sucht Ruhe, ohne sie zu fin-
> den. Dann spricht er: Ich will in die Behausung
> zurückkehren, die ich verlassen habe. Kommt er
> dann zu dieser Behausung, so findet er sie ge-
> säubert und geschmückt. Dann geht er, um sieben
> Geister zu holen, die noch schlimmer sind als er,
> und hält mit ihnen Einzug, um mit ihnen zusam-
> men in dem Menschen zu hausen. Und um den
> Menschen steht es am Ende schlimmer als zuvor.
> (Lk 11, 24-26)

Am eindrücklichsten beschreibt das Johannes-Evangelium in
seiner Heilung des Blindgeborenen, dem es ein ganz eigenes
Kapitel widmet, diesen Entwicklungsweg einer Individualität,
der mit vielen, wenn nicht mit allen Christus-Heilungen verbunden war. Diese gesteigerte Ichwerdung im überwundenen Leiden vollzog sich – als aus der Zukunft in die Gegenwart hinein-

ragende Aufgabe[54] – in verschiedenen, schmerzhaften Stufen einer loslösenden Individualisierung von alten Strukturen und Bindungen und mündete schließlich in eine höhere Selbsterkenntnis des «Kranken». Am Ende begegnete der blind Geborene und nun sehend Gewordene dem Christus erneut – wie zuvor auch der einst Gelähmte vom Teich Bethesda oder aber der Samariter unter den zehn Aussätzigen. Erst in dieser Wiederbegegnung mit Christus vollendete sich das Heilungsgeschehen, fand es sein geistiges Zentrum und Ziel: «Selig ist, wer, ohne sich zu verlieren, in mir sich selbst findet.» (Lk 7, 23)

Dabei ist zu berücksichtigen, dass die Evangelien zwar nicht von einem moralistisch verstandenen «Sünden»-Kontext der Pathologie ausgehen, sehr wohl und sehr betont jedoch von den Schicksalshintergründen des menschlichen Erkrankens – und andeutend über sie sprechen. Der Krankheitsprozess des Einzelnen hat ihnen zufolge durchaus einen inneren, in sich sinnvollen Bezug; seine positive Bewältigung ist weiterführend und der individuellen Entwicklung förderlich, ja, für dieselbe offenbar zwingend notwendig. Christus steht den einzelnen Kranken in der Bewältigung ihrer schicksalshaften, das heißt mit dem individuellen Herkommen in Verbindung stehenden Wege in einem entscheidenden, schicksalswendenden Augenblick bei.[55] Von den Pharisäern herausgefordert, macht er anlässlich der Heilung des Gelähmten von Kapernaum nahezu unfreiwillig geltend, dass die durch ihn vollzogene Behandlung einer irdischen Krankheit in der geistigen Sphäre eine Überwindung der Schicksalslast beinhaltet («Ihr sollt aber sehen, dass der Menschensohn die Macht besitzt, hier auf Erden von der Sünde zu befreien, das heißt Krankheiten zu heilen.» Lk 5, 24) und offenbart dadurch etwas von den eigentlichen Hintergründen seines heilig-heilenden Wirkens. Wenn jedem einzelnen Menschen das Schicksal gegeben ist, das seinen Taten entspricht (Mt 17, 27), die Schicksalsentscheidung über das Los und den Weg des Einzelnen vom göttlichen Vater aber dem Sohn übergeben wurde (Joh 5, 22), so wird indirekt deutlich, dass sich in diesen Heilungsprozessen etwas auf spiritueller Ebene vollzog. Im Gespräch mit den Pharisäern fielen nach der Heilung des Blindgeborenen die Worte: «Wäret ihr blind, so wäret ihr frei von Sünde. Nun aber behauptet ihr, sehend zu sein, und so bleibet eure Sünde.» (Joh 9, 41)

Wobei mitzubedenken ist, dass die Schicksalshilfe des Christus den Einzelnen in freier, selbsteigener Verantwortung belässt, in Gesundheit und Krankheit. Zwar trägt der göttliche Sohn das Leben der Welt in seinem Wesen (Joh 5, 27) und damit auch die objektiven Vergehen der Menschen gegenüber der göttlichen Weltordnung, doch bleibt individuell bestehen und im Einzelnen freiheitlich auszutragen und auszugestalten, was aus den persönlichen Taten in Rückwendung auf das eigene Selbst in aller Zukunft folgt. Die dem Christus gegenübertretenden Kranken begannen in und nach der Begegnung einen neuen Weg, der in einem tiefen und gültigen Sinne ihr eigener war. Die ihnen durch Christus zugekommene Hilfe war einschneidend, unendlich kostbar und spirituell entscheidend – Christus selbst war nach diesen Heilvorgängen ausgesprochen bewegt und bat wiederholt um einen verschwiegenen, intimen Umgang mit ihnen. Die Verantwortung für das künftige Schicksal aber blieb im strengen Sinne eine individuelle, dem Menschen zukommende, ihm in seinem Innersten angehörende.[56]

*

So sehr einerseits das Heilungsgeschehen den Menschen als Individualität meint und ihn aus seinen alten Zusammenhängen auch in sozialer Hinsicht herausreißt, so eindrücklich beschreiben die Evangelien auf der anderen Seite die Bildung neuer, helfender Gemeinschaften um den kranken Einzelnen. Wiederkehrend waren es Freunde oder Familienangehörige, die den

Erkrankten dem Christus zuführten – ja, geradezu mitten vor ihn stellten (Lk 5, 19) – oder aber in der Begegnung mit Christus um Hilfe für ihn baten, eindringlich um sie nachsuchten, in tiefer, demütigster Bescheidenheit («Herr, ich bin es nicht wert, dass du in mein Haus eintrittst. Sprich nur ein einziges Wort, so wird mein Knabe gesund.» Mt 8, 8). Der Christus nahm diese eintretende, betroffene Bereitschaft für den Kranken wahr, das Leid der Umgebung und ihr absolutes Vertrauen in seine helfende Macht. Dieses Vertrauen ermöglichte ihm ganz offenbar, heilend tätig zu werden, in Situationen, wo das Willens-Ich des Betroffenen handlungsunfähig war, in geradezu stellvertretender Aufnahmebereitschaft – einer Bereitschaft der Umgebung, die möglicherweise auch Werdebewegungen und seelisch-geistige Wandlungsprozesse ihrer selbst beinhaltete und gewissermaßen einen Neuanfang innerhalb der alten und vertrauten Konstellationen setzte.

Waren Voraussetzungen dieser Art gegeben und lag eine entsprechende Schicksalskonstellation vor, so bezog der Christus Angehörige oder Freunde unter Umständen gezielt in den eigentlichen Heilsprozess und damit in den heilig-intimen Kräftevorgang mit ein – wie Jairus und seine Frau bei der Heilung ihrer vermeintlich verstorbenen Tochter, nachdem er zuvor alle Menschen aus dem Haus entfernte, die dort in Furcht und Klage verharrt waren.

Schließlich wohnten der Heilung des Jairus-Töchterleins neben den Eltern aber auch noch die Jünger Petrus, Jakobus und Johannes bei, die Christus – wie auch bei der Verklärung auf dem Berg Tabor und später im Garten Gethsemane – eigens dafür auswählte und hinzuzog («Und er ging in das Haus, ließ aber niemand mit hinein außer Petrus und Johannes und Jakobus und den Vater und die Mutter des Kindes.» Lk 8, 51). Von Anfang an, so lassen die Schilderungen der Evangelisten erkennen, schulte der Christus seine Jünger im vertrauten Kreis und hatte sie im

Vollzug der allermeisten Heilungsvorgänge bei sich, in seiner unmittelbarsten Nähe – alle oder Einzelne von ihnen. Auch hier, unter den Jüngern, bildete sich eine neue Gemeinschaft für und um die Menschen, eine spirituelle Gemeinschaft von Nachfolgenden, die in ihrer erweiterten Form teilweise selbst aus von Christus Geheilten bestand («Die Zwölf waren bei ihm, dazu einige Frauen, die er von bösen Geistern und Krankheiten geheilt hatte: Maria aus Magdala, die er von sieben Dämonen befreit hatte, Johanna, das Weib des Chusa, eines Verwalters im Dienste des Herodes, Susanna und viele andere.» Lk 8, 2-3). Die Jünger sollten den umfassenden Logosauftrag im Sinne einer freien Gabe fortführen. Ihnen verlieh der Christus bei ihrer Aussendung die Vollmacht zur Heilung aller Krankheiten. Er begabte sie mit geistigen Kräften, die neben der Wortverkündigung die Heilung von Krankheit und Besessenheit ermöglichen sollten, ja, selbst die Auferweckung von Toten. Er sandte sie zu zweien aus – «denn wo zwei oder drei im Namen meines Ichwesens versammelt sind, da bin ich selbst in ihrer Mitte» (Mt 18, 20).

Wie insbesondere Lukas, aber auch Markus berichtete, gelangen den Jüngern und den übrigen von Christus Ausgesandten dann auch tatsächlich Heilungsprozesse, zu ihrer großen Freude und Überraschung: «Und die siebzig kehrten zurück und sprachen voller Freude: Herr, sogar die Dämonen sind uns kraft deines Namens gehorsam.» (Lk 10, 17) Dort, wo die Schüler dagegen versagten (wie bei dem besessenen Knaben am Berge Tabor oder noch im Angesicht der Soldaten im Garten Gethsemane), trat der Christus stellvertretend für sie ein – er heilte den Knaben und den von Petrus verletzten Soldaten Malchus, wenn auch mit trauernder Betroffenheit über ihr spirituelles Zurückbleiben: *«Wie schwach ist doch die innere Kraft in euch, und wie entstellt ist euer wahres Wesen! Wie lange muss ich wohl noch bei euch sein und euch tragen?»* (Lk 9, 41) Auf entsprechende Nachfragen bezüglich des besessenen Knaben und der nicht gelungenen Therapie («Als sie nach Hause kamen, fragten ihn die Jünger im vertraulichen Gespräch: Warum fehlte uns die Kraft, ihn [den Dämon] auszutreiben?» Mk 9, 28) wies er im engeren Kreis anschließend darauf hin, dass die Jünger die innere, seelisch-geistige Arbeit verstärken müssten, um ihre heilenden Kräfte weiter ausbilden zu können. Dem Johannes-Evangelium zufolge versprach der Christus ihnen seine fortdauernde Hilfe für diese Vorbereitung und für das dadurch möglich werdende Werk der Heilung. Gegen Ende der drei gemeinsamen Jahre und in Annäherung an den Vorgang von Golgatha sagte er:

> Und wenn ich hingehe, um euch die Stätte zu bereiten, so komme ich neu zu euch und will euch aufnehmen und euer Sein mit meinem Sein vereinen, damit, wo mein Ich ist, auch euer Ich sein kann. […] Ja, ich sage euch: Wer mein Ich in sich aufnimmt, der wird die Werke auch zu tun vermögen, die ich tue, und er wird größere tun, denn ich gehe zum Vater. Was ihr erbitten werdet in meinem Namen: ich werde es vollbringen, damit in des Sohnes Wirken der Vater offenbar werde. Alles, was ihr erbittet in meinem Namen: ich will es vollbringen. […] Wer meine Weltenziele kennt und in seinen Willen aufnimmt, der ist es, der mich in Wahrheit liebt. (Joh 14, 3/12-14/21)

*

Überblickt man in dieser Weise und mit Berücksichtigung weiterer Textzusammenhänge des Neuen Testaments verschiedene Aspekte der zur Zeitenwende aufscheinenden christlichen Medizin, so können einige ihrer Hauptcharakteristiken herausgearbeitet und begrifflich formuliert werden. Deutlich wird dabei

u. a., dass der Heilungsauftrag des Christentums keine rein see-lische Tröstung oder Erlösung implizierte, sondern eine eindeu-tig medizinisch-leibzentrierte Implikation vorwies – und das existenzielle Kranksein des Einzelnen (und der Gesellschaft) be-traf. Deutlich wird auch, dass letztlich das Schöpfungsprinzip – der Logos – in Christus Jesus als heilend verstanden wurde, in einer Stufenfolge des geistig-physischen Werdeprinzipes, ja, des Inkarnationsvorganges selbst (von der Heilung durch das Wort über die Gebärde, die Berührung und den Speichel bis zur ver-wandelten Erdensubstanz). Klar zeigen die Evangelienberichte auf, dass die therapeutische Tat des Christus auf seelisch-geisti-gen Voraussetzungen der empathischen Herzensteilnahme und des aktivierten Heilungswillens beruhten, den Gesundungswil-len im Erkrankten ansprachen und nachfolgend auf verschiede-nen Wesensschichten in seinem geistig-physischen Organismus wirksam werden konnten. Dabei kam erstmals eine wirkliche Individualitätsdimension zum Tragen – sowohl die therapeuti-sche Bewegung vonseiten des Christus Jesus als auch das Wil-lenselement des Kranken mussten sich in der Freiheitssphäre des jeweiligen Ichs entfalten, das heißt, aus dieser heraus spezifisch wirksam werden. Ansichtig wurde weiter, dass die Krankheitswe-ge der betroffenen Menschen als immanente Ereignisse ihrer persönlichen, individuellen Lebens- und Schicksalsgeschichte verstanden wurden, damit letztlich dem übergeordneten Bereich der Ich-Verantwortung angehörten. Der Krankheits- und The-rapieprozess imponierte als ein essenzieller Beitrag zur Werde-bewegung des Einzelnen, der sich gerade auch im Durchlaufen und Überwinden leidvoller Erfahrungen auf leiblicher wie see-lisch-geistiger Ebene individualisiert und dadurch weiterentwic-kelt, was ganz offensichtlich ein – wenn nicht *der* – anthropolo-gischer Gesichtspunkt für die karitativ-medizinischen Aktivitäten der frühen Christen war, die im inneren Anschluss an das wir-kende Christus-Wesen therapeutisch tätig wurden: «Wer mein

Ich in sich aufnimmt, der wird die Werke auch zu tun vermögen, die ich tue, und er wird größere tun, denn ich gehe zum Vater. Was ihr erbitten werdet in meinem Namen: ich werde es vollbringen, damit in des Sohnes Wirken der Vater offenbar werde. Alles, was ihr erbittet in meinem Namen: ich will es vollbringen.»

Vergegenwärtigt man vor dem zuvor in aller Kürze skizzierten griechisch-hebräischen Hintergrund die solchermaßen zur Zeitenwende aufgetretene christliche Heilkunst – bzw. die Heilprinzipien des Neuen Testaments –, so wird zumindest umrisshaft ansichtig, dass in ihr offensichtlich nicht nur eine wirkliche «Initiatenmedizin» in veränderter Weise ansichtig wurde, sondern dass diese die vereinseitigten Pole der hellenistischen sowie hebräisch-altbabylonischen Heilkunst in sich steigernd vereinigte, das heißt, in eine neue, zentrale und mit der Sphäre der menschlichen Individualität verbundene Mitte überführte. Der heilende Christus Jesus als inkarnierter Weltenlogos trug – dem Zeugnis des Johannes zufolge – ein immanentes Schöpfungs- und damit individualisiertes Initiationsprinzip in sich, das heißt in seinem ureigenen Ich: «Was das Bedeutsame [zur Zeitenwende] war, ist nicht, dass geheilt wurde, sondern dass jemand auftrat, der, ohne in einer Mysterienschule gewesen zu sein, so heilen konnte; dass einer auftrat, dem die Kraft, die früher von den höheren Welten herunterfloss, in das Herz, in die Seele selber gelegt war, und dass diese Kräfte persönliche, individuelle Kräfte geworden waren.» (Rudolf Steiner[57]) Christus war selbst das makrokosmische «Ich-bin»-Prinzip – und heilte aus der Kenntnis des Inkarnationsprozesses des einzelnen Kranken, seiner individuellen Herkunft, aktuellen Situation und möglichen Zukunft. Er heilte in einem schicksalsgegebenen Moment, mit geistigen Mitteln, aber unter Wertschätzung und Einbezug der Erdsubstanzen und -prozesse («Als er diese Worte gesprochen hatte, vermischte er seinen Speichel mit Erde und machte aus dem Speichel einen

erdigen Brei; diesen legte er dem Blinden auf die Augen [...].»
Joh 9, 6). All die Heilvorgänge des Christus, die das natürliche
Sein mit der ethischen Moralität (und damit in gewisser Weise
Hellas und Judäa) auf höherer Ebene wieder vereinten, vollzo-
gen sich dabei in unbedingt sozialer Ausrichtung, das heißt in der
Vertrauenssphäre einer verbindlichen Ich-Du-Begegnung, auch
im Sinne des zuvor zitierten Plato-Wortes:

> Es darf dir [...] niemand einreden, dass du mit die-
> ser Medizin seinen Kopf heilen könntest, es sei
> denn, der zu Heilende hätte dir zuvor seine Seele
> geoffenbart: und dies zu dem Zweck, dass sie durch
> das Mittel der Besprechung der Heilbehandlung
> zugänglich werde.[58]

Die vertrauensvolle, tief innerliche Verbindung des Kranken mit
dem Christus Jesus ermöglichte in radikaler Steigerung der platonischen Gesichtspunkte den geistigen Anschluss an das – logo-
genetisch verstandene – Werdeprinzip der Schöpfung[59] («Die
Gesundheit ist der Logos in der Seele und in der Erkenntnis des
Wissens.»). Sie ermöglichte letztlich die individuelle Zukunfts-
bewegung des Erkrankten und Leidenden und damit seine erneute Einordnung in übergeordnete, schicksalsgestaltende und
letztlich kosmisch gefügte Zusammenhänge seiner geistig-physischen Organisation, das heißt, sie eröffnete den Bereich einer
ganzheitlichen Heilung in der Sphäre seiner – der Ewigkeit angehörenden – Ich-Individualität.

*

Die Anthroposophische Medizin in der Moderne

Das Schicksal der Anthroposophie möchte dasjenige des Christentums zugleich sein.[60]

D ie mit dem Christentum aufgetretene neue Anthropologie und Medizin wurde in den Jahrhunderten nach dem Mysterium von Golgatha trotz der therapeutischen Gründungen der frühen Christen nicht zu einem bestimmenden Zivilisationsfaktor im Bereich der Heilkunde. Die naturalistisch-rationale Reduktion der hellenistischen Medizin war es vielmehr, die in ihrer Steigerung und Perfektionierung durch die diagnostisch-technischen Errungenschaften des arabischen Kulturraums den weiteren Duktus des pathologisch-therapeutischen Denkens und Handelns bestimmte – eine Entwicklung, die schließlich in der Mitte des 19. Jahrhunderts in Gestalt der positivistischen Forschung deutscher Physiologen in gewisser Hinsicht kulminieren und zum paradigmatisch-totalitären Anspruch – mit Gültigkeit für das gesamte Feld der Heilkunde – erhoben werden sollte. Nach Rudolf Virchow war und ist die «naturwissenschaftliche Methode» die «einzige Methode, die überhaupt existiert»[61]; sie analysiert in medizinischer Forschungshaltung physikalisch-chemische Gesetze und Funktionsabläufe im tierischen Organismus («überall, wohin wir blicken, Causalität, Notwendigkeit, Gesetzmäßigkeit»[62]), deren Alleinexistenz machtvoll prätendiert («Brücke und ich, wir haben uns verschworen, die Wahrheit geltend zu machen, dass im Organismus keine anderen Kräfte wirksam sind, als die genauen physikalisch-chemischen.» Emil du Bois-Reymond[63]) und auf den menschlichen Organismus unverändert

59

übertragen wurde («Die wissenschaftliche Physiologie hat die Aufgabe, die Leistungen des Thierleibes festzustellen und sie aus den elementaren Bedingungen desselben mit Nothwendigkeit herzuleiten.» Carl Ludwig[64]). Die konsequent naturwissenschaftlich-materialistische «Heilkunde» des 19. Jahrhunderts (bzw. das «Evangelium der naturwissenschaftlichen Methode»[65]) kannte – so Virchow – nur noch «Körper und Eigenschaften von Körpern», betrachtete alle darüber hinaus liegenden medizinischen Ansprüche «als eine Verwirrung des menschlichen Geistes»[66] und war therapeutisch bestrebt, «den Gang des leiblichen Lebens nach dem Belieben der menschlichen Vernunft zu lenken» (Carl Ludwig[67]), das heißt, pathophysiologische (oder auch physiologische) Funktionsabläufe mit gezielter Manipulation in Richtung gewünschter Zustände zu verändern. Unter faktischer Aufhebung aller anthropologisch fundierten Gesundheits-, Krankheits- und Heilungsbegriffe entwickelte sich so in forcierter und zivilisationsbestimmender Weise eine Medizin als angewandte Biotechnik, die die methodische Elimination der geistig-seelischen Realität des Menschen für das medizinisch-soziale Denken und Handeln implizierte und trotz der ethischen Motivation von protagonistischen Wissenschaftlern wie Rudolf Virchow einen fundamental antichristlichen Geist aufwies.

Die Kritik am positivistischen Materialismus der naturwissenschaftlichen Medizin wurde zu Beginn des 20. Jahrhunderts einerseits von phänomenologisch orientierten Philosophen, Klinikern und überzeugten Christen wie Ludolf von Krehl, Richard Siebeck und Viktor von Weizsäcker geführt, die sich – im Bewusstsein einer von ihnen intendierten «anthropologischen Wende» – um die Wiedereinführung des «Subjektes» in Physiologie und Pathologie bemühten («Der Körper ist nicht das, was er dem naturwissenschaftlichen Zeitalter schien, er ist etwas anderes, und wir müssen es zu erforschen suchen.» Viktor von Weizsäcker[68]), den spezifisch menschlichen Charakter in allen

Leibestätigkeiten betonten und neuerlich die biografische Bedeutung von Krankheitsvorgängen und Überwindungsprozessen im Hinblick auf die «Bestimmung des Menschen» in den Vordergrund rückten. Die Kritik am naturwissenschaftlich-iatrotechnischen Konzept der Medizin wurde jedoch am konsequentesten und weiterführendsten von Rudolf Steiner (1861 – 1925) vertreten bzw. in Gestalt der von ihm geschaffenen – oder mitermöglichten – Anthroposophischen Medizin beantwortet. In einem am 21. Juli 1924 in Arnheim gehaltenen Vortrag sagte Steiner:

> Die Heilkunst hat mit dem Menschen zu tun. Der Mensch ist ein Wesen, das sich gliedert nach Leib, Seele und Geist. Eine wirkliche Medizin kann daher nur bestehen, wenn sie auch eindringt in eine Erkenntnis des Menschen nach Leib, Seele und Geist.[69]

Die Erkenntnis des Menschen nach Leib, Seele und Geist wurde von Rudolf Steiner nach der methodischen Ausbildung entsprechender Erkenntnis-Fähigkeiten in seinem gesamten Lebenswerk spezifisch verfolgt und – im Sinne einer wörtlich verstandenen, der einseitigen Natur-Wissenschaft komplementär gegenüberstehenden Geistes-Wissenschaft – auch faktisch realisiert. In jahrzehntelanger Forschungstätigkeit und einer dieser Forschung nachgeordneten Lehre bzw. didaktischen Unterweisung gelang Steiner die konkrete Aufzeigung einer originären Human-Physiologie, die auf der Basis der unternommenen «Erkenntnis des Menschen nach Leib, Seele und Geist» die Leiblichkeit in ihren organologischen Strukturen und funktionalen Prozessen detailliert als Wirkens- und Ausdrucksorgan der menschlichen Individualität herausarbeiten und bis ins Einzelne beschreiben konnte.[70] In der geistigen Weiterführung alter Mysterien-Intentionen, jedoch unter neuzeitlichen Bewusstseinsbedingungen zeigte Steiner den subtilen Inkarnationsweg der menschlichen Individualität auf – und zwar sowohl hinsichtlich ihrer kosmischen, das heißt vorkonzeptionellen und nachtodlichen Erfahrungen in der planetarisch-hierarchischen «Himmels»-Sphäre, als auch bezüglich der entwicklungsphysiologischen Werdeetappen in der embryonalen, fötalen und nachgeburtlichen Erdenbiografie. Die humanen Inkarnations- und Exkarnationsbewegungen im Raum und in der Zeit kamen dabei zur Darstellung, ihre Kräftevoraussetzungen und -entfaltungen, aber auch die Umbrüche und Gefährdungen, die auf der Ebene des geschaffenen und sich notwendig weiter umbildenden Inkarnationsgefüges die Erdenbiografie des menschlichen Ichs aktiv kennzeichnen. Steiner beschrieb, welche differenzierten seelisch-leiblichen Organisationsformen sich das Ich im Raum und in der Zeit bildet, um sich mit ihrer Hilfe irdisch betätigen und erfahren zu können, in der Auseinandersetzung mit Substanzen, Kräften und Vorgängen, deren sukzessive Überwindung und Individualisierung den biografischen Vorgang gestaltet und bestimmt; er skizzierte das Gleichgewicht und die Polaritäten der dabei beteiligten Kräfte und Prozesse, im Bereich der Abbau- und Aufbauvorgänge, der Funktionen und Systeme – in Physiologie und Pathologie. Die in geisteswissenschaftlicher Forschung (und mit aufgreifender Durchdringung der vorliegenden naturwissenschaftlichen Erkenntnisse) gewonnene Menschenkunde Rudolf Steiners implizierte in diesem Sinne eine reale Anthropologie der Krankheit und des kranken Menschen. Wie Steiner im Einzelnen verdeutlichte, sind die Krankheits-, Zerstörungs- und Todesprozesse der gesamtphysiologischen Situation des Menschen immanent, das heißt, bilden ein konstitutives Element des leiblichen Inkarnations- und irdischen Bewusstseinsprozesses.[71] Rudolf Steiner lehrte dabei nicht nur die innere Bezogenheit der Bewusstseinsentfaltung auf die leiblichen Abbau-Vorgänge – respektive die Genese des Bewusstseins auf Kosten des Seins –, sondern zeigte in differenzierter Weise auf, welche subtilen Prozessdislokationen in zeitlicher, örtlicher und quantitativer Hin-

sicht den qualitativen Phänomenen des Krankhaften zugrunde
liegen, das heißt, er zeigte, inwiefern die Entstehungswege der
pathologischen Phänomene sich aus den autonomen Kräften des
organismischen Geschehens speisen und damit den menschlichen
Lebensbedingungen in sehr spezifischer Hinsicht eigen sind. Er
kennzeichnete die Krankheitsgestalten trotz ihres unzweifelhaft
pathischen Charakters für das sie erleidende Individuum damit
in gewisser Hinsicht als aktive Leistungen der geistig-physischen
Organisation, als Versuchsformen der Bewältigung von Irritati-
onen, die der Organismus des Menschen in selbsttätiger Weise
ausgestaltet und die ihm damit in einem sehr wesentlichen Sinne zugehörig sind. Der Krankheitsvorgang und die Gestalt der
Krankheit brechen nach Steiner keinesfalls als fremde und sinn-
lose Natur-Verwirrungen «von außen» in den Zusammenhang
des menschlichen Leibes ein, sondern werden aus dem Inneren
als sinnvolle Antworten auf Situationen konfiguriert, die als solche
das Individuum meinen und mit ihm in einem sinnvollen Bewäl-
tigungszusammenhang stehen. Steiners Schilderungen der «ur-
sächlichen» oder auslösenden Entstehungsmomente zahlreicher
Krankheitswege – in allgemeiner sowie kasuistischer Betrachtung
– waren außerordentlich komplex und reichten von verborgenen
traumatischen Situationen in der frühen Kindheits- und Jugendentwicklung (auf organischer sowie seelischer Ebene) bis hin zu
spezifisch-konstitutionellen Schwächen einzelner menschlicher
Wesensglieder. Deutlich aber wurde stets, dass mit der Krankheitsauseinandersetzung eine Aufrufung und Entfaltung von eigenen Kräften verbunden ist, letztlich eine Auseinandersetzung mit
Hindernissen im Lebensvollzug, die an die Ich-Dimension der
jeweiligen Inkarnation appelliert und an der Überwindungs- und
Reifungsschritte zu vollziehen sind, die mit dem Gesamtschicksal
(Karma) der betroffenen Individualität in sinnvoller Verbindung
stehen – und in denen der Einzelne sein künftiges Schicksal in
Freiheit mitgestalten kann. Rudolf Steiner tradierte keinen über-

kommenen «Sünden»- und «Verschuldungs»-Begriff; wohl aber aktualisierte er in geisteswissenschaftlicher Erkenntnishaltung die spirituelle Bedeutung einer individuellen Auseinandersetzung mit konkreten Kräften und Mächten, die den Weg des Ichs säumen, und erläuterte im physiologischen Detail den faktischen Überwindungs- und damit Wandlungscharakter, der dem aktiven Vollzug von Krankheits- und Heilungsprozessen perspektivisch zukommt.[72] In einem Pfingstvortrag des Jahres 1910 betonte Steiner in diesem Zusammenhang explizit, dass das Individuum in der geistigen, präinkarnatorisch-kosmischen Welt in einer gewissen Entwicklungsphase konkrete Krankheitsdispositionen, aber auch leibliche Überwindungskräfte seiner künftigen physischen Organisation einimprägniert, durch deren Freisetzung und Durchlebung eine zukunftsoffene und zukunftsöffnende Loslösung von alten Schicksalslasten bzw. -bannungen ermöglicht und realisiert werden kann.[73]

Die therapeutische Förderung des Menschen, so Rudolf Steiner, muss vor diesem Hintergrund intendieren, die Krankheitsvorgänge nicht primär zu manipulieren, aufzuheben oder zu verunmöglichen, sondern das Individuum in seinen betroffenen Wesens- und Organisationsstufen aktiv zu unterstützen bzw. zu ermächtigen, die Überwindungsprozesse ichhaft und damit unter größtmöglicher Aktualisierung seiner Eigenfähigkeiten bewältigen zu können, ein Prozess, der letztlich zu einer Steigerung der inneren Kraft des – krankheits*erfahrenen* – Menschenwesens führt:

> Dasjenige, was die geistigen Glieder des Menschen zu einer größeren Tätigkeit aufrufen kann, das bringt die Heilung hervor.[74]

> Das Ich und der astralische Leib bekommen eine größere Kraft über den physischen Leib in der Heilung, als sie vor der Heilung gehabt haben.[75]

Auch Rudolf Steiners therapeutische Schilderungen waren außerordentlich differenziert und detailliert; sie arbeiteten im Einzelnen heraus, dass die Weisen der aktiven medizinischen Unterstützung des Menschen dem gesamten Umraum des Irdischen – und damit dem ausgreifenden Beziehungsgeflecht des menschlichen Inkarnationsgefüges – erkennend zu entnehmen sind, in fortführender Steigerung der vorhippokratischen und hippokratischen Bemühungen und mit offensichtlicher Bejahung und Durchdringung aller verfügbaren irdisch-kosmischen Qualitäten. Neben der weitgespannten, den verschiedenen Naturreichen entstammenden Therapie mit homöopathisierten, das heißt in ihren Ursprungskräften wiedereröffneten und weiterverwandelten Erdsubstanzen (mit zumindest teilweise kosmologisch-astronomisch abgestimmter Gabe) beschrieb Steiner in diesem Sinne u. a. methodische Möglichkeiten einer anregend-aktiven Förderung mit differenziellen Licht- und Farbqualitäten, mit spezifischen Bewegungsformen, Ton- bzw. Musikerlebnissen und vielfältigen weiteren Anwendungen,[76] entwickelte jedoch – in veränderter Weiterführung alter Mysterienpraktiken und mit eindrucksvoll christologischer Akzentuierung – auch individuelle Heilmantren, die einzelnen Patienten mit speziellen Anweisungen zur Meditation übergeben wurden.[77]

Im Hinblick auf die ausübenden Ärzte und Therapeuten machte Steiner mit Nachdruck geltend, für wie wesentlich er – neben einer unbedingten Schulung der individuellen Erkenntnis- und Urteilskräfte[78] – auch die Ausbildung von wirklichen Qualitäten der Herzensbildung und des Heil-Willens erachtete und charakterisierte einen christlich-lukanischen Entwicklungsweg zur individuellen Schulung entsprechender Fähigkeiten[79] – einen Entwicklungsweg, der den einzelnen Therapeuten dazu befähigen soll, mit existenziellem Heil- und Schicksalswillen in die Behandlungssituation eintreten zu können, im Bewusstsein des absoluten Wertes eines jeden irdischen Lebens – und dessen aktiver Förderung bis zuletzt[80] – sowie mit der inneren Bereitschaft, das eigene Lebensschicksal mit dem des Kranken zu verbinden, in Form einer bewussten und freien, in sich jedoch ebenso entschiedenen wie verbindlichen Hinwendung und Verantwortungsübernahme. In der schriftlichen Beantwortung einer studentischen Frage hieß es von Steiners Seite in diesem Zusammenhang einmal:

> Auf die Frage, ob man bei Schwangerschaftsunter-brechung, die man zur Rettung der Mutter vor-nimmt, in das Karma [Schicksal] der Mutter und in das Karma des Kindes eingreift, ist zu sagen: dass beide Karmas zwar in kurzer Zeit in andere Bah-nen gelenkt, aber bald wieder durch den Eigenver-lauf in die entsprechende Richtung gebracht wer-den, so dass von dieser Seite von einem Eingreifen in das Karma kaum gesprochen werden kann. Da-gegen findet ein starker Eingriff in das Karma des Operierenden statt. Und dieser hat sich zu fragen, ob er vollbewusst auf sich nehmen will, was ihn in karmische Verbindungen bringt, die ohne den Eingriff nicht da gewesen wären.[81]

Auch den von ihm skizzierten seelisch-geistigen Entwicklungs-weg des Therapeuten erläuterte Steiner dabei wiederholt in seiner kosmischen Dimension; veranlagt sollte kein rein «innerpsychi-scher» Prozess werden, sondern vielmehr eine Wiederverbindung des Menschen mit den irdisch-kosmischen Zusammenhängen als Voraussetzung jeder weitergehenden therapeutischen Haltung und Handlung – mit kosmisch-spirituellen Zusammenhängen und Wesenheiten, denen die schicksalsordnende und therapeu-tisch gestaltende Kraft, zugleich aber auf naturhafter Basis auch das Wissen um heilende Substanzen innewohnen.[82]

Nicht zuletzt in dieser spirituell-kosmischen Akzentuierung sprach Rudolf Steiner in seiner letzten Wirkenszeit wiederholt und explizit davon, dass die Anthroposophie – und die von ihr ermöglichte Medizin – im Geist und in der Intention der «erneuerten Mysterien» arbeite,[83] der neuen christlichen Mysterien, ihrer initiiert-esoterischen Forschungsgemeinschaft[84] und christologischen Wirkungsrichtung, die in alle Gebiete des irdischen Lebens ausstrahlt, diese therapeutisch durchdringt und damit in heilsamer Weise fördert («In aller Wissenschaft, in aller Erkenntnis muss etwas gesucht werden, das zuletzt abzweckt auf ein Heilen des ganzen Menschen ...»).

Überblickt man in der zuvor skizzierten Weise die Wesenscharakteristik der vorchristlichen Mysterien-Medizin, die anschließenden Entwicklungen und die Ereignisse der Zeitwende, so ist unschwer zu sehen, wie sehr die von Rudolf Steiner ausgebildete und praktizierte anthroposophische Geisteswissenschaft sowie die von ihr ermöglichte «geisteswissenschaftlich erweiterte Medizin»[85] und Heilpädagogik in der Diktion der aufgezeigten Entwicklungslinie wirkte und wirkt, das heißt, in welchem Ausmaß sie die in der Bilderwelt der Evangelien-Darstellungen angedeuteten spirituellen Vollzüge wissenschaftlich durchdringt und aus der Kraft eines durchchristeten Denkens[86] die Fundamente dessen neu zu begründen und weiterzuentwickeln vermag, was in anderer Gestalt anthropologisch-kosmologischer Inhalt alter, vorchristlicher Mysterienarbeiten war. Die anthroposophische Heilkunst kann in diesem Sinne als der wissenschaftliche Ausdruck bzw. als die geisteswissenschaftliche Ausformung der Evangelien-Medizin unter den bewusstseinsgeschichtlichen Bedingungen der Moderne betrachtet werden, als eine dezidiert wissenschaftliche Erkenntnis-Medizin, die die Pole der sinnesgeleiteten Naturerkenntnis hellenistisch-neuzeitlicher Prägung sowie einer ethischen Krankheitsmoral hebräischer Ausformung zugunsten einer christologischen und damit individualitätszentrierten Mitte vereinigt und eine neue, wegweisende Epoche der Medizin- und Zivilisationsentwicklung eröffnet.[87]

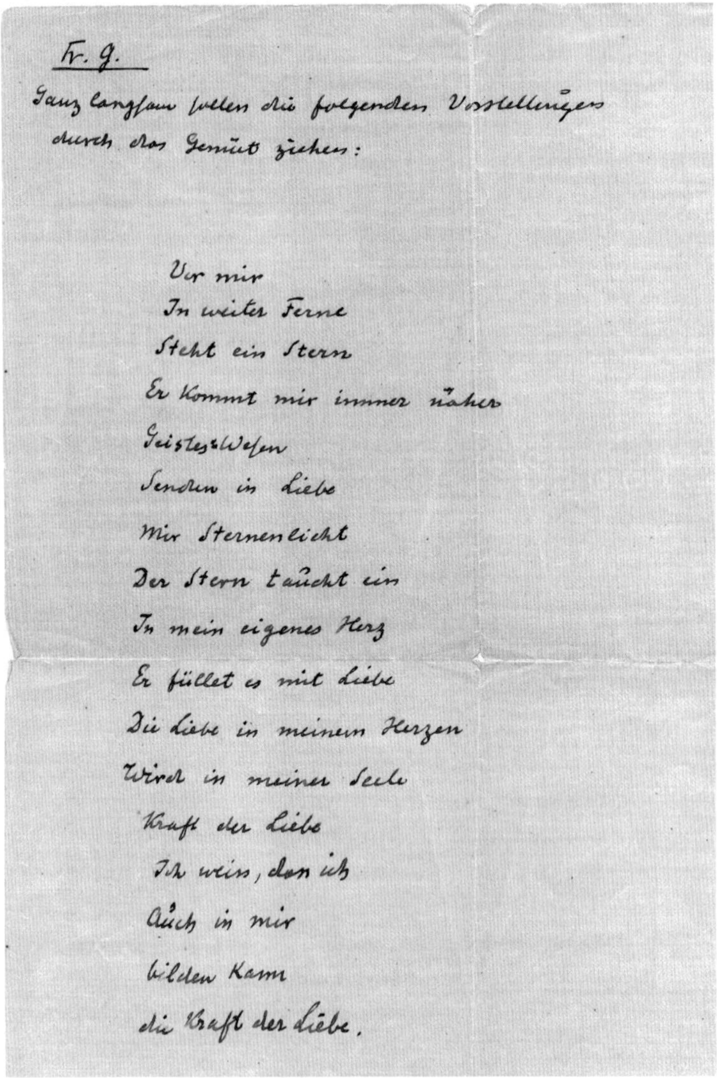

Fr. G.

Ganz langsam sollen die folgenden Vorstellungen
durch das Gemüt ziehen:

Vor mir
In weiter Ferne
Steht ein Stern
Er kommt mir immer näher
Geistes-Wesen
Senden in Liebe
Mir Sternenlicht
Der Stern taucht ein
In mein eigenes Herz
Er füllet es mit Liebe
Die Liebe in meinem Herzen
Wird in meiner Seele
Kraft der Liebe
Ich weiss, dass ich
Auch in mir
bilden kann
die Kraft der Liebe.

*Abb. 5: Rudolf Steiner: Patientenmeditation für
Yvonne Gygax-Kraft (1923). © Ita Wegman Archiv, Arlesheim*

2.

Die Heilungen in den Evangelien

Handelt es sich bei dem Hinweis auf das zu bestimmten Zeiten emporwallende Wasser [in der Schilderung der Heilung des Gelähmten am Teich Bethesda] um die Kennzeichnung gnadenvoller Augenblicke, die sich innerhalb der natürlichen Schöpfungsordnung in rhythmischer Wiederholung – und damit naturgesetzlich beschreibbar und voraussagbar – ereignen, so ist der «Kairos» der in der Begegnung mit dem Gelähmten zu diesem gesprochenen Worte von einer anderen Qualität. Deren «Zeitigung» resultiert nicht aus der Zeitenordnung der äußeren Natur bzw. der gewordenen Welt. Die schöpft sich aus einem Gewahrwerden der Schicksalssituation des Kranken, genauer: aus einem höheren diagnostischen Durchschauen der geistig-seelischen Situation des Kranken im Hinblick auf dessen von der Vergangenheit her zu Ende gekommenes und für die Zukunft zur Vollendung anstehendes Schicksal. Die therapeutische Kunst der Erfassung des richtigen Zeitpunkts erscheint hier erhöht zur heilsamen Geistes-Gegenwart als einem Gegenwärtig-Sein des Geistes.

Peter F. Matthiessen[88]

Abb. 6: Heilung der blutflüssigen Frau, Codex Egberti, 980 – 993

Die Heilungsgeschichten der vier Evangelien[89]

Christus und die Kranken

Und er zog umher durch ganz Galiläa und lehrte dort in den Synagogen und verkündigte die Heilsbotschaft vom inneren Reich und heilte alle Krankheiten und Gebrechen, an denen das Volk litt. Und bald sprach man von ihm in ganz Syrien und brachte zu ihm alle Leidenden, vielerlei Kranke und Geplagte, Besessene und Mondsüchtige und Gelähmte, und er heilte sie alle. Und große Volksscharen folgten ihm nach aus Galiläa und Dekapolis, aus Jerusalem und Judäa und aus dem Ostjordanland. (Mt 4, 23-25)

Als Jesus die Kunde vernahm, verließ er die Stätte und fuhr, um für sich zu sein, mit einem Schiff an einen einsam gelegenen Ort. Als die Menge des Volkes davon erfuhr, folgten sie ihm zu Fuß aus den Städten. Und als er hervortrat und die große Schar der Menschen sah, ergriff ihn Mitleid mit ihnen, und er heilte die Kranken, die unter ihnen waren. (Mt 14, 13-14)

Dann stieg er mit ihnen hinab, bis er auf ein ebenes Feld kam. Eine große Zahl seiner Jünger war um ihn, dazu eine große Volksmenge aus ganz Judäa und aus den Küstengebieten von Tyrus und Sidon. Sie alle waren gekommen, um ihn zu hören und um von ihren Gebrechen geheilt zu werden. Die von unreinen Geistern Gequälten wurden ebenfalls geheilt. Und die ganze Menge trachtete danach, ihn zu berühren, denn es ging eine lebendige Kraft von ihm aus, und er heilte sie alle. (Lk 6, 17-19)

Als sie über das Meer gefahren waren, stiegen sie in Genezareth ans Land. Und als ihn die Leute dort erkannten, machten sie es im ganzen umliegenden Land bekannt, und man brachte alle Leidenden zu ihm, und sie baten ihn, nur den Saum seines Gewandes berühren zu dürfen. Und die ihn berührten, wurden geheilt. (Mt 14, 34-36)

Und als sie über den See gefahren waren und das Land wieder erreicht hatten, kamen sie nach Genezareth und legten am Ufer an. Und als sie aus dem Schiffe stiegen, erkannten ihn die Menschen, und überall im Umkreis brachen sie eilig auf und trugen die Kranken auf Bahren herbei, wo immer man hörte, dass er sei. Und überall, wo er in die Dörfer, Städte und Höfe kam, da trugen sie auf den Märkten die Kranken zusammen und baten ihn, er möge sie wenigstens den Saum seines Gewandes anrühren lassen. Und alle, die ihn anrührten, wurden geheilt. (Mk 6, 53-56)

Und Jesus zog weiter und kam wieder an das galiläische Meer. Und er stieg auf den Berg und setzte sich nieder. Und große Volksscharen strömten zu ihm und brachten viele Lahme, Krüppel, Blinde, Taube mit und viele mit anderen Leiden. Sie warfen sich ihm zu Füßen, und er heilte sie. Ein großes Staunen ergriff die Menge, als man gewahrte, wie die Stummen sprechen konnten, die Krüppel gesund wurden, die Lahmen gingen und die Blinden wieder sehend wurden. Und sie priesen den sich offenbarenden Gott Israels. (Mt 15, 29-31)

Und Jesus zog sich mit seinen Jüngern zurück an das Meer. Und es folgte ihm eine große Schar aus Galiläa, aus Judäa, von Jerusalem, aus Idumäa, von jenseits des Jordans und aus der Gegend von Tyrus und Sidon; viele Menschen strömten zu ihm, weil sie von seinen Taten hörten. Und er hieß seine Jünger, einen Kahn für ihn bereitzuhalten, damit er dem Gedränge des Volkes entgehen könnte. Denn er heilte viele, und so bestürmten ihn alle, die ein Leiden hatten, dass er ihnen die Hand auflegte. Und die unreinen Geister warfen sich, wenn sie ihn erblickten, vor ihm zu Boden und riefen laut: Du bist der Sohn Gottes. Und er gebot ihnen eindringlich, ihn nicht bekannt zu machen. (Mk 3, 7-12)

In Kapernaum

Und er kam hinab nach Kapernaum, in die galiläische Stadt. Und auch dort lehrte er am Sabbat. Und die Menschen gerieten in Ekstase durch seine Lehre, denn sein Wort war wie eine Naturgewalt.

In der Synagoge war auch ein Mensch, der von einem unreinen Dämon besessen war; dieser schrie mit lauter Stimme: Was ist es, das uns an dich bindet, Jesus von Nazareth? Bist du gekommen, uns zu vernichten? Ich weiß, wer du bist: Du bist der Heilige Gottes! Jesus erhob seinen Arm gegen ihn und sprach: Schweig und verlasse ihn! Da warf der Dämon den Menschen mitten im Raum zu Boden und fuhr von ihm aus, ohne ihm zu schaden. Alle waren voller Staunen und sprachen zueinander: Welche Gewalt des Wortes! Als wären alle Schöpfermächte und Weltenkräfte in ihm, so gebieterisch spricht er zu den unreinen Geistern, und sie müssen ihm weichen. Und die Kunde verbreitete sich durch das ganze umliegende Land.

Und er brach auf, verließ die Synagoge und ging in das Haus Simons. Die Schwiegermutter des Simon litt an einem heftigen Fieber, und sie baten ihn, ihr zu helfen. Und er trat zu Häupten an ihr Lager und gebot dem Fieber Einhalt, und sie war von ihm befreit. Sogleich erhob sie sich, um ihnen zu dienen.

Und als die Sonne unterging, strömten viele Menschen herbei. Sie brachten Kranke zu ihm, die an allerlei Krankheiten litten. Und er legte einem jeden die Hand auf und heilte sie alle. Von vielen fuhren Dämonen aus und riefen: Du bist der Gottessohn!

Und er bedrohte sie und verbot ihnen zu sagen, dass sie den Christus in ihm erkannt hätten. (Lk 4, 31-41)
Danach kam Jesus in das Haus des Petrus und sah dessen Schwiegermutter im Fieber liegen. Er berührte ihre Hand, und das Fieber verließ sie. Und sie richtete sich auf und diente ihm.

Als es Abend geworden war, brachte man viele Besessene zu ihm, und er trieb durch seines Wortes Kraft die Dämonen aus und heilte die Kranken. Es sollte sich das Wort des Propheten Jesaja erfüllen: *«Er hat uns unsere Krankheit abgenommen. Er trägt alle unsere Gebrechen.»* (Mt 8, 14-17)

Und sie kamen in die Stadt Kapernaum, und da es ein Sabbat war, ging er sogleich in die Synagoge und lehrte. Und sie gerieten außer sich durch seine Lehre, denn er lehrte sie wie einer, in dem eine Schöpfermacht lebt, und nicht wie die Schriftgelehrten.

Und plötzlich war dort in ihrer Synagoge ein Mensch mit einem unreinen Geist, der schrie: Was ist zwischen dir und mir, Jesus, du Nazarener? Du bist gekommen, um uns zu vernichten. Ich weiß, wer du bist, du bist der Heilige Gottes. Da erhob Jesus drohend seine Hand gegen ihn und sprach: Schweig und verlasse ihn! Und der unreine Geist riss den Menschen hin und her; dann verließ er ihn unter lautem Rufen und Schreien. Und alle erstaunten und befragten sich untereinander: Was ist das? Eine neue Lehre mit schöpferischer Vollmacht? Den unreinen Geistern gebietet er, und sie gehorchen ihm. Und sogleich verbreitete sich die Kunde von ihm durch alle Gebiete des Umkreises in Galiläa.

Und sogleich, als er die Synagoge verließ, kam er in das Haus des Simon und Andreas mit Jakobus und Johannes. Die Schwiegermutter des Simon lag fieberkrank darnieder, und sogleich sagten sie ihm von ihr. Und er trat herzu und ergriff ihre Hand und richtete sie auf. Und das Fieber verließ sie, und sie diente ihnen.

Als es schon spät wurde – bei Sonnenuntergang –, brachten sie alle Kranken und Besessenen zu ihm. Und schließlich war die ganze Stadt vor der Türe versammelt. Und er heilte viele Kranke von den verschiedensten Krankheiten und trieb viele Dämonen aus; und er ließ die Dämonen nicht zu Wort kommen, weil sie ihn kannten.

Und in der Morgenfrühe, als es noch ganz nächtlich war, erhob er sich und trat aus dem Hause und begab sich an eine einsame Stätte, um zu beten. Und Simon und die bei ihm waren, gingen ihm nach und fanden ihn und sprachen: Alle Menschen verlangen nach dir. Und er antwortete ihnen: Lasst uns anderswohin gehen, in die weiter gelegenen Städte. Ich will auch dort die Botschaft verkündigen. Und sie zogen fort. Und er kam verkündigend in die Synagogen von ganz Galiläa und trieb die Dämonen aus. (Mk 1, 21-39)

In der Synagoge von Nazareth

Und als Jesus die Reihe der Gleichnisse vollendet hatte, zog er weiter und kam in seine Vaterstadt und lehrte dort in der Synagoge so, dass die Menschen außer sich gerieten und sprachen: Woher hat er diese Weisheit und die Kraft zu solchen Taten? Ist er nicht der Sohn des Zimmermanns, und heißt nicht seine Mutter Maria? Sind nicht Jakobus und Joses und Simon und Judas seine Brüder, und sind uns nicht seine Schwestern alle gut bekannt? Woher hat er die Vollmacht zu alledem? So brachte sein Auftreten die Menschen in Verwirrung. Jesus aber sprach zu ihnen: Ein Prophet wird nirgends weniger anerkannt als in seinem Vaterorte und in seinem Hause. Und er vermochte dort nicht viele Taten des Geistes zu vollbringen, denn die Herzen der Menschen waren schwach. (Mt 13, 53-58)

Und er verließ jenen Ort und kam in seine Heimatstadt, und

seine Jünger folgten ihm nach. Am nächsten Sabbat ging er in die Synagoge und fing an zu lehren. Und die vielen Zuhörer sprachen außer sich vor Staunen: Woher hat er das? Was ist das für eine Weisheit, die sich ihm offenbart? Und wie kommt es, dass solche Weltenkräfte durch seine Hände wirken? Ist er nicht der Zimmermann, der Sohn der Maria und der Bruder des Jakobus und des Joses und des Judas und des Simon? Und leben nicht seine Schwestern hier in unserer Mitte? Und sie gerieten durch ihn in eine große Erregung und Verwirrung.

Da sprach Jesus zu ihnen: Ein Prophet wird nirgends weniger geachtet als in seiner Heimat, unter seinen Blutsverwandten und in seinem eigenen Hause. Es war ihm unmöglich, dort etwas aus höherer Kraft zu tun. Nur einige wenige, die schwach und krank waren, heilte er durch Handauflegung. Die Herzensträgheit der Menschen setzte ihn in Erstaunen. (Mk 6, 1-6)

Und er kam nach Nazareth, wo er seine Kindheit verbracht hatte. Auch hier ging er, wie er es zu tun pflegte, am Sabbattage in die Synagoge. Und als er aufstand, um vorzulesen, reichte man ihm das Buch des Propheten Jesaja. Er schlug es auf und fand die Stelle, wo es heißt:

Des Herrn Geist ruht auf mir.
Er weihet mich, um den Armen die Botschaft des Geistes zu bringen:
Er sendet mich, um den Gefangenen Befreiung zu verkünden und
neues Sehen allen Blinden.
Die Zerschlagenen soll ich auf den Weg der Erlösung führen;
verkündigen muss ich die neue Weltenzeit,
in der wir die Gottesgnade verspüren sollen.

Als er das Buch wieder zusammengelegt hatte, gab er es dem Diener und setzte sich. Die Augen aller in der Synagoge waren auf ihn gerichtet. Da fing er an zu sprechen: Heute erfüllt sich dieses Wort der Schrift vor euren Augen und Ohren. Und alle stimmten ihm zu und waren voller Staunen über die geistbegnadeten Worte, die er sprach. Aber zugleich fragten sie sich: Ist das nicht der Sohn Josephs? Und er sprach zu ihnen: Ihr werdet mir antworten mit dem Sprichwort: Arzt, heile zuerst dich selbst. Ihr werdet sagen: Die Taten, die du in Kapernaum getan hast, wie wir hörten, die tue hier bei uns in deiner Vaterstadt. Und er fuhr fort: Ja, ich sage euch, kein Prophet findet Aufnahme in seiner Vaterstadt. Es ist Wahrheit, was ich sage: Zur Zeit des Elias, als der Himmel dreieinhalb Jahre verschlossen blieb und die große Hungersnot über die ganze Erde kam, gab es in Israel viele Witwen, und doch wurde Elias zu keiner von ihnen gesandt, wohl aber zu der Witwe zu Sarepta im Lande Sidon. Auch gab es zur Zeit des Propheten Elias in Israel viele Aussätzige; und keinem von ihnen wurde die Heilung zuteil, wohl aber Naeman dem Syrer.

Bei diesen Worten wurden die Menschen, die in der Synagoge waren, leidenschaftlich erregt. Sie sprangen auf und stießen ihn aus der Stadt und führten ihn auf eine Anhöhe des Berges, auf den ihre Stadt gebaut war. Sie wollten ihn in die Tiefe stürzen, aber er ging mitten durch ihre Reihen hindurch und verschwand. (Lk 4, 16-30)

Die besessenen Gadarener

Als er jenseits des Meeres in das Gebiet der Gadarener kam, traten ihm zwei Besessene in den Weg, die aus den Grabhöhlen kamen. Ihr Toben war so wild, dass niemand sich dorthin getraute. Und siehe, sie schrien laut auf: Was ist das für eine Kraft, die zwischen uns und dir wirksam ist, du Sohn Gottes? Bist du hierhergekommen, um uns zu züchtigen, da doch die Zeit noch nicht erfüllt ist?

Fern von ihnen sah man eine große Schweineherde weiden. Und die Dämonen baten: Treibst du uns aus, so lass uns in die Schweineherde fahren. Und er sprach: Weichet! Und sie flohen und fuhren in die Tiere. Und siehe, die ganze Herde stürzte sich von der Höhe hinunter in das Meer und kam in den Fluten um. Die Hirten flohen in ihre Stadt und berichteten alles, auch was sich mit den Besessenen zugetragen hatte. Und siehe, die ganze Stadt zog Jesus entgegen, und als sie ihn sahen, baten sie, er möge weiterziehen und ihr Land verlassen. (Mt 8, 28-34)

Der besessene Gerasener

Als sie über das Meer gefahren waren, kamen sie in das Gebiet von Gerasa, das Galiläa gegenüberliegt. Und als er dort durch die weite Landschaft zog, begegnete ihm ein Mann aus der Stadt, der von Dämonen besessen war. Kein Gewand behielt er lange an; auch blieb er in keinem Hause. Er hielt sich immer zwischen den Gräbern auf. Als er Jesus erblickte, schrie er auf, fiel vor ihm nieder und rief laut: Was ist es, das mich an dich bindet, Jesus, du Sohn des höchsten Gottes? Ich flehe dich an: Quäle mich nicht! Und er gebot dem unreinen Geist, den Menschen zu verlassen. Er hatte ihn seit Langem mächtig hin- und hergerissen, und so hatte man ihn mit Ketten und Fußeisen gefesselt und verwahrt. Aber er hatte die Fesseln zerrissen und war von dem Dämon in die Wüste getrieben worden. Und Jesus fragte ihn: Welches ist dein Name? Er antwortete: Legion. Denn es waren viele Dämonen, von denen er besessen war. Und sie baten ihn, er solle ihnen nicht gebieten, in den Abgrund der Tiefe zu fahren. Nun weidete dort in den Bergen eine große Herde Schweine. Und sie baten ihn, er möge sie gewähren lassen, wenn sie in diese führen. Und er ließ sie gewähren. Da verließen die Dämonen den Menschen und fuhren in die Schweine, und die ganze Herde stürzte sich vom Bergeshang hinab in den See und ging im See unter.

Als die Hirten das sahen, flohen sie und brachten die Nachricht in die Stadt und auf die Felder. Und alle zogen hinaus, um

zu sehen, was geschehen war. Und als sie zu Jesus kamen, fanden
sie den Menschen, von dem die Dämonen ausgefahren waren,
wie er bekleidet und mit vernünftigen Sinnen zu Füßen Jesu saß.
Darüber erschraken sie sehr. Die es mit angesehen hatten, erzählten ihnen, wie der Besessene geheilt worden war. Da baten
ihn alle Bewohner des Gebietes von Gerasa, ihr Land zu verlassen, ein so großer Schrecken war über sie gekommen.

Und er stieg in das Schiff, um heimzukehren. Und der Mann,
der besessen gewesen war, bat ihn, er möge ihm erlauben, bei
ihm zu bleiben. Jesus aber ließ ihn gehen und sprach: Kehre
heim in dein Haus und verkündige, was die göttliche Welt an dir
getan hat. Und er ging und verkündigte in der ganzen Stadt, was
Jesus an ihm getan hatte. (Lk 8, 26-39)

Und sie kamen an das andere Ufer des Sees, in das Gebiet der
Gerasener. Und als er aus dem Schiffe stieg, kam ihm auf einmal
aus den Gräbern heraus ein Mensch entgegen mit einem unreinen Geist. Er hatte seine Behausung in den Gräbern, und keiner
hatte ihn mehr zu fesseln vermocht, nicht einmal mit Ketten.
Schon oft war er mit Fesseln und Ketten gebunden worden, aber
er hatte stets die Ketten zerrissen und die Fesseln durchgerieben;
keiner hatte die Kraft, ihn zu bändigen. Er trieb sich immer, sowohl bei Nacht wie bei Tage, in den Gräbern und auf den Bergen
umher, schreiend und sich selbst mit Steinen schlagend.

Als er Jesus von Weitem sah, kam er gelaufen und warf sich vor
ihm nieder und schrie mit lauter Stimme: Was ist zwischen mir
und dir, Jesus, du Sohn des höchsten Gottes? Ich beschwöre dich
bei Gott, quäle mich nicht! Jesus hatte nämlich zu ihm gesprochen: Du unreiner Geist, verlasse diesen Menschen! Und er
fragte ihn: Wie heißt du? Und er antwortete: Mein Name ist
Legion, denn wir sind viele. Und die Geister baten inständig, er
möge sie nicht aus dem Lande vertreiben.

Es weidete dort am Hange des Berges eine große Herde von

Schweinen, und sie baten ihn: Lass uns in die Schweine fahren. Und er ließ es zu. Und die unreinen Geister fuhren aus und fuhren in die Schweine, und die Herde stürzte sich den Abhang hinab in das Meer. Es waren an zweitausend Tiere, die im Meer ertranken. Und die Hirten flohen und brachten die Nachricht in die Stadt und auf die Felder. Und alle eilten herbei, um zu sehen, was vorgefallen war.

Und sie kamen zu Jesus und sahen den Besessenen bekleidet und vernünftigen Sinnes dasitzen, der vorher noch von der Legion Dämonen besessen gewesen war. Und sie erschraken. Und diejenigen, die gesehen hatten, was sich mit dem Besessenen und mit der Schweineherde zugetragen hatte, erzählten es ihnen. Da baten sie ihn, ihre Gegend zu verlassen.

Und als er in das Schiff stieg, bat ihn der, der besessen gewesen war, bei ihm bleiben zu dürfen. Aber er erlaubte es ihm nicht, sondern sprach zu ihm: Geh in dein Haus zu den Deinen und verkündige ihnen, was der Herr an dir bewirkt und welche Liebe er dir erwiesen hat. Und er ging hin und fing im Gebiet der zehn Städte an zu verkündigen, was Jesus an ihm getan hatte, und alle erstaunten darüber. (Mk 5, 1-20)

Die Heilung des stummen Besessenen

Als sie von ihm gegangen waren, siehe, da brachte man einen zu ihm, der stumm und besessen war. Er trieb den Dämon aus, und der Stumme konnte wieder sprechen. Und die Menge war voller Staunen und sprach: Niemals hat sich etwas Ähnliches in Israel zugetragen. Die Pharisäer aber sprachen: Mit der Kraft des Fürsten der Dämonen treibt er die Dämonen aus.

Und Jesus zog umher durch alle Städte und Dörfer und lehrte in ihren Synagogen und verkündigte die Heilsbotschaft vom inneren Reich und heilte alle Krankheiten und alle Gebrechen.

Und als er die Volksmenge sah, ergriff ihn großes Mitleid, denn er sah, dass sie zerschlagen und zerstreut waren wie Schafe, die keinen Hirten haben. Und er sprach zu seinen Jüngern: Die Ernte ist reif und groß, aber gering ist die Zahl der Schnitter. Bittet den Herrn der Ernte, dass er Schnitter aussendet, um seine Ernte einzuholen. (Mt 9, 32-38)

Einmal trieb er einen Dämon aus von einem Menschen, der ohne Sprache war. Und als der Dämon ausfuhr, konnte der Stumme sprechen. Darüber erstaunte die Menge. Und einige sprachen: Mit der Kraft des Beelzebub, des Fürsten der Dämonen, treibt er die Dämonen aus. Andere wollten ihn auf die Probe stellen und versuchten, ihn zu einer magischen Tat zu bewegen. Er aber durchschaute ihre Gedanken und sprach: Ein jedes Reich, das sich zerspaltet, wird bald verwüstet sein, ein Haus nach dem anderen stürzt ein. Wenn nun der Satan seine Kräfte spaltet, wie soll dann noch sein Reich bestehen können? Das bedenkt ihr nicht, wenn ihr behauptet, ich treibe mit der Kraft des Beelzebub Dämonen aus. Wenn ich Dämonen austreibe mit der Kraft des Beelzebub, mit welcher Kraft tun es dann eure Söhne? Eure Söhne werden eure Richter sein. Da ich aber in Wirklichkeit mit der Vollmacht der Gotteshand den Dämonen entgegentrete, so folgt daraus, dass über euch bereits das Reich Gottes sichtbar wird.

Wenn ein Gewaltiger in voller Waffenrüstung seine Hallen bewacht, so herrscht Friede in seinem Umkreis. Kommt aber einer, der noch gewaltiger ist als er, und wirft ihn nieder, so verliert er an ihn die Rüstung, auf die er sich verließ, und der Sieger verteilt seine Beute.

Wer sich nicht mit dem Ich, das in mir ist, verbindet, der ist gegen mich und das Ich; und wer nicht mit mir für die innere Sammlung wirkt, der dient der Ich-Zersplitterung.

Wenn ein unreiner Geist einen Menschen verlässt, ohne dass

dessen Ich sich erkraftet, so durchirrt er wasserlose Räume und sucht Ruhe, ohne sie zu finden. Dann spricht er: Ich will in die Behausung zurückkehren, die ich verlassen habe. Kommt er dann zu dieser Behausung, so findet er sie gesäubert und geschmückt. Dann geht er, um sieben Geister zu holen, die noch schlimmer sind als er, und hält mit ihnen Einzug, um mit ihnen zusammen in dem Menschen zu hausen. Und um den Menschen steht es am Ende schlimmer als zuvor. (Lk 11, 14-26)

Die Heilung des blinden und stummen Besessenen

Da brachten sie zu ihm einen Besessenen, der blind und stumm war. Und er heilte ihn, sodass er die Sprache und das Gesicht wiederfand. Und die Volksmenge sprach wie in einer Entrückung: Ist das nicht der Sohn Davids?

Als die Pharisäer das hörten, sprachen sie: Die Dämonen kann er nur vertreiben, weil er es tut in der Kraft des Beelzebub, des Fürsten der Dämonen. Er aber erkannte ihre Gedanken und sprach zu ihnen: Jedes Reich, das sich spaltet, zerstört durch die Zersplitterung sein Leben. Keine Stadt und keine Hausgemeinschaft, die sich spaltet, kann bestehen. Und wenn eine satanische Macht die andere vertreibt, so spaltet sie sich selbst; wie kann da ihr Reich bestehen? Wenn ich mit der Kraft des Beelzebub die Dämonen vertriebe, mit welcher Kraft tun es denn eure Söhne? Eure eigenen Söhne werden eure Richter sein. Nun vertreibe ich in Wahrheit die Dämonen in der Kraft des Gottesgeistes, und so tut sich das Reich Gottes in eurer Nähe kund.

Kann jemand in das Haus eines Gewaltigen eindringen und seine Waffen rauben, wenn er nicht vorher den Gewaltigen gefesselt hat? Erst nachher kann er in sein Haus eindringen, um die Beute zu holen.

Wer nicht mit meinem Ich ist, ist gegen mein Ich; und wer

nicht teilhat an der Sammlung, die durch mein Ich geschieht, dient der Zersplitterung. Darum sage ich euch: Jede Abirrung und jedes feindselige Wort kann von den Menschen genommen werden, die Feindschaft aber gegen den Geist kann nicht von ihnen genommen werden. Das Wort, das einer gegen den Sohn des Menschen richtet, kann ihm vergeben werden; richtet er es aber gegen den Heiligen Geist, so kann es ihm nicht vergeben werden, weder im gegenwärtigen noch im zukünftigen Zeitenkreis.

Ihr pflanzt entweder einen edlen Baum und erntet edle Früchte, oder ihr pflanzt einen unedlen Baum und erntet unedle Früchte. An den Früchten ist der Wert des Baumes zu erkennen.

Ihr Söhne der Schlange, wie könnt ihr glauben, Gutes zu sprechen, da ihr doch selber böse seid? Wenn der Mund spricht, offenbart er, was das Herz erfüllt. Der gute Mensch teilt aus dem guten Schatze Gutes aus. Der böse Mensch teilt aus dem bösen Schatze Böses aus. Ich sage euch, dass die Menschen an dem großen Entscheidungstage Rechenschaft werden ablegen müssen über jedes lieblose Wort, das sie gesprochen haben. Nach deinen Worten bemisst sich dein Anteil am wahren Sein; nach deinen Worten bemisst sich dein Anteil an der untergehenden Welt.

Da sprachen einige von den Schriftgelehrten und Pharisäern zu ihm: Weiser Meister, wir möchten von dir eine Tat sehen, die deine Geisteskraft beweist. Er aber antwortete ihnen: Eine Menschheit, die entartet und den heiligen Lebensordnungen untreu geworden ist, verlangt nach einem Wunder. Es wird ihr aber kein anderes Wunder zuteil werden als das des Propheten Jona. Wie Jona drei Tage und drei Nächte im Innern des Fisches zubrachte, so wird der Sohn des Menschen drei Tage und drei Nächte im Herzen der Erde verweilen. Und die Menschen von Ninive werden bei der Entscheidung gegen die Menschen von heute aufstehen und werden ihre strengen Richter sein, haben sie doch ihren Sinn geändert nach der Verkündigung des Jona. Und siehe, hier ist mehr als Jona.

Und die Königin des Südens wird bei der Entscheidung aufstehen gegen die Menschen von heute und wird ihre strenge Richterin sein; denn sie ist aus den Fernen des Erdreichs gekommen, um die Weisheit Salomos zu hören. Und siehe, hier ist mehr als Salomo.

Wenn ein unreiner Geist einen Menschen verlassen hat, so durchschweift er dürre Stätten und sucht nach Ruhe, ohne sie zu finden. Dann spricht er: Ich will in die Behausung zurückkehren, von der ich ausgegangen bin. Wenn er dann kommt, so findet er das Haus geräumt, geputzt und geschmückt. Und nun geht er hin und gesellt sich sieben andere Geister zu, die schlimmer sind als er selbst, und zieht ein und nimmt Wohnung darin. Und schließlich geht es jenem Menschen schlimmer als vorher. So wird es auch der entarteten Menschheit von heute ergehen. (Mt 12, 22-45)

Über die Vollmacht zur Dämonenaustreibung

Und er ging heim, und wieder strömten so viele Menschen zusammen, dass sie nicht einmal ihr Brot essen konnten. Und die Seinen hörten von ihm und gingen hin, um ihn zu sich zu nehmen; sie sagten, er sei von Sinnen. Und die Schriftgelehrten, die von Jerusalem gekommen waren, sprachen: Er ist von Beelzebub besessen, und mit der Kraft des Fürsten der Dämonen treibt er die Dämonen aus. Und er rief sie zusammen und sprach zu ihnen in Bildern: Wie kann ein satanisches Wesen ein anderes satanisches Wesen austreiben? Spaltet sich ein Reich und bekämpft sich selbst, so kann es nicht bestehen. Und spaltet sich ein Haus und gerät in Streit mit sich selbst, so hat es keinen Bestand. So kann auch die satanische Macht, wenn sie sich spaltet und sich selbst bekämpft, nicht bestehen; sie kommt ans Ende ihrer Kraft. In das Haus eines Mächtigen kann niemand eindringen, um ihm die Rüstung zu rauben, wenn er den Mächtigen nicht zuvor überwunden und gefesselt hat; dann erst kann er sein Haus ausrauben.

Ja, ich sage euch: Alle Verfehlungen können den Menschensöhnen vergeben werden, auch der Missbrauch des Wortes, soweit sie etwa das Wort wirklich missbrauchen können. Wer aber mit dem heiligen Geiste Missbrauch treibt, kann für diesen Äon keine Vergebung erlangen; er hat sich einer Verfehlung schuldig gemacht, die über diesen Äon hinausreicht. Sie hatten nämlich gesagt, er wirke aus einem unreinen Geist. (Mk 3, 20-30)

Die Heilung der verkrümmten Frau

Einmal lehrte er in einer Synagoge am Sabbat. Und siehe, da war eine Frau, die seit achtzehn Jahren an einer Krankheit litt: Sie war verkrümmt und konnte sich nicht aufrichten. Als Jesus sie sah, rief er sie herbei und sprach zu ihr: Weib, ich will dich von deiner Krankheit befreien! Er legte ihr die Hände auf, und auf der Stelle konnte sie wieder aufrecht stehen. Und sie pries das göttliche Walten. Da sprach der Vorsteher der Synagoge, voller Unwillen darüber, dass Jesus am Sabbat geheilt hatte, zum Volk: Sechs Tage sind für die Arbeit da, da mögt ihr kommen und heilen; nicht aber am Sabbat. Der Herr aber antwortete: Bindet nicht jeder von euch am Sabbat sein Rind oder seinen Esel von der Krippe los, um ihn zur Tränke zu führen? Diese Tochter Abrahams wurde achtzehn Jahre lang von der dunklen Macht gebunden gehalten; musste sie da nicht an diesem Sabbat von ihren Fesseln ledig werden? Durch dies Wort wurden alle seine Gegner beschämt, und das Volk freute sich über alle Beweise geistiger Kraft, die durch ihn geschahen. (Lk 13, 10-17)

Der Mann mit der verdorrten Hand

An einem anderen Sabbattage ging er in die Synagoge und lehrte. Da war ein Mensch, dessen rechte Hand verdorrt war. Und die Schriftgelehrten und Pharisäer gaben gespannt auf ihn Acht, ob er wohl am Sabbat heilen würde, denn sie suchten nach einem Grund der Anklage gegen ihn. Aber er durchschaute ihre Gedanken und sprach zu dem Manne mit der verkümmerten Hand: Steh auf und tritt vor in die Mitte! Und er stand auf und trat vor. Und Jesus sprach zu ihnen: Ich frage euch, was ist am Sabbat erlaubt, Wohltat oder Untat, Heilung oder Zerstörung der Seele? Und er schaute im Kreise herum einen jeden an. Dann sprach er zu dem Manne: Strecke deine Hand aus! Er tat es, und die Hand war wieder gesund. Da gerieten sie in große Erregung und beredeten sich untereinander, was sie gegen Jesus unternehmen sollten. (Lk 6, 6-11)

Und er ging wieder in die Synagoge. Dort war ein Mensch mit einer vertrockneten Hand. Und sie gaben genau Acht, ob er ihn am Sabbat heilen würde; denn sie suchten einen Grund zur Anklage gegen ihn. Da sprach er zu dem Menschen mit der vertrockneten Hand: Stell dich in die Mitte! Und dann sprach er zu ihnen: Was ist am Sabbat zu tun erlaubt, Gutes oder Böses, die Seele zu heilen oder sie zu töten? Und sie schwiegen. Und er blickte sie im Kreise umher mit zornigem Blick an, aber auch voll Trauer über die Erstarrung ihres Herzens. Dann sprach er zu dem Menschen: Strecke deine Hand aus. Und er streckte sie aus, und die Hand war wiederhergestellt. Und schon eilten die Pharisäer hinaus und hielten gegen ihn Rat mit den Anhängern des Herodes, um ihm den Untergang zu bereiten. (Mk 3, 1-6)

Als er weiterwanderte, kam er in ihre Synagoge. Siehe, da war ein Mensch mit einer abgestorbenen Hand. Und sie fragten ihn: Ist es erlaubt, am Sabbat zu heilen? Sie suchten einen Grund zur Anklage gegen ihn. Er sprach:

Ist unter euch wohl ein Mensch, der ein einziges Lamm besitzt und der dieses Lamm, wenn es am Sabbat in eine Grube fällt, nicht sogleich herausholt? Und ist nicht ein Mensch viel mehr als ein Lamm? So muss es denn wohl erlaubt sein, am Sabbat Wohltat zu üben.

Und er sprach zu dem Menschen: Strecke deine Hand aus. Und als er sie ausstreckte, stellte sich ihre Gestalt wieder her, sodass sie gesund war wie die andere. Die Pharisäer aber gingen hinaus und berieten, wie sie gegen ihn vorgehen könnten, um ihn zu stürzen.

Als Jesus das erkannte, verließ er ihre Gegend. Viele Menschen folgten ihm nach, und er heilte sie alle und schärfte ihnen ein, sie sollten sein Geheimnis nicht verraten.

Es sollte sich das Wort des Propheten Jesaja erfüllen:

> Siehe, das ist mein Sohn, den ich erwähle
> und den ich liebe und in dem sich offenbart meine Seele.
> Auf ihn will ich meinen Geist ausgießen,
> damit er den Völkern die Weltenwende verkünde.
> Keinen Streit und keinen Lärm stiftet er,
> seine Stimme hört man nicht auf der Straße.
> Das schwankende Rohr zerbricht er nicht,
> und den glimmenden Docht löscht er nicht aus.
> Aber er wird die Zeit der Wende zu einer Zeit des Sieges machen,
> und auf ihn werden die Völker ihre Hoffnung setzen.
> (Mt 12, 9-21)

Die Heilung des Wassersüchtigen

Einmal kam er an einem Sabbat in das Haus eines Obersten der Pharisäer, um das Brot bei ihm zu essen, und alle gaben genau auf ihn Acht. Und siehe, da stand vor ihm ein Mensch, der an der

Wassersucht litt. Und Jesus sprach zu den Gesetzeslehrern und Pharisäern: Ist es erlaubt, am Sabbat zu heilen oder nicht? Und sie schwiegen. Da nahm er sich seiner an, heilte ihn und entließ ihn. Dann sprach er zu ihnen: Wenn einem von euch ein Kind oder ein Stück Vieh in den Brunnen fällt, wird er es nicht sofort trotz des Sabbats herausholen? Darauf konnten sie ihm keine Antwort geben.

Und er sagte den Gästen ein Gleichnis, da er bemerkt hatte, wie sie es alle auf die obersten Plätze am Tisch abgesehen hatten. Er sprach: Wenn du von jemandem zur Hochzeitstafel eingeladen wirst, so setze dich nicht auf den ersten Platz. Es könnte jemand eingeladen sein, dem höhere Ehre gebührt als dir, und dann würde dein und sein Gastgeber kommen und zu dir sagen: Gib diesem deinen Platz; und du müsstest beschämt den letzten Platz einnehmen. Setze dich vielmehr, wenn du eingeladen bist, auf den letzten Platz; dann wird der, der dich einlud, zu dir sagen: Freund, rücke herauf; und du wirst vor allen Gästen geehrt sein. Wer sich selbst erhöht, wird erniedrigt, und wer sich selbst erniedrigt, wird erhöht.

Und er sprach zu seinem Gastgeber: Wenn du ein Mahl gibst, sei es am Morgen oder am Abend, so lade nicht deine Freunde und Brüder und Verwandten ein, auch nicht deine reichen Nachbarn; denn diese laden auch dich ein und geben dir, was du gegeben hast, zurück. Lade vielmehr, wenn du ein Mahl gibst, die Armen und Krüppel und Lahmen und Blinden ein. Dann wirst du selig sein. Sie haben nichts, um dir Gegengaben zu geben, und so werden dir die Gegengaben in dem Reich zuteil, wo alles Gute aufersteht. (Lk 14, 1-14)

Johannes und Christus, der Heiland

Damals hörte Johannes im Kerker von den Taten des Christus, sandte seine Jünger zu ihm und ließ ihn fragen: Bist du, der da kommt, oder sollen wir einen anderen erwarten? Und Jesus antwortete ihnen: Gehet hin und saget Johannes, was ihr hört und was ihr seht. Blinde werden sehend, Lahme gehen. Aussätzige werden geheilt, Taube hören, Tote werden auferweckt, und die Verarmten empfangen die Botschaft des Heils. Und selig ist, wer, ohne sich selbst zu verlieren, mein Ichwesen findet. (Mt 11, 2-6)

Johannes empfing durch seine Jünger Botschaft von allem, was geschehen war. Da rief er zwei seiner Jünger zu sich und sandte sie zu Christus mit der Frage: Bist du der Kommende, oder sollen wir auf einen anderen warten? Und die Männer kamen zu ihm und sprachen: Johannes der Täufer sendet uns zu dir und lässt dich fragen: Bist du der Kommende, oder sollen wir auf einen anderen warten? In jener Stunde war er gerade dabei, viele von ihren Krankheiten und Gebrechen und von bösen Geistern zu heilen, und vielen Blinden gab er das Augenlicht zurück. Und so antwortete er: Gehet hin und verkündet Johannes, was ihr gesehen und gehört habt: Blinde sehen, Lahme gehen, Aussätzige werden geheilt, Taube hören, Tote werden auferweckt, und die Armen empfangen die Gottesbotschaft. Selig ist, wer, ohne sich zu verlieren, in mir sich selber findet. (Lk 7, 18-23)

Die lehrenden und heilenden Jünger

Und er rief seine zwölf Jünger zusammen, um ihnen ihre Sendung zu übertragen, und gab ihnen die Vollmacht, unreine Geister auszutreiben und alle Krankheiten und Gebrechen zu heilen.
Dies sind die Namen der zwölf Sendboten: Der erste ist Si-

mon, der den Namen Petrus empfing. Dann folgten Andreas, sein Bruder, und Jakobus der Zebedaide und Johannes, sein Bruder, Philippus und Bartholomäus, Thomas und Matthäus, der Zöllner, Jakobus, der Sohn des Alphäus, und Thaddäus, Simon aus Kana und Judas Iskariot, der ihn verriet.

Diese zwölf sandte Jesus aus und gab ihnen für ihren Weg die Weisung: Irrt nicht ab auf die Geistespfade der fremden Völker, und tretet nicht ein in die Gemeinschaft der Samariter. Suchet vielmehr den Weg zu den verirrten Schafen, dem Hause Israel. Gehet hin und verkündigt die Botschaft: Nahe herbeigekommen ist das Reich der Himmel. Heilet die Kranken, wecket die Toten auf, reinigt die Aussätzigen, treibt die Dämonen aus. Freie Gabe habt ihr empfangen, freie Gabe teilet aus. Erwerbt kein Gold und kein Silber und kein Erz für eure eigne Tasche. Keines Ranzens bedürft ihr auf dem Wege, keines zweiten Gewandes, keiner Schuhe und keines Stabes. Wer tätig ist, verdient zu empfangen, was er braucht. (Mt 10, 1-10)

Dann rief er die Zwölf zu sich und fing an, sie paarweise auszusenden; er übertrug ihnen die freie Kraft, durch die sie allen unreinen Geistern überlegen waren; und er gebot ihnen: Auf den Weg, den ihr jetzt gehen sollt, nehmet nichts mit außer einem Stabe, kein Brot, keine Tasche, kein Geld im Gürtel. Wohl aber sollt ihr Sandalen an den Füßen tragen. Zieht auch nicht zwei Röcke an. Und er sprach weiter zu ihnen: Wenn ihr in ein Haus eingekehrt seid, so bleibet dort, bis ihr den Ort wieder verlasset. Und kommt ihr an einen Ort, wo man euch nicht aufnimmt und nicht auf euer Wort hört, so schüttelt, wenn ihr weiterzieht, den Staub ab, der sich an eure Füße geheftet hat. Das soll ihnen eine Lehre sein.

Und sie zogen aus und riefen durch die Verkündigung die Menschen zur Sinneswandlung auf und trieben viele Dämonen aus und salbten viele Kranke mit Öl und heilten sie. (Mk 6, 7-13)

Er rief die Zwölf zusammen und übertrug ihnen wirksame Vollmacht und formende Kraft, um allem dämonischen Unwesen entgegenzutreten und alle Krankheit zu heilen. Und er sandte sie aus, das Reich Gottes zu verkündigen und die Seelen zu heilen, und sprach zu ihnen: Auf dem Pfade, den ihr jetzt betretet, könnt ihr nichts gebrauchen, weder Stab noch Beutel, weder Brot noch Geld und auch kein zweites Gewand. Wenn ihr in einem Hause Einkehr haltet, so bleibet dort, bis ihr wieder weiterzieht. Überall, wo man euch aufnimmt, da verlasst die Stadt und schüttelt den Staub von euren Füßen. So soll ihr wahres Wesen deutlich in Erscheinung treten. Und sie zogen aus und durchwanderten die Ortschaften, allerorten verkündeten sie die Botschaft des Geistes und heilten die Seelen.

Damals hörte Herodes der Vierfürst von dem, was da geschah, und als einige sagten, Johannes sei vom Tode auferstanden, war er sehr betroffen. Andere sagten, Elias sei erschienen, und wieder andere, einer der alten Propheten sei auferstanden. Da sprach Herodes: Johannes habe ich enthauptet. Wer ist nun dieser, über den ich so vieles höre? Und er wünschte sehr, ihn selbst zu sehen.

Und die Apostel kehrten zurück und berichteten ihm von allem, was sie vollbracht hatten. Und er nahm sie zu sich und zog sich mit ihnen zu vertrautem Zusammensein zurück in die Stadt Bethsaida. Die Menschen aber hörten davon und zogen ihm nach. Da nahm er sich ihrer an und sprach zu ihnen vom Reiche Gottes und heilte alle, die der Heilung bedurften. (Lk 9, 1-11)

Danach berief der Herr noch eine Schar von siebzig und sandte sie paarweise aus, um seinem Geistwillen in allen Städten und Orten, wohin er kommen würde, den Weg zu bereiten.

Und er sprach zu ihnen: Die Ernte ist groß, die Zahl der Schnitter ist klein. Bittet den Herrn der Ernte, dass er Schnitter sende, um die Ernte einzuholen. Gehet hin, siehe, ich sende euch wie Lämmer mitten unter die Wölfe. Auf diesem Wege sollt ihr weder einen Geldbeutel noch eine Tasche noch Schuhe tragen. Niemandem seid ihr da einen Gruß schuldig. Tretet ihr in ein Haus ein, so sprecht zuerst: Der Friede sei mit diesem Hause! Und wenn dort ein Sohn des Friedens wohnt, so wird euer Friede als Kraft auf ihn übergehen; wenn nicht, so kehrt diese Kraft zu euch zurück. Bleibet in dem Hause und esst und trinkt, was man euch gibt, denn jeder Arbeiter ist seines Lohnes wert. Geht nicht aus einem Haus in das andre.

Und wenn ihr in eine Stadt kommt, wo man euch aufnimmt, so esst, was man euch gibt, und heilet die Kranken, die dort sind, und sprecht zu den Menschen: Das Reich Gottes ist euch nahe. Kommt ihr aber in eine Stadt, wo man euch nicht aufnimmt, so geht hinaus auf die Straßen und sprecht: Selbst den Staub, der von eurer Stadt an unsren Füßen haftet, schütteln wir vor euren Augen ab. Auch ihr werdet erkennen müssen, dass das Reich Gottes nahe ist.

Ich sage euch, das Schicksal von Sodom wird am Tage der Entscheidung erträglicher sein als das Schicksal dieser Stadt. Wehe dir, Chorazin, wehe dir, Bethsaida! Wären in Tyrus und Sidon solche Geistestaten geschehen wie bei euch, die Menschen dort hätten längst ihren Sinn geändert und das in Sack und Asche kundgetan. Das Schicksal von Tyrus und Sidon wird bei der Entscheidung erträglicher sein als das eure. Und Kapernaum, bist du nicht in Himmelshöhen emporgehoben worden? Nun wirst du in den Abgrund des Todes gestürzt. Wer euch hört, der hört mich, und wer euch ablehnt, der lehnt mich ab. Wer aber mich ablehnt, der lehnt auch den ab, der mich gesandt hat.

Und die Siebzig kehrten voller Freude zurück und sprachen: Herr, sogar die Dämonen haben uns gehorcht, weil deines Wesens Kraft in uns ist. Und er sprach: Ich habe die satanische Macht gleich einem Blitz aus dem Himmel in die Tiefe stürzen sehen. Siehe, ich habe euch mit der Gottesvollmacht ausgerüstet, die euch befähigt, über Schlangen und Skorpione zu schreiten und über alle Feindgewalt zu triumphieren. Es gibt keine Macht, die euch bezwingen könnte. Aber darüber sollt ihr nicht frohlocken, dass die Dämonen euch gehorchen; frohlockt vielmehr darüber, dass eure Namen in die Geisteswelten eingeschrieben sind. (Lk 10, 1-20)

Die besessene Tochter der Griechin

Und er machte sich auf und zog weiter in die Gegend von Tyrus. Und er ging in ein Haus und wollte, dass niemand von seiner Anwesenheit erführe. Aber er konnte nicht verborgen bleiben. Sogleich hörte eine Frau von ihm, deren Tochter von einem unreinen Geist besessen war. Sie war eine Griechin, eine Syrophönizierin von Geburt. Sie flehte ihn an, ihre Tochter von dem Dämon zu befreien. Und er sprach zu ihr: Lass erst die Kinder gesättigt sein. Es ist nicht richtig, den Kindern das Brot zu nehmen, um es den Hunden vorzuwerfen. Sie aber antwortete: Ja, Herr, doch auch die Hunde fressen unter dem Tisch die Brosamen der Kinder. Und er sprach zu ihr: Um dieses Wortes willen: Gehe hin und siehe, der Dämon ist von deiner Tochter ausgefahren. Und sie ging in ihr Haus und fand das Kind auf dem Bette liegend, vom Dämon befreit. (Mk 7, 24-30)

Die besessene Tochter der Kananäerin

Und Jesus zog weiter und kam in die Gegend von Tyrus und Sidon. Und siehe, eine Kananäerin aus diesem Gebiet kam herbei und rief laut: Hilf mir, Herr, Sohn Davids. Meine Tochter wird von Dämonen geplagt. Er antwortete ihr mit keinem Wort. Da traten seine Jünger herzu und forderten ihn auf: Weise sie fort, denn sie schreit hinter uns her. Und er antwortete: Ich bin nur zu den verirrten Schafen des Hauses Israel gesandt. Da warf sie sich ihm zu Füßen und sprach noch einmal: Herr, stehe mir bei! Er sprach: Es ist nicht recht, dass man den Kindern das Brot nimmt und es den Hunden gebe. Sie sprach: Ja, Herr, und doch fressen die Hunde die Bissen, die von dem Tische ihrer Herren fallen. Da sprach Jesus zu ihr: Weib, die Kraft deines Glaubens ist groß. Was du willst, soll geschehen. Und in derselben Stunde wurde ihre Tochter gesund. (Mt 15, 21-28)

Der Sohn des königlichen Beamten

Und er kam wieder nach Kana in Galiläa, wo er das Wasser in Wein verwandelt hatte. Dort war ein königlicher Beamter, dessen Sohn in Kapernaum krank lag. Als er hörte, dass Jesus von Judäa nach Galiläa gekommen sei, ging er zu ihm und bat ihn, hinabzukommen und seinen Sohn, der bereits im Sterben lag, zu heilen. Jesus erwiderte ihm: Wenn ihr keine Zeichen und Wundertaten seht, so habt ihr kein Vertrauen. Da sprach der königliche Beamte zu ihm: Herr, komm herab, ehe mein Kind stirbt! Da sprach Jesus: Gehe hin, dein Sohn lebt! Und der Mensch vertraute auf das Wort, das Jesus zu ihm sprach, und ging hin. Als er unterwegs war, kamen ihm seine Diener mit der Botschaft entgegen, sein Knabe sei wieder am Leben. Als er sie nach der Stunde fragte, da die Wendung eingetreten sei, antworteten sie ihm: Gestern um die siebte Stunde verließ ihn das Fieber. Da erkannte der Vater, dass es dieselbe Stunde war, in der Jesus zu ihm sprach: Dein Sohn lebt. Und er fühlte sich ganz von seiner Kraft erfüllt, er selbst und sein ganzes Haus. (Joh 4, 46-53)

Der Sohn des römischen Hauptmanns

Als er nach Kapernaum kam, trat ein römischer Hauptmann auf ihn zu und erbat seinen Beistand. Er sprach: Herr, mein Knabe liegt wie vom Schlag getroffen, an allen Gliedern gelähmt in meinem Hause, unter schrecklichen Qualen. Er antwortete ihm: Ich werde kommen und ihn heilen. Da antwortete der Hauptmann: Herr, ich bin es nicht wert, dass du in mein Haus eintrittst. Sprich nur ein einziges Wort, so wird mein Knabe gesund. Ich bin nur ein Mensch, der seine Vorgesetzten hat; aber ich habe auch Soldaten als Untergebene. Spreche ich zu dem einen: komm, so kommt er, und zu dem anderen: geh, so geht er. Und wenn ich zu meinem Diener spreche: tue dies, so tut er es.

Jesus hörte diese Worte mit Staunen und sprach zu denen, die ihm folgten: Es ist gewiss wahr: Noch bei keinem Israeliten habe ich eine solche Kraft des Glaubens gefunden. Lasst es euch gesagt sein: Es werden viele Menschen von fernher kommen, sowohl aus dem Osten wie aus dem Westen und mit Abraham, Isaak und Jakob ihren Platz haben im Reiche der Himmel; die Söhne des Reiches aber werden sich ausgestoßen finden in der Finsternis des äußeren Daseins, wo die Menschen wehklagend und zähneknirschend leben. Zu dem Hauptmann gewendet sprach er: Gehe hin, es wird geschehen, was der Glaube in dir sprach. Und in derselben Stunde wurde der Knabe gesund. (Mt 8, 5-13)

Der Diener des Hauptmanns

Als er diese Rede, die auch das Volk mitanhörte, vollendet hatte, ging er nach Kapernaum. Dort lag der Diener eines Hauptmanns darnieder und war dem Tode nahe; und er war ein Vertrauter des Hauptmanns. Als dieser nun von Jesus hörte, sandte er die Ältes-

ten der Juden zu ihm und ließ ihn bitten, er möchte kommen, um
seinen Diener das Leben zu retten. Sie kamen zu Jesus und baten
ihn eilends zu kommen und fügten hinzu: Er ist deines Beistandes
würdig, denn er liebt unser Volk, und die Synagoge hat er uns
erbaut. Und Jesus machte sich mit ihnen auf den Weg.

Und als sie schon nahe bei dem Hause des Hauptmanns waren,
sandte ihm dieser seine Freunde entgegen und ließ ihm sagen:
Herr, bemühe dich nicht; ich bin nicht würdig, dass du in mein
Haus eintrittst, darum habe ich auch nicht gewagt, selber zu dir
zu kommen. Sprich nur ein Wort, und durch dein Wort wird
mein Knabe gesund. Ich bin ein Mensch, der höheren Gewalten
untersteht, und ich wiederum habe Soldaten unter mir, und
wenn ich zu dem einen spreche: geh, so geht er, und zu dem
anderen: komm, so kommt er; und wenn ich zu meinem Diener
sage: tue dies, so tut er's. Als Jesus das hörte, erstaunte er, wandte sich zu der ihm nachfolgenden Menge und sprach: Ich sage
euch, nirgends in Israel habe ich eine solche Kraft des Vertrauens
gefunden. Und als die Abgesandten wieder in das Haus kamen,
fanden sie den Diener genesen. (Lk 7, 1-10)

Der besessene Knabe und das Versagen der Jünger

Als sie am folgenden Tage vom Berge hinabstiegen, kam ihnen
eine große Volksmenge entgegen. Und siehe, ein Mann rief aus
der Menge: Meister, ich bitte dich, nimm dich meines Sohnes an,
er ist mein eingeborener Sohn, und siehe, oft ergreift ihn ein
Geist, und dann schreit er plötzlich laut auf, Krämpfe befallen
ihn, und Schaum tritt vor seinen Mund, und nur allmählich lässt
die Macht, die an ihm zerrt, wieder von ihm ab. Und er bat die
Jünger Jesu, diesen Geist auszutreiben, aber sie vermochten es
nicht. Da sprach Jesus: Wie schwach ist doch die innere Kraft in
euch, und wie entstellt ist euer wahres Wesen! Wie lange muss
ich wohl noch bei euch sein und euch tragen? Bringe deinen

Sohn her! Und als dieser herbeikam, riss ihn der Dämon hin und her, und er verfiel in Krämpfe. Und Jesus drohte dem unreinen Geist und heilte den Knaben und übergab ihn seinem Vater. Und alle gerieten vor Staunen außer sich über die sich offenbarende Größe Gottes. (Lk 9, 37-43)

Als sie wieder zur Volksmenge kamen, trat ein Mensch auf sie zu und bat auf den Knien: Herr, erbarme dich meines Sohnes; er ist mondsüchtig und erleidet große Qualen. Oft verfällt er dem Feuer und oft dem Wasser. Ich habe ihn zu deinen Jüngern gebracht, aber sie konnten ihn nicht heilen. Da sprach Jesus: Wie schwach sind die Herzen der Menschen, und wie ist das Menschenbild in ihnen entstellt. Wie lange muss ich noch bei euch sein? Wie lange muss ich euch noch tragen? Bringet ihn zu mir. Und Jesus schaute ihn scharf an, und der Dämon verließ ihn. Von dieser Stunde an war der Knabe geheilt.

Als sie wieder im vertrauten Kreise beisammen waren, fragten die Jünger Jesus: Warum konnten wir den Dämon nicht austreiben? Er sprach: Weil die Kraft eures Glaubens zu schwach ist. Ja, ich sage euch: Hättet ihr Glauben wie ein Senfkorn, so könntet ihr zu diesem Berge sprechen: Rücke von hier nach dort. Und er würde sich von der Stelle wegbewegen. Nichts würde euch unmöglich sein. (Mt 17, 14)

Und als sie wieder zu den anderen Jüngern kamen, sahen sie eine große Volksmenge um sie versammelt, dazu Schriftgelehrte, die mit ihnen stritten. Auf einmal erblickte ihn die Menge voller Staunen und eilte ihm entgegen, um ihn zu begrüßen. Und er fragte sie: Warum streitet ihr mit ihnen? Und einer aus der Menge antwortete: Meister, ich habe meinen Sohn zu dir gebracht, der von einem stummen Geist besessen ist. Und wenn er ihn ergreift, so reißt er ihn hin und her und schäumt und knirscht mit den Zähnen, und dann ist er wie ausgebrannt. Und ich wandte mich an deine Jünger, sie möchten den Dämon austreiben, aber sie vermochten es nicht.

Da sprach er zu ihnen: Wie schwach ist doch die innere Kraft in den Menschen dieser Zeit! Wie lange muss ich noch bei euch sein? Und sie brachten ihn zu ihm. Und plötzlich, als der Geist ihn sah, traten die Krämpfe wieder ein, und der Knabe fiel zu Boden, wälzte sich hin und her, und Schaum trat vor seinen Mund. Und er fragte den Vater des Knaben: Wie lange leidet er schon daran? Und er antwortete: Von Kindheit an. Oft stürzte er ihn ins Feuer und oft ins Wasser, um ihn zu vernichten. Wenn du die Kraft hast, so hilf uns, und habe Mitleid mit uns. Und Jesus sprach zu ihm: Ach, dass du doch selbst die Kraft besäßest! Dem, der die Kraft des Glaubens hat, sind alle Dinge möglich. Und plötzlich brach der Vater des Knaben in den Ruf aus: Ich habe den Glauben, hilf meinem Unglauben!

Jesus sah, wie die Menge zusammeneilte, und er gebot dem unreinen Geist Einhalt, indem er zu ihm sprach: Du Geist ohne Sprache und ohne Gehör, ich befehle dir, verlasse ihn und kehre nicht in ihn zurück! Und unter Schreien und Krämpfen fuhr er aus. Und der Knabe lag wie tot da, sodass viele sprachen: Er ist gestorben. Aber Jesus ergriff seine Hand und richtete ihn auf, und das Leben kehrte in ihn zurück.

Als sie nach Hause kamen, fragten ihn die Jünger im vertraulichen Gespräch: Warum fehlte uns die Kraft, ihn auszutreiben? Er antwortete: Diese Art ist nur zu überwinden durch die Kraft, die im Gebet errungen wird. (Mk 9, 14-29)

Die blutflüssige Frau und das Jairus-Töchterlein

Als er noch so zu ihnen sprach, siehe, da kam ein Archont, warf sich ihm zu Füßen und sprach: Meine Tochter ist soeben gestorben. Aber wenn du kommst und ihr die Hand auflegst, wird sie wieder zum Leben erwachen. Und Jesus erhob sich und folgte ihm mit seinen Jüngern.

Und siehe, ein Weib, das zwölf Jahre lang am Blutfluss litt, trat herzu und berührte von hinten den Saum seines Gewandes. Sie sprach zu sich selbst: Wenn ich auch nur sein Gewand berühre, so werde ich geheilt. Da wandte sich Jesus um, sah sie an und sprach: Sei getrost, meine Tochter, dein Glaube hat dich geheilt. Von dieser Stunde an war das Weib gesund.

Und Jesus kam in das Haus des Archonten. Als er die Flötenspieler und die Menge der Klagerufer sah, sprach er: Ihr könnt gehen, das Mädchen ist nicht tot, es schläft. Und sie lachten ihn aus. Als die Menge entfernt worden war, trat Jesus ein und ergriff die Hand des Mädchens. Da richtete es sich wieder auf. Und die Kunde von diesem Geschehen verbreitete sich durch das ganze Land. (Mt 9, 18-26)

Als Jesus zurückkehrte, empfing ihn die Menge, denn sie warteten schon auf ihn. Und siehe, da kam ein Mann zu ihm mit Namen Jairus, der Vorsteher der Synagoge. Er warf sich Jesus zu Füßen und bat ihn, in sein Haus zu kommen; denn er hatte eine eingeborene Tochter von zwölf Jahren, die lag im Sterben.

Als sie unterwegs waren, kam er in ein dichtes Volksgedränge. Und eine Frau, die seit zwölf Jahren am Blutfluss litt und von niemandem hatte geheilt werden können, trat von hinten an ihn heran und berührte den Saum seines Mantels, und sogleich hörte der Blutfluss auf. Da sprach Jesus: Wer hat mich angerührt? Und als alle leugneten, sprach Petrus: Meister, wie kannst du so fragen, da sich die Menge um dich drängt und stößt? Jesus aber sprach: Es hat mich jemand angerührt; ich habe gefühlt, wie eine Kraft von mir gewichen ist. Und als die Frau sah, dass sie nicht unerkannt bleiben konnte, kam sie zitternd herbei und warf sich vor ihm nieder und erzählte vor dem ganzen Volke, aus welchem Grunde sie ihn angerührt hatte und dass sie auf der Stelle geheilt worden sei. Und er sprach zu ihr: Meine Tochter, deines Glaubens Kraft hat dir geholfen. Der Friede sei mit dir.

Während er noch sprach, kam einer von den Obersten der Synagoge und sagte: Deine Tochter ist gestorben, bemühe den Meister nicht weiter. Als Jesus das hörte, sprach er: Sei ohne Furcht und voll Vertrauen, dann wird sie gerettet werden. Und er ging in das Haus, ließ aber niemanden mit hinein außer Petrus und Johannes und Jakobus und den Vater und die Mutter des Kindes. Alle weinten und klagten bereits über sie. Er aber sprach: Weine nicht, sie ist nicht tot, sie schläft. Und sie lachten ihn aus, denn sie wussten, dass sie tot war. Und er ergriff ihre Hand und rief: Mägdlein, stehe auf! Und ihr Geist kehrte zurück, und sogleich richtete sie sich auf. Und er ordnete an, man solle ihr zu essen geben. Die Eltern des Kindes waren außer sich vor Erstaunen. Und er gebot ihnen, mit niemandem über das, was geschehen war, zu sprechen. (Lk 8, 40-56)

Als Jesus im Schiff wieder über den See gefahren war, strömte eine große Volksmenge bei ihm zusammen, und er verweilte am Gestade des Sees. Da kam einer von den Leitern der Synagoge namens Jairus und fiel, als er ihn sah, zu seinen Füßen nieder und bat ihn inständig um Hilfe: Mein Töchterlein liegt im Sterben; komm und lege ihr die Hand auf, dann wird sie gesund werden und am Leben bleiben. Und er machte sich mit ihm auf den Weg.

Es folgte ihm eine große Menge, sodass er sehr umdrängt war. Und da war auch eine Frau, die zwölf Jahre am Blutfluss litt. Sie hatte viel auszustehen gehabt von einer großen Zahl von Ärzten und bereits ihr ganzes Vermögen darangesetzt, ohne dass es ihr genützt hätte; es war im Gegenteil nur schlimmer geworden. Da sie viel von Jesus gehört hatte, machte sie sich in der Volksmenge an ihn heran und berührte von hinten sein Gewand. Sie sagte sich: Wenn ich auch nur sein Gewand berühre, so wird mich das schon gesund machen. Und auf der Stelle versiegte der Quell ihres Blutes, und sie fühlte in ihrem Leibe, dass sie von ihrem Leiden befreit war. Da nahm plötzlich Jesus innerlich wahr, dass eine Kraft von ihm ausging, und er wandte sich in der Volksmenge um und sprach: Wer hat mein Gewand berührt? Da sprachen seine Jünger zu ihm: Du siehst doch das Gedränge der vielen Menschen um dich her; wie kannst du da fragen: Wer hat mich angerührt? Und er blickte sich um und sah die Frau an, die ihn angerührt hatte. Da erschrak sie und fing an zu zittern, denn sie war sich dessen wohl bewusst, was mit ihr geschehen war. Sie kam und fiel vor ihm nieder und sagte ihm die volle Wahrheit. Und er sprach zu ihr: Meine Tochter, der Glaube deines Herzens hat dich geheilt. Gehe den Weg des Friedens und sei gesund und frei von deinem Leiden.

Und während er noch spricht, kommen Boten zu dem Obersten der Synagoge und sprechen: Deine Tochter ist gestorben. Warum belästigst du den Meister noch? Jesus hatte diese Worte gehört, und er sprach zu dem Obersten der Synagoge: Fürchte dich nicht, habe nur Vertrauen. Und er ließ niemanden sonst mitgehen außer Petrus, Jakobus und Johannes, den Bruder des Jakobus. So kommen sie in das Haus des Synagogenleiters, und er sieht das ratlose Durcheinander und die laut weinenden und klagenden Frauen. Und beim Eintreten spricht er zu ihnen: Warum lärmt und weint ihr? Das Kind ist nicht tot; es schläft nur. Und sie lachten ihn aus. Da treibt er sie alle aus dem Hause und nimmt den Vater des Kindes zu sich und die Mutter und die, die bei ihm sind, und tritt in den Raum ein, wo das Kind lag. Und er nimmt die Hand des Mägdleins und spricht zu ihr: Talitha kum, das heißt übersetzt: Jungfrau, ich sage dir, stehe auf! Und plötzlich konnte das Mägdlein aufstehen und umhergehen. Es war zwölf Jahre alt. Da kam auf einmal ein erhöhtes Bewusstsein über sie alle. Und er schärfte ihnen eindringlich ein, es dürfe niemand etwas davon erfahren. Dann sagte er, man solle ihr zu essen geben. (Mk 5, 21-43)

Der Jüngling zu Nain

Bald darauf führten ihn seine Wege in die Stadt Nain. Seine Jünger begleiteten ihn und eine große Schar. Und als er nahe an das Stadttor kam, siehe, da wurde ein Toter herausgetragen, der eingeborene Sohn seiner Mutter, die eine Witwe war. Und viele Menschen aus der Stadt gingen mit ihr. Und als der Herr sie sah, ergriff es ihn im Innersten, und er sprach zu ihr: Weine nicht! Und er trat hinzu und rührte den Sarg an, sodass die Träger stille standen. Und er sprach: Höre mich, Jüngling, stehe auf! Und der Tote setzte sich aufrecht und fing an zu sprechen. Und er übergab ihn seiner Mutter. Ein mächtiges Erschrecken kam über alle, die dabei waren. Dann aber priesen sie laut die Gottes-Offenbarung und sprachen: Ein großer Prophet ist unter uns erstanden. Gott wendet sich wieder seinem Volke zu. Dieses Wort über ihn pflanzte sich fort durch Judäa und alle benachbarten Gebiete. (Lk 7, 11-17)

Der Blinde von Bethsaida

Und sie kamen nach Bethsaida. Da brachten sie einen Blinden zu ihm und flehten ihn an, er möge ihm die Hand auflegen. Und er ergriff den Blinden bei der Hand und führte ihn draußen vor die Stadt, benetzte ihm mit seinem Speichel die Augen und legte ihm die Hand auf. Dann fragte er ihn: Siehst du etwas? Und der Blinde schlug die Augen auf und sprach: Ich sehe die Menschen, als sähe ich wandelnde Bäume. Und er legte ihm noch einmal die Hände auf die Augen, und als er sich nun umschaute, war er ganz wiederhergestellt und sah alles in deutlichen Umrissen. Und er schickte ihn heim und sprach: Gehe nicht in die Stadt und sprich mit niemandem davon. (Mk 8, 22-26)

Die Heilung des Taubstummen

Und als er die Gegend von Tyrus wieder verließ, kam er durch Sidon an das galiläische Meer mitten in das Gebiet der zehn Städte. Da brachten sie einen Menschen zu ihm, der taub und stumm war, und baten ihn, ihm die Hand aufzulegen. Und er nahm ihn für sich, abseits von der Menge, und legte ihm die Finger in die Ohren und benetzte seinen Finger mit Speichel und berührte damit seine Zunge. Dann erhob er seine Seele zum Geiste und sprach mit tiefem Seufzer zu ihm: Hephatha, öffne dich! Und seine Ohren taten sich auf, und das Band seiner Zunge war plötzlich gelöst, und er konnte richtig sprechen. Und er gebot ihnen, niemandem etwas davon zu erzählen. Aber je mehr er es ihnen verbot, umso mehr verkündigten sie es. Über alle Maßen waren sie außer sich und sprachen: Große Taten hat er vollbracht; den Tauben gibt er Gehör und den Sprachlosen die Sprache. (Mk 7, 31-37)

Die zwei Blinden

Beim Weiterwandern folgten Jesus zwei Blinde nach, die immerfort riefen: Erbarme dich unser, Sohn Davids. Als er heim kam in sein Haus, traten die Blinden zu ihm, und Jesus sprach zu ihnen: Habt ihr das Vertrauen, dass ich euren Wunsch erfüllen kann? Sie antworteten: Ja, Herr. Da berührte er ihre Augen und sprach: Was der Glaube in euch spricht, das soll geschehen. Und ihre Augen wurden aufgetan. Mit innerer Bewegung sprach Jesus zu ihnen: Gebet acht, dass niemand erkennt, was geschehen ist. Sie aber gingen hin und sprachen von ihm im ganzen Land. (Mt 9, 27-31)

Die zwei Blinden von Jericho

Als sie aus Jericho herauszogen, folgte ihm eine große Volksmenge nach. Und siehe, zwei Blinde saßen am Wege. Und als sie hörten, dass Jesus vorüberginge, riefen sie laut: Herr, erbarme dich unser, Sohn Davids! Die Menge wies sie zurück und hieß sie schweigen. Sie riefen aber nur um so lauter: Herr, erbarme dich unser, Sohn Davids! Da blieb Jesus stehen und rief ihnen zu: Was wollt ihr, das ich für euch tun soll? Sie sprachen: Herr, gib, dass unsere Augen aufgetan werden. Und Jesus empfand Mitleid mit ihnen und rührte ihr Gesicht an. Und schon konnten sie wieder sehen und folgten ihm nach. (Mt 20, 29)

Der blinde Bettler von Jericho

Als er in die Nähe von Jericho kam, saß ein blinder Bettler am Wege. Als dieser die Menschenschar hörte, die vorüberzog, wollte er wissen, was das wäre. Und sie sagten ihm, Jesus von Nazareth gehe des Weges. Da rief er: Jesus, Sohn Davids, erbarme dich meiner! Die mit des Weges Ziehenden geboten ihm zu schweigen, aber er rief nur um so lauter: Sohn Davids, erbarme dich meiner! Da blieb Jesus stehen und gebot, man solle ihn zu ihm führen. Und als er herankam, fragte er ihn: Was willst du, dass ich für dich tun soll? Und er antwortete: Herr, dass meine Augen wieder sehend werden. Und Jesus sprach zu ihm: Sei sehend! Dein Glaube hat dich geheilt. Und auf der Stelle taten sich seine Augen auf, und er folgte ihm nach und pries die Gottesoffenbarung. Und auch das ganze Volk, das zugesehen hatte, pries die Gottesoffenbarung. (Lk 18, 35-43)

Bartimäus, der blinde Bettler von Jericho

Und sie kamen nach Jericho. Und als er aus Jericho herauszog, gefolgt von seinen Jüngern und einer großen Menge, da saß der Sohn des Timäus, Bartimäus, ein blinder Bettler, am Wege. Und als er hörte, dass Jesus von Nazareth vorüberkäme, begann er laut zu rufen: Sohn Davids, Jesus, habe Erbarmen mit mir! Und viele drohten und geboten ihm, zu schweigen. Er rief aber nur um so lauter: Sohn Davids, habe Erbarmen mit mir! Da blieb Jesus stehen und sprach: Ruft ihn herbei. Und sie riefen den Blinden herbei und sprachen zu ihm: Mutig, stehe auf, er hat dich gerufen! Da warf er seinen Mantel ab, sprang auf seine Füße und eilte zu Jesus. Und Jesus sprach zu ihm: Was soll ich für dich tun? Der Blinde sprach: Meister, gib, dass ich mein Augenlicht zurückerlange. Und Jesus sprach: Geh hin, dein Glaube hat dich geheilt. Und plötzlich konnte er wieder sehen und folgte ihm auf seinem Wege nach. (Mk 10, 46-52)

Die Heilung des Aussätzigen

Als er vom Berge wieder herabstieg, folgten ihm große Volksscharen. Und siehe, ein Aussätziger trat zu ihm, fiel vor ihm nieder und sprach: Herr, wenn du nur willst, so kannst du mich reinigen. – Und er streckte seine Hand aus, berührte ihn und sprach: Ich will es, werde rein! Und schon war er vom Aussatz gereinigt.

Da sprach Jesus zu ihm: Gib acht, dass du zu keinem Menschen davon sprichst. Zu den Priestern jedoch sollst du gehen, um dich ihnen zu zeigen. Bringe die Opfergaben dar, die das Gesetz des Moses vorschreibt. Das soll ihnen eine Lehre sein. (Mt 8, 1-3)

Als er einmal in eine Stadt kam, begegnete ihm ein Mann, der über und über mit Aussatz bedeckt war. Als er Jesus sah, fiel er auf sein Antlitz nieder und flehte ihn an: Herr, du kannst mich heilen, wenn du nur willst. Da streckte er seine Hand aus, rührte ihn an und sprach: Ich will, sei rein! Und sogleich fiel der Aussatz von ihm ab. Aber er gebot ihm, zu niemandem davon zu sprechen. Gehe stattdessen, sprach er zu ihm, und zeige dich dem Priester und bringe die Opfergaben, die dir das Gesetz des Moses für deine Heilung vorschreibt. Das soll den Menschen eine Lehre sein.

Die Kunde von ihm pflanzte sich immer noch mehr fort, und große Scharen strömten zusammen, um ihn zu hören und durch ihn von ihren Gebrechen geheilt zu werden. Er aber zog sich zurück an einsame Stätten und versenkte sich in das Gebet. (Lk 5, 12-16)

Einmal kam ein Aussätziger zu ihm und bat ihn auf den Knien: Wenn du nur willst, so kannst du mich heilen. Der Anblick ergriff ihn, und er streckte seine Hand aus, berührte ihn und sprach: Ich will, sei geheilt! Und sogleich fiel der Aussatz von ihm ab, und er war geheilt. Jesus geriet in heftige Gemütsbewegung und wies ihn von sich und sprach: Achte darauf, dass du zu niemandem davon sprichst; gehe vielmehr hin und zeige dich dem Priester und bringe die Opfergaben dar, die du nach der Ordnung des Moses für deine Heilung darzubringen hast. Das soll den Menschen eine Lehre sein. Der aber ging hin und begann eine reiche Wirksamkeit des Verkündigens und der Ausbreitung des Wortes, sodass Jesus nicht mehr offen in eine Stadt gehen konnte. So blieb er draußen an einsamen Orten. Und von überall her strömten die Menschen zu ihm. (Mk 1, 40-45)

Die Heilung der zehn Aussätzigen

Und er zog weiter auf dem Wege nach Jerusalem mitten durch Galiläa und Samarien. Und einmal, als er in ein Dorf kam, begegneten ihm zehn aussätzige Männer. Sie blieben von Weitem stehen und riefen mit erhobener Stimme: Jesus, Meister, erbarme dich unser! Und als er sie sah, sprach er zu ihnen: Geht und stellt euch den Priestern dar! Und als sie hingingen, wurden sie geheilt. Und einer von ihnen kehrte um, als er seine Heilung bemerkte, und pries mit lauter Stimme die Gottesoffenbarung, fiel vor den Füßen Jesu auf sein Antlitz nieder und dankte ihm. Und das war ein Samariter. Jesus sprach: Sind nicht zehn geheilt worden? Wo sind nun die andern neun? Kehren sie nicht zurück, um die Gotteskraft zu preisen? Warum tut das allein dieser Fremdling? Und er sprach zu ihm: Steh auf und geh hin; dein Glaube hat dir geholfen. (Lk 17, 11-19)

Der Gelähmte von Kapernaum

Siehe, da brachten sie einen Gelähmten zu ihm auf einer Bahre. Und Jesus sah den Glauben, der sie beseelte, und sprach zu dem Gelähmten: Ermutige dich, mein Sohn, die Last der Sünde ist von dir genommen. Und siehe, einige von den Schriftgelehrten sprachen zu sich selbst: Er maßt sich göttliche Kraft an. Jesus aber sah, was in ihrem Innern vorging, und sprach: Warum tragt ihr Gedanken der Bosheit in eurem Herzen? Was ist leichter zu sagen: Die Sünde ist von dir genommen, oder: Richte dich auf und gehe umher? Ihr sollt mit eigenen Augen sehen, dass der Sohn des Menschen Vollmacht hat, sich auf der Erde von der Last der Sünde zu befreien. Und er sprach zu dem Gelähmten: Richte dich auf, nimm dein Bett, und gehe in dein Haus. Und er erhob sich und ging in sein Haus.

Die Volksmenge, die das sah, empfand Schauder des Staunens und pries die Offenbarung des göttlichen Weltengrundes, der den Menschen eine solche Vollmacht verleiht. (Mt 9, 2-8)

Eines Tages lehrte er, und unter den Zuhörern saßen auch Pharisäer und Gesetzeskundige, die aus allen Dörfern von Galiläa und Judäa und aus Jerusalem hierhergekommen waren. Die Weltenkraft des Gottes-Ich wirkte aus ihm und setzte ihn in Stand zu heilen.

Und siehe, einige Männer trugen einen Menschen auf einer Bahre herbei, der gelähmt war. Sie versuchten, ihn in das Haus hineinzutragen, um ihn dort vor ihm niederzustellen. Da es ihnen aber nicht gelang, ihn durch die dicht gedrängte Menge hindurchzubringen, stiegen sie auf das Dach und ließen ihn durch ein Loch zwischen den Ziegeln hinab, sodass er mitten im Hause gerade vor Jesus zu stehen kam.

Als er ihr starkes Vertrauen sah, sprach er: O Mensch, die Last der Sünde ist von dir genommen. Da fingen die Schriftgelehrten und Pharisäer an, bei sich zu sprechen: Wer ist dieser Mensch, der solche Gotteslästerung auszusprechen wagt? Wer kann von Sünden lossprechen außer dem einigen Gott? Aber Jesus erkannte ihre Gedanken und sprach zu ihnen: Welche Gedanken ziehen da durch euer Herz? Was ist leichter zu sagen: Du bist von deinen Sünden frei, oder: Stehe auf und wandle? Ihr sollt aber sehen, dass der Geistesmensch die Macht besitzt, von der Sünde zu befreien. Und so sprach er zu dem Gelähmten: Ich sage dir, stehe auf, nimm dein Lager und gehe heim. Und sogleich erhob dieser sich vor aller Augen, nahm die Bahre, auf der er gelegen hatte und ging heim, ein lebendiger Beweis der göttlichen Kraft.

Und es kam eine Ekstase über alle Anwesenden. Sie priesen Gott und sprachen voller Ergriffenheit: Heute haben wir ein großes Wunder gesehen. (Lk 5, 17-26)

Nach einigen Tagen ging er wieder nach Kapernaum, und es

wurde bekannt, dass er im Hause war. Da strömten viele zusammen, sodass kein Raum mehr blieb, nicht einmal vor der Türe; und er verkündigte ihnen das Wort. Da wurde ein Gelähmter gebracht, von vieren getragen. Und da sie ihn wegen der Menschenmenge nicht zu ihm bringen konnten, deckten sie das Dach ab an der Stelle, wo er stand, gruben es auf und ließen die Bahre, auf der der Gelähmte lag, hinab. Und als Jesus ihr starkes Vertrauen sah, sprach er zu dem Gelähmten: Mein Kind, von der Last deiner Sünden bist du frei. Es saßen dort auch einige Schriftgelehrte, die erhoben in ihrem Inneren den Einwand: Wie kann er das sagen! Das ist eine Gotteslästerung. Wer kann von Sünden lossprechen außer dem einigen Gott? Jesus erkannte sogleich in seinem Geiste, welchen Widerspruch sie innerlich erhoben, und sprach: Warum gebt ihr solchen Gedanken Raum in eurem Herzen? Was ist leichter, zu dem Gelähmten zu sprechen: Du bist von deinen Sünden frei, oder: Steh auf, nimm deine Bahre und wandle? Ihr sollt aber sehen, dass der Menschensohn Vollmacht besitzt, auf Erden von der Last der Sünde zu befreien. Und so sprach er zu dem Gelähmten: Ich sage dir, stehe auf, nimm deine Bahre und kehre in dein Haus zurück. Und plötzlich konnte er sich aufrichten, und er nahm seine Bahre und ging vor aller Augen hinaus. Und alle überkam ein erhöhtes Bewusstsein, und sie priesen die Gottesoffenbarung und sprachen: Niemals haben wir etwas Ähnliches gesehen. (Mk 2, 1-12)

Am Teich Bethesda

Ein jüdisches Fest stand bevor, und Jesus zog hinauf nach Jerusalem. In Jerusalem gab es am Schaftor einen Teich. Der hieß auf Hebräisch Bethesda, mit fünf Hallen für die dort Badenden. Viele Kranke lagen da, Blinde, Lahme und Verkrüppelte, wartend, dass das Wasser in Bewegung geriete. Denn zu bestimmten Zeiten fuhr ein Engel mit seinem Kräftewesen in den Teich, sodass das Wasser emporwallte. Der Erste nun, der nach dem Emporwallen des Wassers hineinstieg, wurde geheilt, gleichviel welche Krankheit ihn auch plagte. Unter den Kranken befand sich nun ein Mensch, der bereits seit achtunddreißig Jahren an seiner Krankheit litt. Als Jesus ihn dort liegen sah und innewurde, dass er schon so lange krank war, sprach er zu ihm: Hast du den Willen, gesund zu werden? Da antwortete der Kranke: Herr, ich habe keinen Menschen, der mich, wenn das Wasser emporwallt, in den Teich hinunterträgt. Und wenn ich selbst hingehe, so steigt immer schon ein anderer vor mir hinein. Jesus sprach zu ihm: Steh auf, nimm dein Lager und geh! Und auf der Stelle wurde der Mensch gesund, nahm sein Lager auf und ging.

Nun war aber dieser Tag ein Sabbat, und so sprachen die Juden zu dem Geheilten: Heute ist Sabbat, und da ist es nicht erlaubt, dass du dein Bett trägst. Er aber erwiderte: Der mich gesund gemacht hat, sprach zu mir: Nimm dein Lager auf und geh! Und sie fragten ihn: Wer ist der Mensch, der zu dir sprach: Nimm und geh? Der Geheilte wusste nicht, wer es war. Jesus war der Volksmenge ausgewichen, die sich an jenem Ort befand.

Später fand Jesus ihn im Tempel und sprach zu ihm: Siehe, du bist gesund geworden. Sündige ferner nicht, damit nicht ein noch schwereres Schicksal dich treffe! Da ging der Mensch hin und sprach zu den Juden, Jesus sei es, der ihn geheilt habe. Und die Juden fingen an, Jesus nachzustellen, weil er das an einem Sabbat getan hatte. (Joh 5, 1-16)

Die Heilung des Blindgeborenen

Da hoben sie Steine auf, um sie gegen ihn zu schleudern. Jesus aber verschwand in das Verborgene und verließ den Tempel.

Im Vorübergehen sah er einen Menschen, der von Geburt an

blind war. Und seine Jünger fragten ihn: Meister, wer hat gesündigt, dieser Mensch selbst oder seine Eltern? Welches ist die Ursache seiner Blindheit? Jesus antwortete: Die Blindheit rührt weder von seiner Sünde her noch von der seiner Eltern; vielmehr soll dadurch die Wirksamkeit des göttlichen Wesenskernes in ihm zur Offenbarung kommen. Wir haben durch unser Wirken dem Wirken dessen zu dienen, der mich gesandt hat, solange der Tag reicht. Es kommt die Nacht, da niemand wirken kann. Solange ich in der Welt der Menschen bin, solange bin ich ein Licht für die Welt der Menschen.

Als er diese Worte gesprochen hatte, vermischte er seinen Speichel mit Erde und machte aus dem Speichel einen erdigen Brei; diesen legte er dem Blinden auf die Augen und sprach zu ihm: Geh hin und wasche dich im Teich Siloah! Das heißt übersetzt: die Aussendung. Und er ging hin und wusch sich und kam sehend zurück.

Da sprachen die Nachbarn und die ihn vorher als blinden Bettler gesehen hatten: Ist das nicht derselbe, der am Wege saß und bettelte? Andere sagten: Ja, er ist es. Wieder andere sprachen: Nein, er sieht ihm nur ähnlich. Da sprach er selbst: Ich der Ich-bin.

Und sie fragten ihn: Wie sind dir denn die Augen aufgetan worden? Er antwortete: Der Mensch, den sie Jesus nennen, machte einen erdigen Brei und bestrich damit meine Augen und sprach zu mir: Gehe an den Teich Siloah und wasche dich. Und als ich hinging und mich wusch, wurde ich sehend. Da fragten sie ihn: Wo ist er? Und er antwortete: Ich weiß es nicht.

Da brachten sie den, der blind gewesen war, zu den Pharisäern. Der Tag nämlich, da Jesus mit dem erdigen Brei seine Augen aufgetan hatte, war ein Sabbat gewesen. Und so richteten denn die Pharisäer die Frage an ihn, wie er sehend geworden sei. Er antwortete: Er legte einen Brei von Erde auf meine Augen, und ich wusch mich. Seitdem kann ich sehen. Da sprachen einige von den Pharisäern: Dieser Mensch ist nicht von Gott gesandt, sonst würde er den Sabbat heiligen. Andere wieder sprachen: Kann denn ein sündiger Mensch solche Geistestaten tun? So entstand eine Spaltung unter ihnen. Und sie wandten sich noch einmal an den, der blind gewesen war, und fragten: Was hältst du von ihm, nachdem er dir die Augen aufgetan hat? Und er antwortete: Er ist ein Prophet.

Die Juden wollten nicht glauben, dass er blind gewesen und sehend geworden sei und riefen deshalb die Eltern des Sehend-Gewordenen und fragten sie: Ist das euer Sohn, und bestätigt ihr, dass er blind geboren wurde? Wie kommt es, dass er jetzt sehend ist? Seine Eltern antworteten: Wir müssen es doch wissen, dass er unser Sohn ist und dass er blind geboren wurde. Wie es aber kommt, dass er jetzt sehend ist, das wissen wir nicht. Wir wissen nicht, wer ihm die Augen aufgetan hat. Fragt ihn selber. Er ist erwachsen und kann selber über sich Auskunft geben. Das sagten seine Eltern, weil sie sich vor den Juden fürchteten. Denn schon stand bei den Juden fest, dass jeder aus ihrer Gemeinschaft würde ausgeschlossen werden, der sich zu ihm als zu dem Christus bekannte. Deshalb sprachen seine Eltern: Er ist erwachsen, und so fragt ihn selbst.

Da riefen sie den, der blind gewesen war, ein zweites Mal herbei und sprachen zu ihm: Wir fragen dich jetzt im Angesicht der Gottheit. Wir wissen, dass dieser Mensch ein Sünder ist. Darauf erwiderte jener: Ob er ein Sünder ist, weiß ich nicht. Eines aber weiß ich: dass ich blind war und sehend geworden bin. Und sie fragten ihn weiter: Was hat er mit dir gemacht? Wie hat er dir die Augen aufgetan? Er antwortete: Ich habe es euch bereits gesagt, aber ihr habt nicht darauf gehört. Warum wollt ihr es noch einmal hören? Wollt ihr auch seine Jünger werden?

Da fuhren sie ihn an und sprachen: Du bist sein Jünger. Wir aber sind Jünger des Moses. Dass zu Moses die Gottesstimme selbst gesprochen hat, wissen wir; von ihm aber wissen wir nicht, welches Geistes Kind er ist. Der Geheilte aber sprach: Es ist doch sonderbar, dass ihr nicht wisst, welches Geistes Kind er ist, da er doch meine Augen aufgetan hat. Wir wissen doch, dass Gott nicht auf den sündigen Menschen hört, wohl aber auf den, der Ehrfurcht hat und nach dem göttlichen Willen handelt. In unserer Weltenzeit hat man noch nicht gehört, dass einer einem Blindgeborenen die Augen aufgetan hat. Wäre er nicht gottgesandt, so hätte er die Kraft zu einer solchen Tat nicht. Aber sie antworteten: Du bist ganz und gar in der Sünde geboren und wagst es, uns zu belehren? Und sie warfen ihn hinaus.

Jesus hörte, dass sie ihn hinausgeworfen hatten, und er fand ihn und sprach zu ihm: Vertraust du auf den Menschensohn? Jener antwortete: Sage mir, wer es ist, Herr, damit ich mein Vertrauen auf ihn setzen kann. Da sprach Jesus: Du hast ihn gesehen. Der mit dir spricht, der ist es. Und er sprach: Ich vertraue, Herr. Und er fiel vor ihm nieder. (Joh 8, 59-9, 1-38)

Lazarus

Es war einer krank: Lazarus aus Bethanien, dem Wohnort der Maria und ihrer Schwester Martha. Das war die Maria, die den Herrn mit kostbarer Salbe gesalbt und seine Füße mit ihren Haaren getrocknet hatte. Ihr Bruder Lazarus wurde krank. Da schickten die Schwestern ihn zu ihm und ließen ihm sagen: Herr, siehe, der, den du lieb hast, ist krank. Als Jesus das hörte, sprach er: Diese Krankheit führt nicht zum Tode; durch sie soll der innerste Wesenskern offenbar werden; die Schöpfermacht des Sohnes soll sich offenbaren durch sie.

Jesus liebte Martha und ihre Schwester und Lazarus. Als er nun von seiner Krankheit vernahm, verharrte er zwei Tage an dem Orte, wo er war. Dann sprach er zu seinen Jüngern: Lasst uns wieder nach Judäa gehen. Die Jünger aber erwiderten: Meister, jetzt, da die Juden dir nachstellen, um dich zu steinigen, willst du dorthin zurückkehren? Jesus sprach: Hat nicht der Tag sein abgemessenes Maß von zwölf Stunden? Wer am Tage seinen Weg geht, strauchelt nicht, denn er sieht das Licht, das dieser Welt leuchtet. Wer aber in der Nacht seinen Weg geht, der strauchelt, weil ihm kein Licht leuchtet.

So sprach er zu ihnen. Dann fuhr er fort: Lazarus, unser Freund, schläft; aber ich gehe hin, ihn aufzuwecken. Da sprachen die Jünger zu ihm: Herr, wenn er schläft, so wird er wieder gesund. Jesus aber hatte von seinem Tode gesprochen, und sie meinten, er spräche vom Schlafe. Darauf sprach Jesus in aller Offenheit zu ihnen: Lazarus ist gestorben. Und ich bin froh um euretwillen und wegen der reifenden Kraft eures Herzens, dass ich nicht dort war. Aber jetzt lasst uns zu ihm gehen. Da sprach Thomas, den man den Zwilling nannte, zu den anderen Jüngern: Ja, lasst uns gehen, um mit ihm zu sterben.

Als Jesus ankam, fand er, dass er schon vier Tage im Grabe lag. Bethanien lag nahe bei Jerusalem, ungefähr fünfzehn Stadien entfernt. Viele Juden waren zu Martha und Maria gekommen, um ihnen wegen ihres Bruders Trost zuzusprechen.

Als Martha hörte, dass Jesus käme, ging sie ihm entgegen. Maria jedoch blieb in sich versunken zu Hause. Und Martha sprach zu Jesus: Herr, wärest du hier gewesen, so wäre mein Bruder nicht gestorben. Aber ich weiß, dass der göttliche Vater jede Bitte, die du an ihn richtest, erfüllt. Und Jesus antwortete ihr: Dein Bruder wird auferstehen. Martha sprach: Ich weiß, dass er auferstehen wird bei der großen Auferstehung an der Zeiten Ende. Da sprach Jesus zu ihr:

Ich Bin die Auferstehung und das Leben. Wer sich mit meiner Kraft erfüllt, der lebt, auch wenn er stirbt; und wer mich als sein Leben in sich aufnimmt, ist von der Macht des Todes befreit für alle Zeitenkreise. Fühlest du die Wahrheit dieser Worte? Und sie sprach: Ja, Herr. Ich habe mit meinem Herzen erkannt, dass du der Christus bist, der Sohn Gottes, der in die Erdenwelt kommt.

Als sie das gesagt hatte, ging sie hin und rief ihre Schwester Maria und sprach insgeheim zu ihr: Der Meister ist da und lässt dich rufen. Als Maria das hörte, erhob sie sich sogleich und ging zu ihm; Jesus war noch nicht in den Ort hineingegangen. Er war an der Stelle geblieben, wo ihm Martha begegnet war.

Als die Juden, die bei ihr im Hause waren und ihr Trost zusprachen, sahen, dass Maria eilig aufstand und hinausging, folgten sie ihr. Sie glaubten, sie wolle an das Grab gehen, um dort zu klagen. Maria aber kam an die Stelle, wo Jesus war, und als sie ihn sah, fiel sie zu seinen Füßen nieder und sprach zu ihm: Herr, wärest du hier gewesen, so wäre mir der Bruder nicht gestorben.

Als Jesus sie sah und die mit ihr kommenden Juden weinen sah, bemächtigte sich seines Geistes eine große Erregung, und er sprach voll tiefer Erschütterung: Wohin habt ihr ihn gelegt? Sie antworteten: Komm, Herr, und sieh. Und Jesus weinte. Da sprachen die Juden: Seht, wie er ihn geliebt hat. Einige von ihnen jedoch sprachen: Konnte er, der dem Blinden das Augenlicht gab, diesen nicht vor dem Tode bewahren? Von Neuem ging durch das Innere Jesu eine mächtige Bewegung, und er trat an das Grab.

Das Grab war in einer Felsenhöhle, und ein Stein lag darauf. Und Jesus sprach: Hebet den Stein ab! Da sprach Martha, die Schwester des Vollendeten, zu ihm: Herr, er muss schon in Verwesung übergegangen sein, denn es ist bereits der vierte Tag. Aber Jesus sprach: Habe ich dir nicht gesagt: Hättest du den Glauben, du würdest das Offenbarwerden der geistigen Lichtgestalt schauen? Und sie hoben den Stein ab.

Da erhob Jesus seine Seele zur Geistesschau und sprach: Vater, ich danke dir, dass du mich erhört hast. Ich wusste, dass du mich jederzeit hörst. Aber wegen der Menschen, die hier stehen, spreche ich es aus, damit ihr Herz erkennt, dass du mich gesandt hast. Dann rief er mit lauter Stimme: Lazarus, komm heraus! Und der Tote kam heraus, an Füßen und Händen mit Bändern umbunden, das Antlitz mit einem Schweißtuch bedeckt. Und Jesus sprach: Löset die Bänder von ihm ab, und lasst ihn gehen!

Viele von den Juden, die zu Maria gekommen waren und die Tat sahen, die er tat, gewannen Vertrauen zu ihm. Einige aber gingen zu den Pharisäern und berichteten ihnen, was Jesus getan hatte. Da versammelten sich die Hohenpriester und die Pharisäer im Synedrium und sprachen: Was sollen wir tun? Dieser Mensch tut viele Zeichen. Lassen wir ihn in Ruhe, so werden sich ihm schließlich alle anschließen, und dann werden die Römer kommen und uns Land und Leute wegnehmen. Da sprach einer von ihnen, Kajaphas, der in diesem Jahre das Amt des Hohenpriesters innehatte: Unwissende seid ihr, sonst würdet ihr sehen, dass es besser für euch ist, wenn ein Mensch für das Volk stirbt, als wenn das ganze Volk zugrunde geht. Das sagte er nicht von sich aus, sondern da er der Hohepriester des Jahres war, deutete er prophetisch darauf hin, dass Jesus für das Volk sterben würde, und nicht nur für das Volk, sondern für die unter die ganze Menschheit verstreuten Träger der Gotteskindschaft, die durch ihn eins werden sollten.

Von diesem Tage an stand ihr Beschluss fest, ihn zu töten. (Joh 11, 1-53)

Das Heiles-Wort

Jesus aber rief laut: Wer sich mit meiner Kraft erfüllt, nimmt nicht mich auf, sondern den, der mich gesandt hat. Und wer mich sieht, sieht den, der mich gesandt hat. Mein Ich ist als ein Licht in die Welt gekommen, damit alle, die sich mit mir verbinden, frei werden aus dem Bann der Finsternis.

Wer meine Worte hört und sich nicht daran hält, den richte ich nicht. Ich bin nicht gekommen, um die Menschen zu richten, sondern um sie zu heilen. Wer mich von sich stößt und meinen Worten keinen Raum in sich gibt, der hat seinen Richter schon gefunden. Das Wort, das ich gesprochen habe, wird selbst sein Richter sein an der Zeiten Ende. Denn ich habe nicht aus mir allein gesprochen. Der väterliche Weltengrund, der mich gesandt hat, er hat mir selbst das Geistesziel gesetzt, das ich auszusprechen und zu verkünden habe. Und ich weiß, dass seine Geisteziele das Leben aller Zeitenkreise in sich tragen. Was ich verkünde, das verkünde ich so, wie es der Vater selbst zu mir gesprochen hat. (Joh 12, 44-50)

In jener Stunde kamen einige Pharisäer zu ihm und sprachen: Fliehe von hier, denn Herodes will dich töten! Er antwortete: Geht und saget diesem Fuchs: Heute noch und morgen treibe ich Dämonen aus und heile die Menschen, am dritten Tage aber komme ich ans Ziel. Heute und morgen und am folgenden Tage muss ich noch meinen Weg zu Ende gehen; denn es geht nicht an, dass ein Prophet außerhalb von Jerusalem umkommt.

Jerusalem, Jerusalem, du hast die Gottesboten getötet und gesteinigt, die zu dir gesandt wurden. Wie oft habe ich deine Kinder um mich sammeln wollen, wie eine Henne ihre Küklein unter ihre Flügel sammelt. Aber ihr habt es nicht gewollt. Siehe, euer Haus wird veröden. Und ich sage euch, ihr werdet mich erst sehen, wenn ihr sprecht:

«Gesegnet sei, der da kommt im Namen des Herrn!» (Lk 13, 31-35)

Die Heilungen und der Gesang der Kinder

Und Jesus trat in den Tempel ein und trieb heraus alle, die im Tempel verkauften und kauften. Die Tische der Wechsler stieß er um samt den Ständen der Taubenverkäufer, und er sprach zu ihnen: Die Schrift spricht: Ein Haus der Anbetung soll mein Haus sein. Ihr aber habt eine Räuberhöhle daraus gemacht!

Und es kamen zu ihm Blinde und Lahme im Tempel, und er heilte sie. Als die Hohenpriester und Schriftgelehrten die wunderbaren Taten sahen, die er vollbrachte, und als sie die Kinder im Tempel rufen hörten: Singet dem Sohn Davids!, wurden sie unwillig und sprachen zu ihm: Hörst du, was sie sagen? Jesus antwortete: Ja. Habt ihr nicht gelesen: «Durch den Mund der Unmündigen und Neugeborenen werde ich gepriesen.»? Und er ließ sie stehen und ging aus der Stadt heraus nach Bethanien und blieb dort über Nacht. (Mt 21, 12-17)

Die Heilung des Malchus (Gethsemane)

Und während er noch sprach, siehe, da kam eine Schar herbei unter der Führung jenes Judas, der einer von den Zwölfen war. Dieser trat auf Jesus zu und küsste ihn. Jesus aber sprach zu ihm: Judas, du verrätst den Sohn des Menschen mit einem Kuss?

Als die, die um ihn waren, erkannten, was bevorstand, fragten sie: Herr, sollen wir mit dem Schwert dreinschlagen? Und einer von ihnen traf den Knecht des Hohenpriesters und schlug ihm das rechte Ohr ab. Jesus aber sprach: Lasst ab – nicht weiter! Und er rührte das Ohr an und heilte ihn. (Lk 22, 47-51)

Golgatha und die Auferstehung der Verstorbenen

Und sie kamen an die Stätte, die man Golgatha, die Schädelstätte, nennt. Und sie gaben ihm Wein mit Galle gemischt zu trinken. Aber als er es schmeckte, wollte er nicht trinken. Und sie kreuzigten ihn und verteilten seine Gewänder, indem sie das Los darüber warfen. Es sollte das Prophetenwort in Erfüllung gehen: «Sie haben meine Gewänder unter sich verteilt, und über meinen Mantel haben sie das Los geworfen.» Dann setzten sie sich zu seiner Bewachung nieder.

Über seinem Haupte, da, wo der Grund des Urteils zu stehen pflegte, stand geschrieben: Dieser ist Jesus, der König der Juden. Mit ihm kreuzigten sie zwei Verbrecher, einen zur Rechten und einen zur Linken.

Die Vorübergehenden schüttelten den Kopf und warfen ihm hasserfüllte Worte zu: Du wolltest den Tempel zerstören und in drei Tagen neu erbauen; rette dich jetzt selbst, wenn du der Sohn Gottes bist, und steig herab vom Kreuz! Auch die Hohenpriester und Schriftgelehrten und Ältesten verspotteten ihn: Anderen hast du geholfen, dir selbst aber kannst du nicht helfen. Du bist der König von Israel, wohlan, so steige herab vom Kreuz, und wir wollen an dich glauben. Er hat auf Gott vertraut; nun soll der ihn erretten, wenn ihn an ihm liegt. Er hat ja gesagt: Ich bin Gottes Sohn. Mit ähnlichen Worten schmähten ihn auch die Verbrecher, die mit ihm gekreuzigt waren.

Von der sechsten Stunde bis zur neunten breitete sich eine Finsternis über das ganze Land. Und um die neunte Stunde rief Jesus mit lauter Stimme: Eli, Eli, lama sabachthani. Das heißt: Göttliches Ich, warum verlässt du mich? Einige von den Herumstehenden, die das hörten, sprachen: Er ruft nach Elias. Und einer von ihnen lief sogleich und holte einen mit Essig getränkten Schwamm, steckte ihn auf einen Stab und gab ihm zu trinken. Die anderen sprachen: Wir wollen einmal sehen, ob Elias kommt, um ihn zu retten. Und noch einmal rief Jesus mit lauter Stimme; dann gab er seinen Geist auf.

Und siehe, der Vorhang im Tempel zerriss von oben bis unten in zwei Stücke, und die Erde erbebte, und die Felsen spalteten sich, und die Gräber taten sich auf, und die Lebensleiber von vielen Verstorbenen, die mit dem Göttlichen verbunden waren, standen auf. Sie verließen die Gräber und kamen nach der Auferstehung des Christus auch in die heilige Stadt und wurden von vielen gesehen. Und der römische Hauptmann und seine Leute, die Jesus bewachten, gerieten, als sie das Erdbeben und alles, was geschah, wahrnahmen, in große Bestürzung und sprachen: Dieser ist wirklich der göttliche Sohn.

Eine Anzahl Frauen stand dort und schaute von ferne. Sie waren Jesus von Galiläa her nachgefolgt, um ihm zu dienen. Unter ihnen waren Maria aus Magdala und Maria, die Mutter von Jakobus und Joses, und die Mutter der Zebedäussöhne. (Mt 27, 33-56)

Durch meines Wesens Kraft

Als er in der Morgenfrühe des ersten Tages der Woche auferstanden war, erschien er zuerst der Maria aus Magdala, von der er sieben Dämonen ausgetrieben hatte. Und sie ging hin und verkündigte es denen, die um ihn gewesen und die jetzt in Weinen und Klagen versunken waren. Als sie hörten, er lebe und sie habe ihn gesehen, konnte ihr Herz es nicht fassen. Danach erschien er zweien von ihnen in verwandelter Gestalt auf dem Wege, als sie über die Felder gingen. Und sie kamen und verkündigten ihn den anderen. Aber auch ihren Worten konnten sie ihr Herz noch nicht erschließen.

Schließlich erschien er den Elfen selbst, als sie das Mahl hielten. Und er tadelte ihre Unempfänglichkeit und die Härte ihrer Herzen, weil sie denen nicht hatten glauben wollen, die ihn, den Auferstandenen, geschaut hatten.

Und er sprach zu ihnen: Zieht hinaus in alle Welt und verkündigt die neue Botschaft der Engelreiche aller Kreatur. Wer sich im Herzen damit verbindet und die Taufe empfängt, wird das Heil erlangen. Wer sich aber dagegen verschließt, verfällt dem Untergang. Denen, die sich damit verbinden, werden geistige Kräfte zur Seite stehen und ihren Weg bezeichnen. Durch meines Wesens Kraft werden sie Dämonen austreiben, in neuen

Sprachen sprechen; sie werden Schlangen aufrichten, und Gifte, die man ihnen zu trinken gibt, werden ihnen nicht schaden; den Kranken werden sie die Hand auflegen und heilende Kräfte spenden.

Und als Jesus, der Herr, so zu ihnen gesprochen hatte, wuchs er in die Sphären des Himmels empor, wo er zur Rechten des Weltenvaters thront, als der Vollführer seiner Taten. Die Jünger aber zogen aus und verkündigten die Botschaft überall; sie wirkten aus der Kraft des Christus und gaben ihrem Wort Gewicht durch die Offenbarungen geistiger Kraft, die ihren Weg bezeichneten. (Mk 16, 9-20)

Abb. 7: Rudolf Frieling

Rudolf Frieling:
Studien zu einzelnen Heilungen[90]

Die Heilung unter dem aufgedeckten Dach (Mk 2,1-12)

Von besonderer bildhafter Einprägsamkeit ist in der Reihe der Heilungsgeschichten die Erzählung von dem «Gichtbrüchigen», den die Träger durch das aufgedeckte Dach zu dem Heiland herniederlassen, da sie anders an den Umdrängten nicht heranzukommen vermögen.

«Der Herr sah ihren Glauben.» Er sah, dass es ihre tiefe Herzensverbundenheit mit dem Göttlichen war, die sie erfinderisch gemacht und ihnen den originellen Einfall eingegeben hatte. Mit dieser seltsamen Handlung stellten sie so etwas wie ein Wahrbild in die augenscheinliche Wirklichkeit hinein. –

Beim kleinen Kind hat die Schädeldecke noch eine weiche Stelle. Die «Fontanelle» in der Hauptesmitte ist noch nicht geschlossen. Dem geht parallel, dass das Kind noch nicht ganz abgeschnitten ist von der Welt seines himmlischen Ursprungs. Die Seele ist noch nicht völlig in das Leibeshaus eingezogen, sie hat noch, wenn auch nur schlafend und träumend, ihre Verbindung nach oben offen. Das Erhärten der Schädeldecke ist dann der sichtbare Ausdruck dessen, was sich nun allmählich immer mehr vollzieht: dass die Tür nach oben geschlossen wird und die Seele im leiblichen Sinnesbewusstsein für das Irdische erwacht. In dem Gelähmten, den die vier Männer da zu dem Christus bringen, lebt eine Seele, die im Banne des Erdendaseins allzu sehr ihres ewigen Ursprunges vergessen hat. Sie hat sich in schwere Schuld verwickelt und ist allzu weit weggeraten von jener Welt, in der sie einst die Engel zu ihren Genossen hatte. Aber doch ist in dem Kranken noch ein Instinkt des Herzens, der ihm sagt, dass in dem Christus Jesus jemand erschienen ist, durch den «alles wieder gut werden» kann. Durch den wieder hergestellt werden kann, was scheinbar so unerreichbar weit weg liegt: die noch unversehrte Gottes-Frische und Reinheit des vom Himmel kommenden, gerade eben sich aus der Genossenschaft der Engel lösenden Kindes. Dieser sein Glaube teilt sich seinen Trägern mit. Und so tun sie das Abenteuerliche und decken das Dach auf, sodass die Begegnung zustande kommt, indem der blaue Himmel in das abgeschlossene Gemach hereinschaut und der freie Hauch des göttlichen Welten-Atems hereinweht.

Der Christus «wusste, was im Menschen war». Er durchschaut unmittelbar diesen Menschen und sein Schicksal, seine Himmelsverlorenheit und sein schmerzliches Heimweh zum Guten und Heiligen. Ehe er sich mit dem Körperleiden befasst, heilt er die Seele. Sein tröstender Spruch beginnt mit einer ungewöhnlichen Anrede. Wie spricht er doch diesen Mann an? «Mein Kind!»

Man muss sich das einmal klar machen, dass dergleichen sonst nirgends in den Evangelien berichtet ist. Wo der Christus den einzelnen erwachsenen Menschen anredet, nennt er seinen Namen oder nennt ihn wohl auch «Mensch», oder wenn es sich um eine Frau handelt: «Weib» oder auch: «meine Tochter».

In seltenen Fällen hat er die Jünger in Gemeinschaft als «Kinder» angesprochen, ja, als «Kindlein». Aber da ist es ganz weit weg von Sentimentalität oder pastoralem Tone. Da meint es etwas ganz Konkretes, und das Wort ist im höheren Sinne sachlich richtig gewählt: wenn er sich an das wendet, das noch erst ganz anfänglich-keimhaft in ihnen ist, das sich hinter ihrer scheinbar so ausgeprägten Erwachsenheit noch als unentwickelter höherer

Zukunftsmensch birgt. Als die Apostel den reichen Jüngling sich abwenden sehen, der es nicht über sich brachte, die Vergangenheit hinter sich zu lassen, der sich, vom Reichtum beschwert, an seiner Zukunft versündigt – da redet der Christus sie als «Kinder» an (Mk 10, 24). – Nach vollendeter Fußwaschung nennt der Christus die Jünger «Kindlein», als er darangeht, das «Neue Gebot» der Liebe vor ihnen aufzurichten (Joh 13, 33). – Der Auferstandene fragt die Jünger im Fischerboot: «Kindlein, habt ihr nichts zu essen?» (Joh 21, 5). Durch den wunderbaren Fischzug vermittelt er ihnen das heilige Frühmahl, durch das der Zukunftsmensch in ihnen, das «Kindlein», genährt wird.

Aber dass er zu einem einzelnen Menschen «mein Kind» sagt (Mk 2, 5), das geschieht eben nur hier bei dem Gelähmten, wo der offene Himmel durch das geöffnete Dach hindurch sichtbar ist. Und gerade *dem* sagt er es, der sich so weit seinem Kindeswesen entfremdet hat und ein Sünder geworden ist. Der Christus darf es sagen; denn er vermag es, die «Sünden», die das Kindestum dieses Menschen verdunkeln, auf sich zu nehmen und mit ihnen als ein Gott fertigzuwerden.

Die Schriftgelehrten haben an sich nicht Unrecht, wenn sie einwenden: «Aber es kann doch niemand Sünden vergeben als Gott allein.» Sie wissen, dass der Mensch, wenn er sündigt, damit immer «über seine Verhältnisse geht». Er verbricht ja, über alle menschenmöglichen Wiedergutmachungen hinaus, etwas an einer höheren Welt, letztlich an Gott selbst. Und das kann nur in Ordnung gebracht werden durch eine Re-aktion, durch eine Antwort-Tat dessen, an dem es verbrochen ist, durch eine Wesensäußerung aus den Tiefen der Gottheit heraus, die schöpferisch und opfermächtig einen neuen Tatbestand schafft. Nur Gott kann die Sünde aufheben – aber, so wissen es die Schriftgelehrten: «Gott ist im Himmel.» Hier aber steht Jesus von Nazareth als ein Erdenmensch und sagt: «Mein Kind, deine Sünden sind dir vergeben.» Wie kann er sich anmaßen, was Gottes ist?

– Sie sehen nicht, die Schriftgelehrten, dass in dem Jesus etwas Größeres als ein Mensch vor ihnen steht. In ihm ist der Himmel auf die Erde gekommen. Die Instanz zur Heilung der Sünde ist im Mensch gewordenen Gott in das Menschenreich herabverlegt worden.

Darum kann der Christus sagen: «Der *Menschen*sohn hat Vollmacht, Sünden zu vergeben auf der *Erde*.» Das ist das Neue. Und er erweist diese Vollmacht vor aller Augen, indem er zur Heilung der Seele folgerichtig die Heilung des Leibes hinzufügt. Er heißt den Gelähmten aufstehen und wandeln.

Die Heilung des Taubstummen (Mk 7,32-37)

Die Würde des Menschen kommt neben anderem darin zum Ausdruck, dass er als einziges Erdenwesen des Wortes fähig ist. Das Sprechen kann «von unten her», etwa als Weiterentwickelung des tierischen Lautes, nicht verstanden werden. Es ist eine Gabe höherer Welten. Im sprechenden Menschen erscheint etwas, das als göttliches Schöpfungsprinzip in der Welt wirksam ist, die nach dem Johannes-Evangelium durch das «Wort», durch den «Logos» erschaffen wurde. Das Schöpferwort, das «im Anfang bei Gott war» (Joh 1, 2), will im Menschen neu aufleben. Man könnte es so ausdrücken: «Der Mensch hat nun das Wort.»

Aber hat er es wirklich? Der Eindruck will sich immer wieder aufdrängen, dass es doch ganz andere Mächte sind, die in steigendem Maße in der Menschenwelt «das Wort haben»; Mächte, die dem eigentlich Menschlichen fremd und feindlich sind, sieht man am Werke; sie bedrohen die Wort-Fähigkeit des Menschen. Und zwar nach den beiden Seiten hin des Hörens sowie des Sprechens. Von aufdringlichen materiellen Reizen allseitig attackiert, steht die Seele in Gefahr, ihr feineres Hör-Vermögen einzubüßen, seelisch-geistig schwerhörig und schließlich taub zu werden. Andererseits droht ihr der Verlust des wahrhaft schöpferischen Wortes, indem sie nichts Wesentliches mehr «zu sagen hat».

Das Markus-Evangelium berichtet von der Heilung eines Taubstummen. Die Zeichenhaftigkeit dieser Tat springt unmittelbar ins Auge. Die Wunder des Christus, als «Zeichen» erfasst, deuten über sich selbst hinaus auf die große Wahrheit, dass der Christus gekommen ist, nicht nur, um damals einzelnen Bedürftigen in Palästina zu helfen, sondern um in der weiteren Auswirkung seiner Opfertat die Menschheit im Ganzen von ihren Schädigungen zu heilen und sie in ihrer gottgewollten Würde völlig herzustellen.

«Und sie bringen ihm einen Taubstummen und bitten ihn, er möge ihm die Hand auflegen.» Die Bitte setzt voraus, dass die Menschen bereits einen Eindruck von der Heilungsmacht des Christus empfangen hatten. Wenn sie von der Berührung seiner Hand etwas Helfendes erwarteten, so waren sie damit durchaus nicht in einem Aberglauben befangen. Es gibt die Möglichkeit, dass durch die Hand, die nicht nur ein sinnreicher körperlicher Apparat ist, Kräfte höherer Art fließen, die sich materieller Beobachtung entziehen, deren Wirkungen aber feststellbar sind. Es ist beispielsweise eine Tatsache, dass gewisse Menschen gute Hände für das Pflegen des pflanzlichen Lebens haben. Durch die Hand des Christus strömten noch ganz andere Wirkenskräfte.

Der Christus nimmt zunächst den Taubstummen von der Volksmenge hinweg, «ganz für sich». Er sondert ihn für eine Weile aus seinen Alltagszusammenhängen heraus. Dann «legt er ihm seine Finger in die Ohren». Weiterhin berührt er ihm die Zunge mit seinem Speichel. Wiederum ist nichts Abergläubisch-Zauberhaftes im Spiel. Es handelt sich um eine Übertragung von Kräften. Der Speichel ist als intime körpereigene Flüssigkeit geeignet, als Träger feinerer Lebenskräfte zu dienen. Er spielt auch bei Blindenheilungen des Christus eine entsprechende Rolle. Mit dieser Berührung gibt der Christus dem Taubstummen etwas von seinem eigenen Leben ab.

Nun tritt gerade in diesem Falle der Taubstummen-Heilung noch etwas ganz Besonderes hinzu.

*

«Er blickte empor zum Himmel und seufzte und sprach zu ihm ...» (Mk 7, 34).

Den Aufblick zum Himmel kennen wir auch aus anderen Evangelien-Erzählungen. Der sichtbare Himmel war für den Christus die Außenseite einer höheren Welt, mit der er sich in einzigartiger Weise verbunden wusste – so bei der Speisung der Fünftausend, so beim Hohepriesterlichen Gebet. Aber unter den Heilungen ist es nur die des Taubstummen, der dieser Aufblick zum Himmel eigentümlich ist. Ist das zufällig? «Von oben her» erbetet der Christus die Logoskraft. Sie steigt vom Himmel, aus höheren Welten, hernieder.

Ehe sie im Irdischen voll angelangt ist, wird noch so etwas wie eine Zwischenstufe durchlaufen. Da steht im Markustext das merkwürdige Wort vom «Seufzen» des Christus. – Als man mit der Zeichenforderung an ihn herantrat, «seufzte» er auch (Mk 8, 12), da hat das Seufzen offenbar die für uns nächstliegende Bedeutung, dass sich eine schmerzliche Seelenregung darin Luft macht. Aber kommen wir mit diesem landläufigen Verständnis des Seufzens auch bei unserer Taubstummengeschichte aus? Wie ist es zu verstehen?

Man kann hier vergleichsweise die Beobachtung heranziehen, dass auch bei anderen Kraft-Taten des Christus gewisse körperliche Äußerungen des Christus bemerkbar werden, deren seelische Veranlassung nicht einfach in gewohnter Weise zu verstehen ist. So erzählt Johannes im Lazarus-Kapitel, dass vor seiner Erweckungstat der Christus «weinte» und «ergrimmte». Aber kann es sich hier um ein Weinen und Ergrimmtsein im üblichen Sinne handeln? Die Deutung, die die Juden dem Weinen geben – Trauer um den Toten –, beruht doch wohl auf einem Missverstehen. Das Weinen hat eine andere Ursache. «Es tut sich etwas» im inneren Wesen des Christus, der sich zu der Toten-Erweckung anschickt, und das wirkt bis in das Körperliche hinein und tritt in Symptomen zutage, wie sie sonst im gewöhnlichen Leben durch einen Schmerz hervorgerufen werden. Das gilt auch für das «Ergrimmen». Viele Ausleger haben vergeblich nach einleuchtenden Gründen für eine solche Zornesaufwallung gesucht. Eine «Aufwallung» ist es schon, wie man sie üblicherweise nur kennt, wenn Zorn im Spiele ist, der aber hier ganz unmotiviert wäre. Es wallt und wogt im Innern des Christus, es regen und bewegen sich in ihm die geistigen Mächte und seelischen Energien, die sich auf die bevorstehende außergewöhnliche Tat hin sammeln. Unter dem «Atmosphärendruck» solcher Kräfte-Zusammenziehung treten körperliche Symptome auf, wie man sie sonst eben nur von Zornesäußerungen her kennt. Friedrich Rittelmeyer übersetzte hier völlig sinngemäß: «Er erbrauste im Geiste.»

Eine solche ungewohnte Verursachung hat bei der Taubstummen-Heilung offenkundig auch das «Seufzen», das wir sonst nur als Erleichterungsversuch einer bekümmert-bedrückten Seele kennen.

Zu diesem «Seufzen» eines göttlichen Wesens findet sich eine bedeutsame Parallele in der Edda, wo von der Runen-Einweihung Odins die Rede ist. Die Einsichten der Anthroposophie geben uns die Möglichkeit, in den heidnischen Göttergestalten wirkliche höhere Wesen anzuerkennen, die sich dem hellsichtigen Schauen vergangener Zeiten in Wahr-Bildern sichtbar machten. In Odin verehrten die nordischen Völker, die sich ihre Hellsichtigkeit noch länger bewahrten als die Mittelmeervölker, eine solche Wesenheit, die besonders tätig war, als es in Urzeiten darum ging, dem Menschen zu seiner Sprachfähigkeit zu verhelfen. Man erlebte Odin im Wehen des Windes, in seiner besonderen Beziehung zum Element der Luft, die ja das irdisch erklingende Wort tragen muss. Als ein übersinnliches Wesen höheren Ranges gehört Odin an und für sich einer Seins-Ebene an, wo es so etwas «Grobes» und Dichtes wie unsere Luft gar nicht gibt. Um aber an der Sprech-Begabung des Erdenmenschen mitzuwirken, muss dieses hochgeistige Wesen das Opfer bringen, sich in eine niedere Daseinsschicht herabzulassen, um im Luftbereich tätig sein zu können. Dieses Niedersteigen ist an Größe und Erhabenheit noch nicht mit dem Golgatha-Opfer zu vergleichen, wo ein Allerhöchster in die tiefste Todestiefe sich herabbegibt. Der Christus kommt von höher herab als Odin, und er steigt tiefer hernieder. Aber das Opfer des Odin kann doch immerhin in der gleichen Richtung gesehen werden. Als sterblicher Erdenmensch sich zu verkörpern ist dem Odin nicht möglich, aber seine Opfermächtigkeit befähigt ihn doch, sich bis in das Luft-Element hinabzuleben. Das schaut die Edda in dem Bilde des «am windigen Baum hängenden» Gottes, neun Tage und neun Nächte hindurch, «vom Speere durchbohrt, dem Odin geweiht, ich selber mir selber» (Hávamál 138). Durch dieses Opfer erwirbt sich Odin die Beheimatung im Bereich irdisch-menschlichen Sprechens. Er wird sozusagen «eingeweiht» in die Geheimnisse der Laute, er lernt die Runen, er «nimmt sie auf», und zwar «stöhnend», «seufzend». Hier also begegnet uns das Motiv des Seufzens in dem Zusammenhange, dass ein Gott den Menschen die Gabe des gesprochenen Wortes bringen möchte. In diesem Seufzen des Odin liegt doch wohl nicht nur das Schmerzerlebnis, wie es für ein höheres Wesen mit dem Eintauchen in eine vergleichsweise dichtere und gröbere Schicht verbunden ist. Gerade hier im Zusammenhang mit dem Sprach-Geheimnis nimmt sich das «Seufzen» als etwas Charakteristisches aus. Es mutet uns an wie eine Vorstufe des menschlichen Sprechens. Wenn der Erdenmensch seufzt, dann erfährt sein Atemstrom eine «Engführung», und es presst sich seelisch Empfundenes in die Hörbarkeit hinein. Das liegt auf dem Wege zum hörbaren Worte. Wie auch das Umgekehrte vorkommen kann, dass bei einem Sterbenden das verlöschende Wort in einen letzten Seufzer hinein verklingt.

Im Neuen Testament spricht Paulus bedeutsam vom Seufzen. Sprichwörtlich bekannt ist seine Formulierung vom «Seufzen der Kreatur», die darauf harrt, dass im Menschen endlich sein wahres höheres Wesen zur Verwirklichung komme. Das Seufzen der Kreatur, hörbar werdend im Klagelaut stimmbegabter Tiere, liegt gleichsam noch «unterhalb» des Wortes. Auch der Mensch hat an diesem Seufzen seinen Anteil, insofern er noch als unerlöst unterhalb der Geisteshöhe lebt, die ihm als wahrem Menschen zukommen würde (Röm 8, 22 – 23). In dem gleichen Römerkapitel spricht Paulus dann aber noch in einem anderen Sinne vom Seufzen. Nach unten hin steckt der Mensch noch in der unerlösten Kreatürlichkeit darin, aber an der Stelle, wo er sein höheres Wesen entfalten soll, strahlt von oben her der Heilige Geist verheißungsvoll in seine Seele. Damit weht ein Hauch künftiger Vollendung herein. Der Heilige Geist, insoweit er durch die Christusbeziehung des Menschen schon zur Wirksamkeit gelangen kann, wird von Paulus als «Unterpfand» für Künftiges bezeichnet. Die betreffende griechische Vokabel bedeutet ganz nüchtern so etwas wie «Anzahlung». Dieser in den Menschen von oben her hereinragende Heilige Geist betätigt sich wie ein Platzhalter des noch nicht durchchristeten Ich, wie ein Stellvertreter: «Wir wissen nicht, was wir in der entsprechenden gehörigen Weise beten sollen, aber er selbst, der Geist, tritt für uns ein mit unaussprechlichen Seufzern» (Röm 8, 26). Liegt das Seufzen der Kreatur noch unterhalb des Menschenwortes, so verbleibt das «Seufzen des Heiligen Geistes» im Bereich des noch nicht voll ausgebildeten höheren Menschentums «oberhalb» des Wortes. Es weht von oben her Geistiges herein, das erst noch auf dem Wege dazu ist, sich dereinst im atemgetragenen irdischen Menschenworte zu verwirklichen. – Paulus erzählt den Korinthern einmal von seinen übersinnlichen Erlebnissen. Er wurde in den dritten Himmel, in das Paradies erhoben und hörte dort «unaussprechliche Worte, die kein Mensch auszusprechen die Vollmacht hat» (2. Kor 12, 4). Er drang also in den Bereich zukunfttragender himmlischer Keim-Kräfte vor, in denen sich künftige geistmächtige Sprach-Welten vorbereiten, die im jetzigen Weltenaugenblicke dem Menschen, der noch nicht reif für sie ist, noch vorenthalten werden. Aus diesem Zukunftsheiligtum des noch Unaussprechlichen, des heute noch «Unsäglichen» raunt es von oben her in den Menschen herein. Es wird ihm ahnend bewusst als die «unaussprechlichen Seufzer» des Geistes, die stellvertretend an dem Orte stehen, wo der voll erweckte höhere Mensch einmal «wissen» wird, «was er beten», wie er als Geist in einer Geistwelt das Wort gebrauchen soll.

Nach dieser Wanderung in scheinbar etwas abgelegene Gebiete kehren wir zu unserer Markus-Erzählung zurück und lesen dort, nun vielleicht doch mit einer tieferen Resonanz in unserer Seele, von dem «Seufzen» des Christus, der dem Menschen die Wort-Begabung wiederherstellt. Wir sehen Christus' Blick, und damit seine ganze Seele, zum hohen weiten Himmelsraum emporheben, um das «Wort» gleichsam herabzuholen. Aus der Höhenwelt des Unsäglichen, Unaussprechlichen weht es herab und macht sich zuerst hörbar im noch wortlosen Seufzen. Es ist, als werde hier noch einmal der ganze göttliche Schöpfungsweg zum wortbegabten Erdenmenschen hin in geraffter Kürze durchlaufen. Und dann schlägt es durch und lässt sich als geistmächtiges Wort vernehmen: «Heffatha». Der Evangelist hat es in seiner ursprünglichen aramäischen Lautlichkeit belassen, Er fügt für den griechischen Leser die Übersetzung hinzu – «tu dich auf!». Unmittelbar lässt der Evangelist das gebietende Wort und seine Erfüllung aufeinander folgen. «Tu dich auf! Und auf tat sich sein Gehör.» Das Hören wird als Erstes wiederhergestellt, dann wird nach der Taubheit auch die Stummheit überwunden. Es folgt die «Lösung» der gebunden gewesenen Zunge, «und er redete richtig».

*

Nicht auf propagandistische Wirkung ist es abgesehen. Der Christus legt den Menschen Stillschweigen auf. Das im Körperlichen Geschehene soll im Schutz solchen Schweigens ins Geistige hinauf ausreifen. Es war ja doch ein «Zeichen» für noch Weiter- und Tiefergreifendes, für die Wiederherstellung der

Logos-Begabung und Logos-Fähigkeit im großen Stil, «auf Menschheits-Ebene». – Diese Verschwiegenheitshülle kommt allerdings nicht zustande. Die Menschen können die ungewöhnliche Begebenheit nicht für sich behalten. Aus diesem Nicht-in-sich-Behalten geht aber auch etwas Erfreuliches hervor. Die Menschen stimmen wie unter spontaner gemeinschaftlicher Inspiration einen lobpsalmartigen Chorus an: «Schön hat er alles gemacht! Die Tauben macht er hören und die Sprachlosen reden!» (Mk 7, 37). Dieser Abschluss lässt uns den Eindruck gewinnen, dass die von dem Christus ins Werk gesetzte Logoskraft «überströmt» und mit ihren auslaufenden Wogen die Menschen ergreift. Stefan George hat einmal in seinem Gedicht «Leo XIII.» (im «Siebenten Ring») im Blick auf eine die Wandlung andächtig mit feiernde Gemeinde das Wort geprägt von der «Menge, die schön wird, wenn das Wunder sie ergreift». Solches geschieht im höchsten Sinne nach der Heilung des Taubstummen. Die Menschen-Ansammlung wird zum Gemeinschaftsgefäß einer Wort-Inspiration. Die von den Menschen unmittelbar empfundene göttliche Schönheit der Christus-Tat (im Urtext «kalós», «schön») findet ihr verstehendes Echo in einem schönen Wortgefüge. Das Schöne und das Gute und das Wahre und das Fromme, sie klingen darin zusammen. «Schön ist alles, was er getan hat. Die Tauben macht er hören und die Sprachlosen reden.»

Der Wille zum Gesund-Werden (Joh 5)

«Willst du gesund werden?» So fragt Christus den Kranken am Teiche Bethesda. Man könnte auf den Gedanken kommen, dass das eigentlich eine verwunderliche Frage sei. Das steht doch wohl außer jeder Frage, dass der Kranke gesund werden will. Was denn sonst? – Andererseits möchte man nicht annehmen, dass das Johannes-Evangelium den Christus eine bedeutungslose Selbstverständlichkeit erfragen lässt.

Schauen wir uns die Szenerie an. Da ist der Teich Bethesda mit seinem von Zeit zu Zeit heilkräftig emporwallenden Wasser. An dem Teiche die fünf Hallen mit all den Kranken, die auf den gnadenvollen Moment warten. «Blinde, Lahme, Ausgezehrte, Gichtbrüchige» – der Menschheit ganzer Jammer, in dieser Elendsschar Bild geworden.

Wer die Geschichte im Griechischen nachliest, bemerkt mit Befremden, dass in der wissenschaftlichen Textausgabe die so einprägsame Stelle von dem Engel, der das Wasser zum Aufwallen bringt, unter den Strich verbannt ist, aus dem für maßgeblich angesehenen Text herausgenommen. Sie fehlt tatsächlich in wichtigen Handschriften. Das dürfte darin seine Erklärung finden, dass in den Zeiten der beginnenden Einengung des Christentums auf das Orthodox-Kirchliche solch unbefangenes Reden von dem im Wasser wirkenden Engel als etwas empfunden werden mochte, was eventuell «heidnischer» Naturfrommheit Vorschub leisten könnte. – Aber weiß nicht auch die Apokalypse, die Offenbarung desselben Johannes, von einem Engel, der im Besonderen den Gewässern zugeordnet ist? (Offb 16, 5).

Das zu gewissen Zeiten (der Urtext gebraucht hier für einen solchen Moment das Wort «kairos») emporsprudelnde Wasser gibt gerade in dieser seiner Bewegtheit einem unsichtbaren Geistwesen die Gelegenheit, sich in ihm oder besser «an» ihm gleichsam zu bekörpern. Man möchte nicht eigentlich den Ausdruck «verkörpern» dafür anwenden. Es handelt sich um ein flüchtiges, vorübergehendes «Leib-Annehmen» mittels einer geeigneten, entgegenkommenden Stofflichkeit. Als eine solche sah man aus altem hellsichtigen Wissen heraus von jeher das Wasser an. Gerade auch dann, wenn es nicht als «totes» Wasser stagniert, sondern sich zu quellender, wallender, sprühender Bewegtheit belebt.

Die Engel erlebte man als in auf- und niedersteigender Bewegung begriffen. Das erschaute der Erzvater Jakob im nächtlichen Gesicht der Himmelsleiter, davon spricht gleich im Beginn seines Wirkens der Christus zu seinen Jüngern (Joh 1, 51). Wenn die Engel «aufsteigen», tragen sie himmelsreifes Irdisches in höhere Welten empor. Wenn sie «niedersteigen», durchdringen sie empfängliches Irdisches mit dem Segen, der von oben kommt. So trägt der Engel vom Teiche Bethesda, wenn der gnadenvolle Augenblick, der «kairos» gegeben ist, gesundende Kräfte aus einem höheren Bereich hernieder und macht so momentan das sprudelnde Wasser zum Vehikel und Medium eines ätherischen Wirkens.

In der Bildsprache der aus alter Hellsichtigkeit hervorgegangenen Mythen und Märchen hat es mit dem Wasser eine solche besondere Bewandtnis, bis hin zu dem volkstümlichen Wort vom Klapperstorch, der die kleinen Kinder aus dem Teich holt. – Die ihrem himmlischen Ursprung entfremdete, in Krankheit und Bresthaftigkeit gefallene Erdenmenschheit – ist sie in diesem Sinne nicht in Wahrheit «aufs Trockene gesetzt»? Aber der Teich Bethesda (hebräisch «Haus der Gnade») mit seinem Engelsgeheimnis vermittelt noch so etwas wie einen Rück-Anschluss an schöpfungsnahe ursprüngliche Verhältnisse.

Allerdings mit einer gewichtigen Einschränkung. Nur «wer zuerst dazu kommt», der findet in dem vom Engel durchwalteten Wasser die Wiederherstellung zur urbeginnlichen gottgegebenen Gesundheit. «Wer zuerst dazu kommt.» So wenig wie bei dem herniedersteigenden Engel liegt hier ein volkstümlicher «Aberglaube» vor, über den der moderne Bibel-Leser entschuldigend hinweggehen müsste. Es wird vielmehr ganz realistisch auf ein Erfahrungsgebiet hingedeutet, das mit einer eigentümlichen Problematik beschwert ist. Wir können einen Zugang finden, wenn wir beispielsweise das Folgende bedenken. Gesetzt den Fall, der geplagte, erholungsbedürftige Großstadtmensch macht einen Ausflug in die nähere Umgebung – nehmen wir einmal an: am Montag. Überall trifft er da auf die unerfreulichen Spuren des vorangegangenen Wochenendes, wo viele Tausende herausgeströmt sind. Nicht nur, dass die «Verschandelung» der Natur durch allerhand Überreste das Auge beleidigt. Selbst wenn sich alle Ausflügler ordentlich und schonsam benommen hätten – auch dann bliebe noch der Eindruck, es müsse da etwas Abbauendes über die Natur hingegangen sein. Es ist, als sei ihr ein Teil ihrer ätherischen Kräfte geradezu «abgesaugt» worden. Wiesen und Bäume sehen beinah wie unlebendige Pappkulissen aus, die schöne grüne Welt ist wie ent-äthert. Im Lauf der Woche reichert sie sich dann wohl langsam wieder etwas an, wenn man sie in Ruhe sich selbst überlässt, bis zur nächsten Absaugung. Darum: Wer es sich leisten kann, der sucht sich zur Erholung eine von Menschen möglichst unberührte Landschaft, in der noch etwas von Gott-Natur zu spüren ist. Jedoch, nicht jeder ist dazu in der Lage. Wem es möglich ist, der nehme es mit Dank hin, aber nicht ohne eine gewisse Nachdenklichkeit. Er kann sich aus der unberührten Gott-Natur Kräfte holen eben deshalb, weil «die anderen» nicht dabei sind. In dem Augenblicke, wo diese anderen, seine Mitmenschen, auch nur erst zu Hunderten kämen – von den Hunderttausenden und Millionen ganz zu schweigen –, wäre es um jene Heilkraft geschehen. Es können immer nur verhältnismäßig wenige sein, die sich an diesem Jungbrunnen wiederherstellen. Da geht es unbarmherzig nach der Regel: «Wer zuerst dazu kommt, der nimmt sich die Heilung –

die anderen haben das Nachsehen.» – Zu diesen Letzteren, beim Wettlauf Benachteiligten, hat durch lange Jahre hindurch der Kranke vom Teiche Bethesda gehört. Er wartet gewohnheitsmäßig, hat aber fast die Hoffnung aufgegeben, es möchte das Privileg des Zuerst-Kommens ihm einmal zuteil werden.

Und nun kommt der Christus und fängt es an einem ganz anderen Ende an. Worin liegt doch das entscheidend Neue bei seiner Wundertat? – Der Kranke kann in seinem festgefahrenen Denken nur sagen: «Ich habe keinen Menschen, der mich zum Teich trägt, wenn das Wasser sich bewegt, und ehe ich da bin, kommt mir ein anderer zuvor.» Das ist alles, was er auf die Frage «Willst du gesund werden?» zu antworten weiß. Aber darauf geht der Christus gar nicht ein. Er sorgt nicht etwa für einen Träger, der den Kranken früh genug zum Wasser bringt. Er ruft vielmehr das verborgene Aller-Innerste im Wesen des Kranken an. Auf seinen Appell an den im Wesenskern ruhenden Willen erhält er allerdings zunächst die vorhin erwähnte resignierte Antwort. In ihr läuft wie automatenhaft die im Laufe enttäuschungsvoller Jahre «chronisch» gewordene Müdigkeitsstimmung weiter. Aber man darf sich vorstellen, dass – während solches an der Oberfläche des Bewusstseins vor sich geht – das Wort des Christus «Willst du gesund werden?» doch bereits in den Seelen-Untergründen gezündet hat. Der Kranke wäre anders nicht befähigt gewesen, auf das zweite Christus-Wort «Steh auf, nimm dein Bett und wandle!» mit dem tatsächlichen Abschütteln seiner Lähmung zu reagieren. Ohne den Teich Bethesda in Anspruch zu nehmen, findet er Aufrichtung und Wiederherstellung durch das, was zwischen seinem innersten Wesenskern und dem Christus geschehen ist.

Weite Zukunftsperspektiven tun sich damit auf. Es wird immer deutlicher werden, dass in Hinkunft die notwendige Heilung für die Menschheit von der Natur-Seite her nicht mehr ausreichend bestritten werden kann. Dann wird immer mehr an Bedeutung gewinnen, was der Mensch als sein innerstes Verhältnis zu dem Christus begründet. Dazu gehört jener Wille zum Gesund-Werden.

In zweierlei Weise kann es beim Menschen mit diesem Willen unrichtig bestellt sein. Da ist einerseits die Gefahr vorhanden, dass dieser Wille innerlich zum Erliegen gebracht wird. Sehr leicht kann das Krank-Sein eine verhängnisvolle Verbindung mit dem Egoismus eingehen. So mancher wird sich selbst mit seiner Krankheit interessant, er geht ganz in diesem selbstbezogenen Interesse auf und erwartet, dass jeder, dem er begegnet, dieses Interesse teilt. Das Krank-Sein mit den dazugehörigen Schonungsprivilegien gewöhnt manchen Patienten daran, sich einer gewissen Vorzugsstellung zu erfreuen. Dadurch wird der ehrliche Wille zu einem «gewöhnlichen» Gesund-Sein, das dann wieder nüchterne, in Unscheinbarkeit zu leistende Alltagspflichten mit sich bringt, stark geschwächt. Es kommt auch vor, dass man aus schwierigen Lagen ins Krank-Sein geradezu «flüchtet». Das fängt vergleichsweise harmlos beim Schüler an, der sich im Vorblick auf die fatale Klassenarbeit eine kleine Influenza wünscht. Das kann sich dann später zu einer wahren Deserteur-Gesinnung den Lebensschwierigkeiten gegenüber auswachsen.

Die Frage «Willst du gesund werden?» ist also in gar keiner Weise eine Frage, die auf etwas an und für sich Selbstverständliches geht.

Der Wille zur Gesundung, so wie er vom Christus im Menschen entzündet wird, ist stets auch der Wille zur Erfüllung von Lebenspflichten. Nicht umsonst gibt der Christus dem Geheilten den Auftrag, die Matratze, auf der er gelegen hatte, wegzutragen. Es ist etwas tief Sinnbildliches in diesem Zug. Der Geheilte ist nicht mehr einer, der zur Last liegt, sondern er soll sich daran gewöhnen, nun wieder seinerseits Lasten auf sich zu nehmen und zu tragen – er, der vorher selbst eines Trägers bedürftig war.

Andererseits: Der Wille zur Gesundheit kann bei einem

Menschen ehrlich vorhanden sein, aber auch dann kann sich der Egoismus verfälschend einschleichen, und es wird aus dem Gesundheitswillen ein selbstisch-brutales Streben, das im Nur-Körperlichen sich verfängt und nur auf ein gleichsam animalisches Gesund-Sein aus ist. – Im Sinne des Christus soll die körperliche Wiederherstellung nur die Begleiterscheinung einer inneren Aufrichtung, einer inneren Heilung vom Fall in die Sünde sein. Die Geschichte vom Kranken am Teich Bethesda hat ein bedeutsames Nachspiel. Man könnte sogar in diesem Nachspiel das eigentlich Wichtige sehen. Der Christus «findet» den Geheilten danach im Tempel. Er weiß ihn zu finden, er weiß ihm im rechten Augenblicke noch einmal zu begegnen, um das bisher Geschehene zu befestigen und zu vollenden. Es ist eine Begegnung in der Intimsphäre des Heiligen. Eine Bewusstmachung wird da bewirkt. «Siehe, du bist gesund geworden.» Aus dieser Erkenntnis soll sich ein neuer Wille gebären. Der Wille, der erst zur körperlichen Wiederherstellung aufgerufen war, wird in den Bereich höherer Zielsetzungen hinaufgehoben und erscheint nun erst in seiner wahren tiefsten Gestalt. Das «Willst du gesund werden?» verwandelt sich in diesem dritten Christus-Wort in das «Sündige nicht mehr!». Wolle die Sündenkrankheit überwinden!

Es kann uns auch der Zeitpunkt etwas sagen, an dem die Bethesda-Geschichte sich ereignet. Es war damals «das» Fest der Juden (wie es in guten Lesarten heißt), und damit war nach damaligem Sprachgebrauch das herbstliche Laubhüttenfest gemeint, das dem Großen Versöhnungstag folgt. Die Begebenheit steht also im Zeichen des Herbstes, wir würden sagen: im Zeichen einer michaelischen Stimmung. Es gehört zu dieser Michaelis-Zeit, dass der Mensch – im Herbst mehr als sonst von der Natur freigelassen und sich selbst gegeben – die Frage «Willst du gesund werden?» in ihrem Ernst erlebt und sich Mühe gibt, sie ehrlich mit «Ja» zu beantworten, damit der Christus mit seinem Heiler-Willen an ihn herankommen und das gottgewollte Menschenbild in ihm wieder aufrichten kann.

Die Blindenheilungen in den Evangelien

Alfred Heidenreich hat 1954 in der englischen Zeitschrift «The Christian Community» den Aufsatz geschrieben «The Healing of the Blind in the New Testament», in dem er die Blindenheilungen des Christus behandelt und darstellt, wie sie charakteristische Unterschiedlichkeiten aufweisen. Seine grundlegenden Beobachtungen sollen im Folgenden aufgegriffen und anhand von Einzelzügen der Evangelienberichte noch etwas weiter herausgearbeitet werden.

Es wird erkennbar, wie der Christus, je nachdem mit welchen Menschen er es zu tun hatte, sich jeweils an verschiedene Schichten des Menschenwesens wandte und je nachdem die Heilung von einer anderen Ebene aus in die Wege leitete, vom Leiblichen aus, vom Seelischen, vom Geistigen.

Durch die Anthroposophie Rudolf Steiners hat die alte Dreigliederung in Leib, Seele und Geist eine moderne Erkenntnis-Bestätigung erfahren. Die Seele ist nicht nur dem Leib zugewandt, sie vermag ihre Fühler ebenso nach oben, geistwärts, auszustrecken.

*

Wir beginnen mit einer Gruppe von Heilungen, bei denen die eigentlichen Kräfte der *Seele* besonders wirken. Matthäus berichtet von zwei Blinden, die sich mit lauten Rufen Hilfe suchend an den vorübergehenden Jesus wenden (Mt 9, 27-31). Sie haben von ihm gehört und Vertrauen zu ihm gefasst. Sie laufen ein Stück Weges hinter ihm her. «Erbarme dich unser, du Sohn

Davids!» Ja, sie drängen sich sogar bis in das Haus hinein, in dem der Wandernde sein Quartier nimmt. Der Christus fragt sie, ob sie den Glauben an seine Heilkraft haben. «Ja, Herr.» Darauf berührte er ihre Augen – «Nach eurem Glauben geschehe euch!» – und sie wurden sehend.

Ganz ähnlich verläuft zu einem späteren Zeitpunkt eine zweite Heilung, in Jericho, wobei Matthäus abermals von zwei Blinden spricht (Mt 20, 29-34). Sie sitzen bettelnd am Wege und rufen ebenfalls mit aller Kraft Jesu Erbarmen an. Matthäus sagt ausdrücklich, dass Jesus von einem tiefen Erbarmen erfasst wurde. Aus dem heraus berührte er ihre Augen, und sie wurden sehend.

Bei dieser Gruppe von Heilungen sind starke Seelen-Energien im Spiele. Auf Seiten des Blinden lebhaftes Heilungsverlangen und tatkräftiges Vertrauen, auf Seiten des Christus ein machtvolles Erbarmen. In jenen Zeiten, die noch nicht so sehr vom Intellekt bestimmt waren, konnten starke seelische Bewegungen noch viel unmittelbarer als heute bis in den Lebensorganismus des Leibes hinab durchschlagen und auf diese Weise Wunderhaftes bewirken. Es wirkt das Erbarmen des Christus mit der Glaubenskraft der Blinden wundermächtig zusammen, sodass die Berührung der Augen genügt, um das Sehendwerden zustande zu bringen.

Auch der zunächst befremdlich anmutende Zug in dem erstgenannten Matthäusbericht, dass der Christus nach vollbrachter Heilung die beiden «bedroht» habe, als er ihnen Schweigen gebot, ist wohl von diesem Gesichtspunkt des «Seelischen» her zu verstehen. Es ist, wörtlich übersetzt, die Rede nicht von einem «Bedrohen», sondern von einem «Erbrausen». Mit einer starken Seelen-Regung will der Christus in den Gemütern der Geheilten die allzu hochgehenden Wogen niederhalten, damit sie nicht in überströmender Weise zu jedermann reden sollen – was sie dann aber doch tun.

*

Wie anders geht es doch zu bei der Heilung eines Blinden in Bethsaida, von der wir nur bei Markus lesen (Mk 8, 22-26). Dieser Blinde erweckt von vornherein den Eindruck eines mehr «passiv» gestimmten Menschen. Er bemüht sich nicht selbst, die anderen sind es, die ihn zu dem Christus bringen. Er selbst scheint keine besonderen Seelenkräfte in Bewegung zu setzen, er lässt alles an sich geschehen. Dementsprechend ist auch in dem ganzen Bericht mit keinem Wort von einem etwaigen «Glauben» des Blinden die Rede. Er ist nicht hinter dem Christus einhergelaufen. Wohl aber nimmt ihn der Christus seinerseits bei der Hand und führt ihn zunächst einmal aus dem Dorf heraus. Durch die Handreichung lässt er dem Blinden bereits etwas von seinen eigenen Kräften zuströmen. Aus dem Dunstkreis des Dorfes, wo ein enger Menschenkreis auf engem Raum wohnt, führt der Christus den Blinden hinaus ins Freie. Dort, wo der große Gottes-Atem über das Feld weht, können die *Lebenskräfte* leichter angesprochen werden. Diesmal genügt die bloße Handauflegung nicht. Der Christus schaltet noch eine besondere Substanz ein, seinen Speichel, der als körperintime Flüssigkeit ganz mit den Lebenskräften – im Sinne der Anthroposophie mit den «ätherischen» Kräften – des Heilers durchtränkt ist. Dadurch werden die bis dahin toten Augen mit Leben durchflutet.

Jetzt erst hören wir den Christus ein Wort sprechen. Aber, wie schon bemerkt, er fragt nicht etwa nach dem gläubigen Zutrauen, sondern mit einer fast «klinisch» anmutenden Sachlichkeit, «ob er jetzt etwas sehen könne». Der Blinde «blickt auf». «Ich sehe die Menschen wie Bäume wandelnd.»

Es scheint also, dass die Heilung beim ersten Anlauf noch nicht ganz durchgedrungen sei und dass das Auge zunächst nur unscharfe Bilder liefert, sodass noch ein zweites Eingreifen notwendig wird.

Warum gerade der Vergleich mit den «Bäumen»?

Die Edda erzählt aus altnordischer Schau heraus, wie die drei schaffenden Asen-Götter am Meeresstrand den noch unvollkommenen Menschen vorfinden, Mann und Frau, mit Namen «Ask» und «Embla». Das sind Baum-Namen: «Esche» und «Ulme»! Der Mensch steht noch auf der Pflanzenstufe, noch fehlen ihm rotes Blut und seelische Bewegtheit. Altvergangene Hellsichtigkeit vermochte noch das Ätherisch-Lebendige des Menschenleibes in Bildern zu schauen, die vom Pflanzlichen hergenommen waren. Man konnte beim Betrachten eines Menschen noch dessen «Lebensbaum» ins Visier bekommen.

Indem der Mann von Bethsaida die Menschen zuerst als «Bäume» sieht, durchläuft er in Kürze noch einmal die Entwicklungsgeschichte des Sehens. In alter Zeit war das Auge noch stark von Ätherkräften durchsetzt; dadurch konnten übersinnliche Schauungen aufleuchten und sich in das zu Sehende hineinmischen. Erst im Laufe der Zeiten wurde das Auge so weit abgenüchtert, dass es ohne hellsichtige Einschläge exakt, nackt und bloß die materiellen Sinneserscheinungen zeigte. Es sollte nicht dabei bleiben, dass die Genauigkeit des Sehens durch die Zumischung von Schauungselementen behindert wurde. Der Christus will dem Blinden die Augenfähigkeit geben, wie sie in unserer Weltenzeit dem für das Irdische erwachten Menschen als normal angemessen ist.

Ein zweites Mal berührt Christus die Augen. Diesmal wird kein Speichel verwendet. Man darf es sich vielleicht so vorstellen, dass die erste Handauflegung mit der Speichel-Übertragung anfänglich den toten Augen ätherisches Leben zugeführt, sie aber zugleich allzu stark überflutet hat. Aus dem Zuviel überschüssiger Lebenskräfte entspringt die Bild-Schau, die hellsichtig an den Menschen ihre «Lebensbäume» wahrnimmt, damit aber das exakte Seh-Bild stört. Die zweite Augen-Berührung wäre dann nicht als nachhelfende weitere Zufuhr ätherischer Lebendigkeit zu verstehen, sondern als «wegnehmend», um das überflutende Zuviel zu mindern. Das Auge, zuerst tot, dann eine Weile überlebendig, wird auf das normale Maß der Lebensdurchdrungenheit reduziert. Und daraufhin «sieht er richtig».

Außerordentlich sprechend sind im Urtext die drei verschiedenen Präpositionen, die nacheinander vom Evangelisten dem Wort «blicken» vorangesetzt werden. Zuerst «(hin)auf». Nach der Speichel-Berührung «blickt» der zu Heilende «auf». Das ist das erste Sich-weit-Öffnen der bisher toten Augen. Dieser «Aufblick» reicht noch ins Übersinnliche hinauf und zeigt, über das physisch Sichtbare hinweggehend, die ätherischen «Lebensbäume» der Menschen. Nach der zurückdämmenden zweiten Berührung «sieht» der zu Heilende «durch» («dia» im Griechischen). Jetzt wird er «richtiggestellt», man könnte auch übersetzen: «normalisiert». Der Blick des Auges verfängt sich nicht mehr in hereindrängenden Schauungen, er geht vielmehr jetzt mit der dem Augen-Sinn angemessenen selbstlosen Sachlichkeit «durch» – zu dem Gegenstand hin. «Und er sah alles deutlich.» Hier, am Schluss, tritt vor das «Blicken» ein «in». Er «in-blickte» alles genau. Der sachliche Blick landet «in» seinem Gegenstand.

Was das «Deutlich»-Sehen betrifft, so gibt es da im Text zwei Lesarten. Die eine würde etwa besagen: «offenbarmachend durch den Augenstrahl», die andere: «fernhinstrahlenderweise». Der Blick überwindet die Raumesentfernung und sitzt «fernhinstrahlenderweise» in seinem Gegenstand darin. Wie genau ist der Evangelist in seinen Ausdrücken!

Hier wäre auch zu erwähnen, dass Markus bei dem ersten anfänglichen «Aufblick» für «Auge» das poetische Wort «omma» gebraucht, dann aber nach eingetretener Normalisierung das gewöhnliche Wort «ophthalmos» – eine Feinheit, die in einer Übersetzung kaum wiederzugeben ist.

Nach geschehener Heilung gibt der Christus dem Sehend-gewordenen noch eine letzte Anordnung: Er soll sich in sein Haus begeben und sich nicht dem Dorf aussetzen. Wiederum ist diese Anweisung genau im Einklang mit dem Bilde, das sich der Evangelien-Leser von diesem Blinden machen muss. Als eine offenbar etwas schwächlich-passive Natur bedarf er zunächst einmal der «Schutzhaft» seiner vier Wände, damit die Heilung sich in Ruhe in seiner Leiblichkeit verankern und befestigen kann. Dazu muss er für eine Weile den «Reibungen», den «Friktionen» mit der Umwelt entzogen sein, die sich in der engen Dorfgemeinschaft leicht einstellen könnten. Wie anders die gläubig-vertrauenden Blinden von Jericho, die nach ihrer Heilung dem Christus auf seinem letzten Weg nach Jerusalem nachfolgten!

*

Und wie anders, völlig entgegengesetzt anders verhält es sich mit dem *Blindgeborenen* (vgl. S. 148ff.), dessen Heilung das ganze 9. Kapitel des Johannes-Evangeliums erfüllt! Das gerade verleiht diesem Kapitel seine Dramatik, dass der Christus den Geheilten vor den «Friktionen» mit der Umwelt nicht nur nicht schützt, sondern ihn geradezu in dieselben hineinschickt. Er lässt ihn eine Zeitlang ganz allein und setzt ihn den Zusammenstößen mit einer in diesem Fall sogar feindseligen Umwelt aus in dem göttlichen Vertrauen, dass der Geheilte diese Kämpfe bestehen und dadurch gewisse Kräfte entwickeln werde, bis er ihn dann im rechten Augenblicke zu «finden» weiß. Nun kann er sich ihm offenbaren und damit die Blindenheilung auf einer noch höheren Stufe erst wahrhaft vollenden. Es entspricht der besonderen Geistigkeit des Johannes-Evangeliums, dass uns hier das Drama eines ich-kräftigen Menschen vorgeführt wird, der sich gegen Widerstände behauptet und schließlich zur anbetenden Erkenntnis des höheren Christus-Ich gelangen darf.

Schon bei dem Heilungsvorgang wird das Mit-Tun des Blinden eingeschaltet. Christus stellt ihm die Aufgabe, zum Siloah-

146

Teich zu gehen und in dessen geheiligten Wassern sich den Teig von den Augen zu waschen, den er ihm aus Erde und eigenem Speichel in geheimnisvoller Alchimie bereitet und aufgelegt hat. Als er dann durch die Waschung sehend wird, findet er sich allein und muss nun seine Sache durchfechten bis zu jener zweiten, in noch tieferem Sinne augenöffnenden Begegnung. Es ist kein Zufall, dass diesem Geheilten als einzigem Menschen – abgesehen von dem Christus selbst – vom Evangelisten das Wort «ich bin» in den Mund gelegt wird (Joh 9, 9). Das Menschen-Ich darf in den Lichtbereich des göttlichen «Ich Bin» eintreten. Wie denn die ganze Erzählung das Wort «Ich bin das Licht der Welt» zum Vorzeichen hat (Joh 8, 12; 9, 5).

*

Je genauer man auf die verschiedenen Blindenheilungsberichte der Evangelien eingeht, desto mehr bestätigt sich Alfred Heidenreichs Erkenntnis, dass der Christus je nach Artung der zu Heilenden jeweils mit verschiedenen Wesensschichten zusammenwirkt. Bei den sein Erbarmen anrufenden Blinden kann er an starke Seelen-Bewegungen anknüpfen. Bei dem mehr passiven Blinden von Bethsaida kommt er direkt mit seinen eigenen Lebenskräften dem leiblichen Lebensorganismus zu Hilfe, ohne das Seelische besonders in Anspruch zu nehmen. Bei dem von Johannes geschilderten Blindgeborenen schließlich liegt das Geschehen auf der geistigen Ebene des «Ich Bin» und reicht andererseits hinab bis zur Alchimie des Erden-Elementes, das ja für den Menschen die Widerlage des Ich-Erlebnisses ist.

Moderne Theologen haben in abschätziger Weise von den «Geister- und Wundergeschichten» des Neuen Testamentes gesprochen. Nimmt man sich die Mühe, diese Geschichten im Einzelnen genau anzuschauen, so kann man nur immer tiefer sich darüber verwundern, wie im besten Sinne «sachgemäß» die Darstellung der Evangelisten ist.

Die Heilung des Blindgeborenen
Ein Licht-Finsternis-Drama im Johannes-Evangelium
(Joh 9, 1-10, 21)

«Ich Bin das Licht der Welt.» Dieser Ausspruch wurde im Herbst getan, im Nachklang des Laubhüttenfestes. Das Kürzer-Werden der Tage macht sich fühlbar, die Finsternis dringt mit Macht heran. In die hereinbrechende Weltverdunkelung hinein spricht der Christus sein Licht-Wort. «Wer mir nachfolgt, wird nicht mehr wandeln in der Finsternis, sondern er wird das Licht des Lebens haben» (Joh 8, 12). Am gleichen Tage wird der Blindgeborene geheilt. Diese Heilungsgeschichte lässt uns besonders deutlich die Eigentümlichkeit des Johannes-Evangeliums erkennen. Von Blindenheilungen erzählen auch die anderen Evangelisten, aber sie beschränken sich jeweils darauf, die Heilung als solche zu berichten, um dann sogleich zu einer anderen Begebenheit weiterzugehen. Anders bei Johannes. Bei ihm ist die Heilung als solche nur ein Beginn, aus dem sich eine dramatische Geschehensfolge entwickelt. Die Darstellung wächst über den Rahmen der in den anderen Evangelien üblichen «Erzählungseinheit» weit hinaus und nimmt von 9, 1 bis 10, 21 nicht weniger als 65 Verse in Anspruch. Das Ganze gliedert sich in eine Siebenheit von Szenen.

I. Die Heilung (Joh 9, 1-7)

Die Heilung des Blindgeborenen steht in einem bedeutsamen Zusammenhang mit dem Vorhergehenden. Im ganzen 8. Kapitel, das im Zeichen des Wortes vom «Licht der Welt» steht, ist immer wieder in auffällig betonter Weise die Rede vom «Sehen», vom «Erkennen», vom «Wissen». In der hereinbrechenden Weltenfinsternis soll dem Menschen ein inneres Licht erschlossen werden. Der Schluss des Kapitels schildert einen tragischen Vorgang: Die für das Christus-Licht Unempfänglichen wollen den, der als Licht der Welt vor ihnen steht, steinigen. Wohl sind sie «Abrahams Same», aber es wird in furchtbarer Weise deutlich, dass diese Abstammung sie nicht vor der Erblindung ihres geistigen Auges hat bewahren können. In noch früherer Zeit hat es das gegeben, dass durch das Blut-Erbe einem «wohlgeborenen» oder gar einem «hochwohlgeborenen» Menschen zugleich gewisse Hellseher-Fähigkeiten in die Wiege gelegt wurden. Das war eine vergangene Möglichkeit, damit war es vorbei. Die Leute im Tempel können trotz ihrer Abrahams-Kindschaft das Licht der Welt nicht erkennen, das sich in menschlicher Gestalt vor ihnen offenbart. Die Erbmasse ist nicht mehr entscheidend beim Ergreifen des Göttlich-Geistigen. Der Mensch ist nicht mehr «hellsichtig von Geburt», sondern «blind von Geburt».

So wohnt dem Auftauchen eines «Blindgeborenen» gerade in diesem Moment, wo sich die Blindgeborenheit in dem Steine-Aufheben so erschreckend kundgegeben hat, eine dramatische Bedeutsamkeit inne, es wirkt geradezu signalhaft. Dieser Blindgeborene, der als Bettler vor dem Tempeleingang sitzt, ist deshalb gewiss nicht etwa eine «allegorische» Figur, eine ausgedachte Verbildlichung. Aber in all seiner menschlichen Wirklichkeit ist er doch zugleich ein «Zeichen».

Bei der Heilung kommt der Christus auf das Motiv vom «Licht der Welt» noch einmal zurück. «Solange ich in der Welt bin, bin ich das Licht der Welt» (Joh 9, 5). Indem er sich sozusagen selbst zitiert, ruft er noch einmal dieses Geheimnis seiner eigenen Licht-Natur auf; denn eben deshalb, weil er selbst Licht ist, vermag er Augen sehend zu machen. Goethe sprach es aus, dass das «Auge am Licht und für das Licht gebildet» sei. Zuerst ist das wesenhafte Weltenlicht da, es erschafft sich sodann im Menschen-Auge ein Organ, um von da aus sich selbst im Selbst-Erlebnis gegenübertreten zu können. Es hat etwas von seinem eigenen Wesen in das Auge hineingelegt, ohne diese «Investierung» käme nie ein Seh-Akt zustande.

Johannes lässt die Heilung damit beginnen, dass der den Tempel verlassende, soeben der Steinigung entgangene Christus im Vorbeigehen den Blindgeborenen «sieht» (Joh 9, 1). Damit soll nicht nur etwas Selbstverständliches gesagt sein. Er sieht ihn nicht nur äußerlich. Er durchschaut zugleich das Schicksal des Mannes und den schöpferischen Sinn der gegenwärtigen Stunde. So «ersieht» er ihn sich als den zu Heilenden. Während die Jünger über die Schuldfrage spekulieren, sieht der Christus, dass in diesem Falle nicht eine Schuld in der Vergangenheit zu suchen ist, sondern dass nach der Zukunft hin «die Werke des Gottes in ihm zur Offenbarung kommen sollen». Der Urtext ist doppelsinnig. Einerseits: Die Werke Gottes sollen an ihm offenbar werden. Es lässt sich aber auch so lesen, dass es sich um die Werke «des Gottes in ihm» handelt – des in ihm noch verborgen keimenden, zur Göttlichkeit berufenen höheren Ich. Dieses Sinn-Verständnis erfährt dadurch eine Bekräftigung, dass bald danach im Evangelientext der Ausspruch folgt: «Ihr seid Götter» (Joh 10, 34).

Es ist eine Besonderheit dieser Heilungsgeschichte, dass der Christus dem zu Heilenden auch etwas zu tun aufgibt und ihn an dem Vorgang tätig beteiligt: Er soll zu dem heiligen Wasser des Siloah gehen und sich dort den Teig abwaschen, den ihm der Christus auf die Augen gelegt hat. Das tut er, und wie er vom Siloah-Teiche zurückkommt, ist er sehend geworden.

Käme es nur auf die äußere Heilung an, so könnte hier der Vorhang fallen. Aber für Johannes ist die Geschichte damit noch nicht zu Ende.

Die Entsendung zum Teich Siloah hat es mit sich gebracht, dass der Blinde sein Sehend-Werden erlebte in Abwesenheit des Christus. Denn Christus selbst hat sein neu geöffnetes Auge noch nicht erblickt. Erst wenn das geschieht, wird die Blindenheilung im tieferen Sinne vollständig sein. Dann bleibt es nicht nur bei dem, dass der Christus den Menschen «ersieht», sondern der schöpferische Lichtstrahl aus dem Christus-Auge erfährt in dem Angeblickten nunmehr seine Umkehrung, er kehrt vom Menschen zum Gott zurück. Darauf beruht letzten Endes alles Erkennen, dass das dem Menschen eingestrahlte Urlicht im Seh-Strahl des Menschen zu dem Gotte zurückgetragen wird. «Erkennen, gleich wie ich erkannt bin.» Zu Anfang sah Christus den Blinden, am Ende wird der Geheilte den Christus sehen.

Bis dahin aber muss noch einiges geschehen. So werden wir zu den folgenden Szenen weitergeführt.

II. Die Nachbarn (Joh 9, 8-12)

Der vom Siloah Zurückkehrende, nunmehr sehend Gewordene, erregt Zweifel bei seinen Bekannten. Sie kennen ihn nur in seinem früheren Zustand und wollen nicht glauben, dass er es wirklich ist. Sie zweifeln seine Identität an, und gerade das ergibt die Gelegenheit, dass aus dem Angezweifelten ein Wort hervordringt, das im ganzen übrigen Johannes-Evangelium sonst immer nur dem Christus selbst vorbehalten bleibt: «Ich bin.» Die Nachbarn fragen sich: «Ist er es, oder ist er es nicht?» «Er aber sprach: Ich bin (es)» (Joh 9, 9). Im Griechischen gibt es dieses «es» nicht. Es ist das gleiche «ego eimi» wie in den göttlichen Ich-Bin-Worten des Christus.

Damit soll nicht gesagt sein, dass der Geheilte etwa nicht ganz einfach nur gemeint hätte: Ihr könnt es glauben, ich bin es wirklich! Aber wer auf die Art und Weise aufmerksam geworden ist, wie der Evangelist mit seinen Worten umgeht, der sieht darin keinen Zufall, dass hier – und nur hier – die geheiligte Formel erscheint, wenn auch in die zunächst gemeinte mehr äußerliche Bedeutung wie hineinverhüllt.

Die Nachbarn wollen nun von ihm wissen, wie denn diese

Heilung vor sich gegangen sei. Aus dem Bericht, den der Geheilte ihnen gibt, wird deutlich, dass er von seinem Heiler zunächst nur vom Hörensagen weiß – «der Mensch, der Jesus genannt wird» (Joh 9, 11). Auf die weitere Frage, wo denn dieser Jesus sei, kann er nur antworten: «Ich weiß es nicht.» – Im Griechischen klingt «sehen» und «wissen» nah aneinander an. «Ich weiß nicht» besagt, dass die eigentliche Augenöffnung noch nicht zum Ziel gekommen ist. Es muss also noch Weiteres erfolgen.

Aus den Worten «Ich Bin das Licht» heraus ist die Heilung geschehen. Ich und Licht, Licht und Ich, beides gehört zusammen. Was sich an dem Geheilten vollzieht, ist einerseits wachsende Licht-Begabung, fortschreitendes Augen-Öffnen, zunehmendes Erkennen – andererseits Wachstum an innerer Ich-Kraft, die ja berufen ist, das eigentliche Christus-Organ zu werden, die sich aber nicht so einfach geradlinig entwickelt, sondern nur durch Widerstände, Leiden und Kämpfe hindurch. Wachsendes Licht – wachsendes Ich – wachsend am Widerstand. In diesem Zeichen steht das Folgende.

III. Die Pharisäer (Joh 9, 13-17)

Bei den Nachbarn und Bekannten hatte der Geheilte nur die Anzweiflung seiner Identität zu überwinden. Einem weit härteren Widerstand begegnet er bei den Pharisäern, die ja eigentlich seine geistigen Hirten sein sollten. Auch ihnen muss er Bericht geben, aber es ist bezeichnend, wie diese Berichterstattung so viel wortkarger ausfällt als diejenige vor den Nachbarn, die ausführlicher war. Man vergleiche Joh 9, 11 mit Joh 9, 15, um gewahr zu werden, wie damit indirekt, zwischen den Zeilen, zum Ausdruck gebracht ist, dass von den Pharisäern etwas Feindseliges ausgeht, sodass sich dem Berichtenden die Worte nur widerwillig und mühsam vom Munde zu lösen scheinen.

Die Pharisäer nehmen Anstoß an dem Sabbat-Bruch, den für ihre Begriffe Jesus schon durch das Anrühren des kleinen aufzulegenden Teiges begangen hat, und sie erklären mit aller Bestimmtheit, dass «dieser Mensch nicht von Gott» sei, obwohl einige Pharisäer hier auch vorsichtiger denken möchten (Joh 9, 16). Schließlich soll der Geheilte seine eigene Meinung äußern. «Was sagst du über ihn?» Und nun zeigt sich bereits ein Fortschritt im Erkennen – wachsendes Licht. Am Widerspruch erwacht ihm die Einsicht, dass der, von dem er anfangs nur so vage zu sagen wusste: «ein Mensch, der Jesus genannt wird», «ein Prophet» sein müsse (Joh 9, 17).

IV. Die Eltern (Joh 9, 18-23)

Man holt nunmehr die Eltern des Geheilten herbei, da man an der Richtigkeit der Person immer noch zweifelt. Bei der Aussage der Eltern kann wiederum der betonte Gebrauch der Worte «wissen» und «nicht wissen» auffallen. «Wir wissen, dass dies unser Sohn ist, und dass er blind geboren wurde. Wieso er aber jetzt sehen kann, das wissen wir nicht. Ebenso, wer ihm die Augen aufgetan hat – wir wissen das nicht.»

Die Eltern können hier nicht mehr Stütze sein. Sie müssen den Sohn seiner Selbstständigkeit anheim geben. Solche Loslösung von bisher tragender Obhut gehört auch zu der Entwicklungslinie «wachsendes Ich».

Die Eltern müssen auf das von ihnen unabhängige eigene Selbst ihres Sohnes hinweisen. «Ihn selber fraget! Er hat das Reifealter. Er selber soll über sich selber sprechen!» (Joh 9, 21)

V. Abermals die Pharisäer (Joh 9, 24-34)

Der seiner Selbstständigkeit Überlassene wird darauf ein zweites Mal vor die Pharisäer gebracht. Ihr Widerstand hat sich inzwischen versteift, die härteren Elemente haben sich durchgesetzt. Sie empfangen ihn damit, dass sie ihrerseits mit feierlichem Nachdruck ein «Wissen» in Anspruch nehmen, das aber in der Wahrheit gar nicht begründet ist. «Wir wissen, dass dieser (Jesus) ein Sünder ist.» Mit dieser lautstark vorgebrachten Behauptung und mit der feierlichen Beschwörungsformel «gib Gott die Ehre» wollen sie seine Selbstständigkeit umwerfen. Seine Antwort: «Eines weiß ich, dass ich blind war und jetzt sehe.» Noch einmal verlangen sie von ihm Bericht, wie es bei der Heilung zugegangen sei – offenbar nicht mit rechten Dingen, wie sie meinen. «Ich sagte es euch schon, und ihr wolltet nicht hören. Warum wollt ihr es ein zweites Mal hören? Wollt ihr etwa auch seine Schüler werden?» (Joh 9, 27) – Hier klingt ein Ton an, den wir im Neuen Testament in der Art sonst kaum vernehmen. Der Geheilte, in die Enge getrieben, von den Autoritäten «angeherrscht», muss sich seine Standfestigkeit bewahren. Wiederum haben wir eine Station in der Geschichte der Ich-Werdung vor uns. Ein kritisches, gefährliches Stadium ist erreicht. In die Notwendigkeit versetzt, sich seiner Haut zu wehren, kommt der Geheilte an die Klippe einer gewissen Verhärtung und Verbitterung. Schneidender Sarkasmus spricht aus seinen Worten. Hohn liegt in der Frage: «Wollt auch ihr etwa seine Schüler werden?»

Kein Wunder, dass die bisher noch mehr latente Feindseligkeit der Pharisäer jetzt ganz offen zutage tritt. Sie «schmähen» ihn, wobei sie wieder ihr «Wissen» betonen (Joh 9, 29). – Da ergreift der Geheilte noch einmal das Wort und setzt ihnen seinerseits ein «Wir wissen» entgegen. Er weiß, dass dieser Jesus kein Sünder sein kann, dass er fromm sein muss, ja, dass er «von Gott her ist».

Daraufhin wird er aus der Synagoge ausgeschlossen. Sie «warfen ihn hinaus». Einen solchen Ausgang hatten seine Eltern schon befürchtet (Joh 9, 22). Und wie die leiblichen Eltern ihn seiner Selbstständigkeit übergeben hatten, so wird er nun auch aus dem Mutterschoß seiner Religionsgemeinschaft ausgestoßen.

Die Entwicklung des wachsenden Ich und des wachsenden Lichtes hat ihn in die Alleingelassenheit geführt.

VI. Das Wieder-Eintreten des Christus in die Handlung (Joh 9, 35-39)

In diesem kritischen Zeitpunkt tritt der Christus ein zweites Mal in Erscheinung. Er hatte es bei der Heilung so eingerichtet, dass der Sehendgewordene zunächst in Abwesenheit seines Heilers seinen Weg allein gehen musste. Es spiegelt sich darin etwas von der Pädagogik Gottes, der den Menschen seiner Freiheit übergibt und ihm den zur Ich-Entwicklung notwendigen Selbstständigkeitsbereich einräumt. Aber dann muss diese Selbstständigkeit auf rechte Weise wieder den Zusammenhang mit dem Göttlichen finden, um sich nicht in der Vereinsamung zu verlieren. Das kann nur geschehen durch neues gnadenvolles Entgegenkommen vonseiten der Gottheit.

Vier Szenen haben sich abgespielt (II bis V), bei denen der Christus nicht anwesend war. Jetzt aber ist es an der Zeit. «Er hörte, dass sie ihn hinausgeworfen hatten, und fand ihn» (Joh 9, 35). Er fand ihn – er wusste ihn zu finden, und er begegnete ihm nach all den vorangegangenen Entwickelungen ein zweites Mal, gerade im rechten Augenblick. Der Geheilte steht vor seinem Heiler, er sieht ihn zum ersten Mal mit dem geöffneten physischen Auge, aber sein geistiges Auge ist noch nicht völlig geöffnet. «Glaubst du an den Menschensohn?» Die Antwort: «Und wer ist es, Herr, dass ich an ihn glaube?» Wiederum versteht es

der Evangelist, zwischen den Zeilen seelische Tatbestände anzu-
deuten. Wie anders reagiert der Geheilte hier als gegenüber den
Pharisäern! Wie selbstverständlich kommt ihm die ehrfurchts-
volle Anrede «Kyrie» – «Herr» – auf die Lippen, er ist ganz
Offenheit und Hingabebereitschaft. So kann ihm die Selbst-Of-
fenbarung des Christus zuteil werden: «Du siehst ihn – der mit
dir redet – der ist es.» Er geht durch die Stufen des Sehens und
Hörens bis hin zu dem aufzuckenden Blitz intuitiven Innewer-
dens: «Der ist es.»

Der Geheilte hatte seine Einsamkeiten durchmachen müssen,
sie hatten ihn bis an die gefährliche Klippe der Verhärtung und
Verbitterung geführt – nun widerfährt ihm Erlösendes. Was sich
im Kampfe der Abwehr verhärtet hatte, das darf sich nun lösen.
Was zu Sarkasmus und Hohn vereist war, das darf nun tauen, und
aus der Seelentiefe darf die Kraft zur anbetenden Hingabe em-
porsteigen. Er sprach: «Ich glaube, Herr», und betete ihn an
(Joh 9, 38). Die bisher schrittweise sich entwickelnde Augen-Öff-
nung hat sich vollendet, auf diesem Höhepunkt schließt sich das
erkennende Sehen mit dem herzkräftigen Glauben zur Einheit
zusammen, höchste Einsicht verbindet sich mit tiefster Anbetung.

VII. Abschließende Worte des Christus (Joh 9, 40-10, 21)

Nachdem sich die VI. Szene als intimer Vorgang unter vier Augen abgespielt hat, lässt der Evangelist seinen Bericht fast un-
merklich auf den Schauplatz der großen Öffentlichkeit hinüber-
gleiten. Mit einem Male sehen wir um den Christus herum die
Pharisäer versammelt, mit denen er sich in abschließenden Worten auseinandersetzt. Er weist ihren Wissensanspruch zurück
und enthüllt ihr geistiges Blindgewordensein. Im Gegensatz zu
der lieblosen Art, die sie im Umgang mit dem Blindgeborenen

gezeigt haben, offenbart er sich als der wahre Seelenführer, der
für den ichbegabten Menschen zur «Tür» und zum «guten Hirten» wird. – Diese abschließende Szene erstreckt sich über die
Kapitelgrenze hinweg bis zu Joh 10, 21, wo noch einmal zusammenfassend die Wendung vom «Augen-Auftun» erscheint.
Überblickt man das Ganze, so ergibt sich, dass den vier Szenen
ohne den Christus (II bis V) eine Dreiheit von Szenen gegenübersteht, in denen der Christus anwesend ist (I, VI und VII).

In der Schlussszene erklingt noch einmal gewaltig das Motiv
des Erkennens. «Ich Bin der gute Hirte, und ich erkenne die
Meinen, und die Meinen erkennen Mich» (Joh 10, 14). Der
Lichtstrahl, mit dem der Gott den Menschen schöpferisch «ersieht», gelangt im Menschen zu seiner Umkehr und wird zur
Gottesschau vonseiten des Menschen. Friedrich Rittelmeyer hat
öfters auf die «Gleichwie»-Sätze in dem Johannes-Evangelium
aufmerksam gemacht, die Irdisches und Himmlisches in ein hei-
liges Verhältnis setzen. Ein solches «Gleichwie» findet sich auch
hier. Das auf Gegenseitigkeit gegründete Einander-Erkennen,
das zwischen dem Christus und dem Menschen stattfindet, ist
seinerseits ein Abbild des erhabenen Einander-Erkennens in der
Beziehung zwischen dem Christus und dem Vater. «Ich erkenne
die Meinen, und die Meinen erkennen Mich, gleichwie Mich der
Vater erkennt, und Ich erkenne den Vater.»

Die Lazarus-Erweckung
in der Sicht Rudolf Steiners (Joh 11)

Die im Johannes-Evangelium berichtete Auferweckung des Lazarus am vierten Tage nach seinem Tod – die gewaltigste Tat des
Christus Jesus vor dem Ereignis von Golgatha – ist von der
Christenheit immer als etwas ganz Besonderes empfunden worden. Sie ist tief in das christliche Gemütsleben eingegangen, von
den Katakombenbildern bis hin zu Dostojewskis «Raskolni-
kow». In einem merkwürdigen Missverhältnis dazu steht die
Tatsache, dass die neuere Theologie unter dem Einfluss des gän-
gigen Materialismus gerade mit dieser Erzählung nichts anfan-
gen kann. Findet sie sich doch nur im Johannes-Evangelium,
dem man als vermeintlich späterer Dichtung keine geschichtliche Verlässlichkeit zugesteht. Sie erscheint als fantastische Übersteigerung der Toten-Erweckungen, die von den drei ersten
Evangelisten, den «Synoptikern», berichtet werden, vollbracht
an der soeben erst gestorbenen Jairus-Tochter und an dem doch
wohl noch am Tage seines Todes zu Grabe getragenen Jüngling
von Nain. Aber – am vierten Tage ...? Offenbar eine krasse
Wunderlegende, die man allenfalls als «Symbol» für die dem
Christus Jesus zugeschriebene Lebensmächtigkeit gelten lassen
kann. Bezeichnenderweise wird sie in dem Buch «Christ sein»
des progressiv-katholischen Theologen Hans Küng bei dem Be-
mühen, an die historische Wirklichkeit Jesu heranzukommen,
überhaupt nicht in Betracht gezogen.

Im Folgenden sei der Versuch gemacht, gerade an dem konkreten Beispiel der Lazarus-Erweckung zu zeigen, was die
Anthroposophie Rudolf Steiners zu einem neuen Evangeli-
en-Verständnis beizutragen vermag.

Schon 1902 hat Rudolf Steiner in seinem Buch «Das Christentum als mystische Tatsache» dem Lazaruswunder ein besonderes
Kapitel gewidmet. Er stellte es in das Licht des Einweihungswe-

sens, wie es in den alten Mysterien vorhanden war. Seine Deutung des Lazaruswunders als eines Einweihungsvorganges erfährt dann weitere Erläuterung durch den späteren Ausbau der anthroposophischen Menschenkunde, wie sie in den Büchern «Theosophie» und «Geheimwissenschaft» sowie in zahlreichen Vorträgen niedergelegt ist. Sie soll hier in Kürze skizziert werden.

Eine Erkenntnis, die mit wissenschaftlicher Besonnenheit in das Übersinnliche einzudringen vermag, zeigt sich, dass das Menschenwesen erst im Zusammenspiel seiner «Wesensglieder» zu erfassen ist. Der irdische Körper ist lebenslang eng verbunden mit einem übersinnlichen Kräfte-Organismus, dem «Ätherleib», der ihn am Leben erhält. Einer höheren übersinnlichen Ebene gehört das Seelische an. Schließlich ist nochmals ein weiter aufwärts führender Erkenntnis-Schritt zu tun, um das über alles seelisch Bewusste sich im Selbstbewusstsein erhebende, dem Reich der Geister angehörende «Ich» in den Blick zu bekommen. Diese vier Wesensglieder wirken im wachenden Menschen ineinander. Im Schlaf tritt eine gewisse Trennung ein, indem sich das Seelisch-Geistige aus seiner Bindung an die belebte Leiblichkeit mehr oder weniger herauslockert. Der Schlafende hört das Ticken und Schlagen der Uhr nicht, weil sein Seelisch-Geistiges «nicht im Ohr», weil es im Ent-Schlafen herausgeschlüpft ist. Die Trennung ist aber nicht endgültig, das Seelisch-Geistige ist sozusagen noch in der Nähe, in «Rufweite» für stärker andringende Sinnesreize, die es wieder hereinholen. Die Herauslösung ist widerrufbar. – Der im Bett verbliebene schlafende Leib ist vom Bewusstsein verlassen, aber keineswegs vom «Leben». Im Gegenteil. Der lebentragende Ätherleib kann den Körper umso kraftvoller durchdringen, aufbauend und heilend an ihm tätig sein ohne zehrende und eventuell störende Einwirkungen vom Bewusstsein her. Das Seelisch-Geistige, das «draußen» ist – es lässt sich das nur in diesem natürlich unzureichenden räumlichen Bilde ausdrücken –, weilt im Schlaf in der übersinnlichen Welt. Dass es, abgesehen von vagen Träumen, das Bewusstsein verliert, erklärt Rudolf Steiner damit, dass es eben doch, wenn auch jetzt mehr von außen, noch an den Leib gebunden ist und vom Leibe her «durchdumpft» wird. – Wie der Schlaf, so ist auch der Tod auf eine Veränderung im Zusammenhang des Wesensgliedergefüges zurückzuführen. Aber die Trennung beim Tod ist viel radikaler. Das Seelisch-Geistige geht definitiv heraus, es löst dabei auch den Ätherleib aus seiner bis dahin lebenslangen «Unabkömmlichkeit» vom Erdenkörper los und nimmt ihn ins Übersinnliche mit. Der verlassene Erdenleib wird Leichnam. Das Seelisch-Geistige ist nunmehr aller Erdenbindung ledig. Nicht mehr von der Erde her «durchdumpft», kann es allmählich immer heller für die höhere Welt aufwachen.

Nun kann es gewisse Zwischenzustände geben, etwa von der Art eines Schein-Todes, aus dem der herausgegangene seelischgeistige Mensch samt dem mit herausgenommenen Ätherleib noch einmal zurückkehrt. In solchem Fall ist jenes lebenslängliche Band zwischen Erdenkörper und Lebensorganismus nicht endgültig durchgerissen gewesen. Es hat noch eine Weile, sozusagen von außen her, die beiden zusammengehalten. So etwas kann aber nur eine gewisse Zeit dauern. – Das Mysterienwesen alter Zeit machte sich in der Praxis seiner Einweihungsprozedur diese Möglichkeit dienstbar. Es verstand sich darauf, sie künstlich herbeizuführen. Die menschliche Konstitution gab in früheren Epochen noch manches her, was heutzutage für den Zivilisationsmenschen gar nicht mehr infrage kommt und allenfalls in Ausnahmefällen nachklingt. Die alten Mysterien waren imstande, einen «widerrufbaren Tod» für eine begrenzte Zeitspanne von drei bis vier Tagen zu verwirklichen. War diese Zeitspanne abgelaufen, war der kritische Moment verpasst, dann wurde der Tod endgültig, unwiderrufbar. Einer solchen Prozedur konnte nicht jeder unterzogen werden. Der Betreffende musste bestimmte Voraussetzungen mitbringen und durch eine strenge Schulung gehen, um sein Seelisch-Geistiges stärker in sich selbst zu verdichten. Wenn es «so weit war», versetzte ihn der eingeweihte Geistesführer, der «Hierophant», mit seinen Gehilfen durch machtvolle Konzentration in jenen widerrufbaren Todeszustand, aus dem er ihn dann im rechten Moment zurückholte als einen nunmehr Eingeweihten. Als solcher hatte er auf der «Straße, die noch keiner ging zurück», doch noch einmal umkehren dürfen. Er hatte hinter den «großen Vorhang» geschaut und verfügte über tiefere Einsicht und über stärkere Geisteskraft als vorher.

In ihrem weiteren Fortgang sollte die Menschheit durch gewisse Wandlungen gehen. Sie sollte lernen, in heller Intellektualität sich der Erde zu bemächtigen. Der Einzelne sollte zu einem immer freier werdenden Ich-Bewusstsein durchdringen. Das geschah auf Kosten uralter Geistesmöglichkeiten, die in ihrer früheren Gestalt verloren gehen mussten. So ist auch die Möglichkeit des «widerrufbaren» Einweihungstodes erloschen. In dem nur noch symbolischen Sarg des Freimaurer-Rituals hat sie einen letzten Nachklang hinterlassen.

Rudolf Steiner erkannte in der Lazarus-Erzählung die charakteristischen Züge eines Einweihungsdramas: das Rückgängigmachen eines Sterbens nach Ablauf der bestimmten Zeitspanne, die Rückführung aus dem Jenseits durch geistesmächtigen Anruf. – Zugleich aber stellte er auch den bedeutsamen Unterschied heraus zwischen einer Mysterien-Einweihung alten Stiles und dem Lazarus-Ereignis. Es fällt in eine Zeit, in der die Menschheit schon so viel ichhafte Mündigkeit erworben hatte, dass ein Eingriff magischer Art von außen her nicht mehr das Rechte sein konnte. Kein Hierophanten-Kollegium sehen wir am Werke, das den Lazarus durch sein magisch-hypnotisches Tun in den Zustand des widerrufbaren Todes versetzt hätte. Der wird in diesem Falle durch das Schicksal herbeigeführt. Indem

Lazarus die sich ihm erschließende offenbarende Liebe des Herrn erfuhr, musste er auch die Wahrheit des alten Wortes an sich erleben: «Wer Gott sieht, der stirbt.» Er gerät in eine Entwicklungskrisis, er muss zu Grabe tragen, was mit dem Höheren nicht zusammenleben kann. Er muss seinen «alten Adam» in den Tod geben. Er erkrankt. Es gibt Erkrankungen, die an einem kritischen Entwicklungspunkt auftreten und die Funktion haben, gewisse Hemmnisse wegzuräumen und neue Möglichkeiten freizulegen. Die Krankheit des Lazarus ist nach dem Wort des Christus «nicht zum Tode», obwohl sie ein Sterben im Gefolge hat. Sie dient einer größeren Offenbarwerdung Gottes und damit einer Offenbarung des Christus als des Sohnes in der Persönlichkeit des Lazarus (Joh 11, 4). «Ehre» (Luther: «zur Ehre Gottes») wäre eine zu äußerliche Übersetzung des griechischen Wortes, das ein hell strahlendes Offenbarwerden meint. Durch diese schicksalhafte Krankheit kommt der widerrufbare Tod zustande, aus dem der Christus den Lazarus herausruft, im rechten Zeitpunkt, nach Ablauf von drei Tagen. – Rudolf Steiner sagt im 4. Vortrag seines Hamburger Zyklus über das Johannes-Evangelium (1908): «Es sollte gleichsam der Schlusspunkt gemacht werden mit der alten Form der Einweihung. Aber es sollte ein Übergang gemacht werden von der alten in die neue Zeit.» An die Stelle der alten, nur für Auserwählte möglichen Einweihungsform soll nach dem Ereignis von Golgatha der für jeden Menschen mögliche Aufblick zu dem durch Tod und Auferstehung gehenden Christus treten. «Dieser dreieinhalb Tage lang totenähnliche Schlaf kann nunmehr durch die von Christus ausgehende Kraft ersetzt werden.» – Wenn der Mensch diese Kraft genügend stark auf sich wirken lässt …

*

Lässt man sich auf diese Deutung der Lazarusgeschichte nächst einmal als auf eine Denkmöglichkeit ein, so zeigt sich bald, wie fruchtbar sich die «Arbeitshypothese» erweist. Gewisse bisher rätselhaft gebliebene Züge dieser sich doch so bedeutend gebenden Erzählung verlieren dann ihre Anstößigkeit.

Anstößiges ist in der Tat vorhanden. Ein Beispiel: Rilke hat in seinem Gedicht «Die Auferweckung des Lazarus» (in «Späte Gedichte») dem Gefühl Ausdruck gegeben, dass Jesus sich da offenbar habe verleiten lassen, mithilfe seiner außergewöhnlichen höheren Kräfte «das Unerlaubte an der ruhigen Natur zu tun», wenn auch widerstrebend. Der Dichter schildert das Grausige: wie «es sich heraufraffte, larvig aus der geraden Lage», und wie das aus dem Grabe Heraufbeschworene «schief im Tage stand». Also eigentlich etwas Schreckliches in seiner Naturwidrigkeit. Hat man nur die irdische Seite des Vorganges vor Augen, ohne das übersinnliche Geschehen, dann ist die bloße Wiederbelebung eines schon seit Tagen Gestorbenen, der sein abgebrochen gewesenes Leben nur eben wieder aufnimmt und fortsetzt, nicht ohne Fragwürdigkeit – es sei denn, man zieht Rudolf Steiners Deutung in Betracht. Dann steht man nicht vor einem naturwidrigen Mirakel, sondern vor einer Geistestat im Bereich des Übernatürlichen. Dass es nicht genügt, bei der Lazarus-Erweckung bloß an ein Rückgängigmachen des Todes und eine Wiederaufnahme des vorherigen Daseins zu denken, das zeigt sich in dem Gespräch des Christus mit Martha. Martha und Maria, die beiden Schwestern des Lazarus, werden hier im Johannes-Evangelium in ihrer verschiedenen Wesensart geradeso geschildert, wie wir sie schon aus dem Lukas-Evangelium kennen (Lk 10, 39–42). Maria, so wird dort erzählt, lauscht still hingegeben den Worten des Meisters. Martha versäumt die Gnade dieser Stunde durch eine in diesem Augenblick falsch angebrachte Aktivität, in allzu eifriger gastgeberischer Geschäftigkeit. Diese im Äußeren hängen bleibende Aktivität neben einem Mangel an vertiefter Innerlichkeit eignet auch der Martha des Lazaruskapitels. Die Botschaft der Schwestern an den abwesenden Jesus war von einem feinen Herzenstakt geprägt gewesen. «Herr, siehe, den du lieb hast, der ist krank» (Joh 11, 3). Kein Wort darüber hinaus. Es bleibt dem Christus ganz und gar überlassen, wie er reagieren will. Keine Bitte wird ausgesprochen. Nun ist jetzt am vierten Tag der Herr gekommen – von außen gesehen «zu spät». Martha ist ihm bis zum Dorfeingang entgegengeeilt. «Herr, wärest du hier gewesen, mein Bruder wäre nicht gestorben» (Joh 11, 21). Etwas später werden wir die gleichen Worte aus dem Munde der Maria vernehmen. Aber bei ihr, die sich in völliger Ergebenheit dem Herrn zu Füßen legt (Joh 11, 32), hat es einen anderen Klang. «Wo Du bist, hat der Tod keinen Raum.» Beide Schwestern sagen dasselbe, aber im Urtext, guter Lesart zufolge, finden sich kleine, jedoch charakteristische Abwandlungen. Ein feinsinniger Theologe, der in der zweiten Hälfte des 19. Jahrhunderts lebte, F. Godet, hat darauf aufmerksam gemacht. Was Martha sagt, ist derber formuliert: «Er wäre nicht *tot*.» Maria: «Er wäre nicht *gestorben*.» Als ob sie noch in dem schmerzlichen Augenblick stände, in dem er den Akt des Sterbens vollzog. Und weiter: Die ungewöhnliche Wort-Stellung in dem Satze, wie ihn Maria spricht, verleiht dem «mein» – «mein Bruder» – einen stärkeren Akzent: «Es ist gleichsam ein Stück von ihr selbst, das von ihr gegangen ist» (Godet). Was Maria sagt, ist zarter und inniger: «Nicht wäre gestorben mir der Bruder.» Die derbere Seelenart der Martha wird vollends deutlich, indem sie nun noch hinzufügt: «Und ich weiß: Was immer du von Gott erbitten wirst, das wird Gott dir geben» (Joh 11, 22). Bei ihr verspürt man im Hintergrund einen Vorwurf. «Warum kamst du nicht früher?» Aber sie glaubt, ihm auch jetzt noch eine ganz außerordentliche Möglichkeit nahelegen zu sollen, wie er, sein Zuspätkommen gutmachend, etwas Rettendes tun könne. Gott wird auf Seine Bitte hin ein Äußerstes gewähren – die Rückkehr des Lazarus in sein bisheriges Leben.

Eben diese Auffassung der Martha ist bis heute die landläufige Vorstellung von dem Lazarus-Wunder gewesen. Und eben diese Auffassung wird von dem Christus richtiggestellt. Er antwortet: «*Auferstehen* wird dein Bruder» (Joh 11, 23). *Wenn* das Unerhörte geschehen wird, das Martha ihm nahelegt, dann wird es sich nicht nur um die bloße Wiederherstellung eines Erdenlebens handeln, sondern um etwas Höheres. Der ins Dasein Zurückgeholte wird ein «Auferstandener» sein. Noch nicht in dem endgültig umfassenden Sinn, wie der Christus zu Ostern ein Auferstandener sein wird bis hin zur Verwandlung seines Erdenleibes, aber ein Auferstandener im Geiste soll Lazarus werden. Wiederum versteht Martha dieses Wort nicht in seiner Tiefe und in seiner Aktualität. Sie hört daraus nur eine Vertröstung auf den Jüngsten Tag – aber der ist ja noch so ferne. Gerade diese im Äußeren hängen bleibende Sinnesart der Martha gibt aber nun die Gelegenheit, dass der Christus das gewaltige Wort spricht, das wie ein strahlender Stern über der Lazarusgeschichte steht: «Ich Bin die Auferstehung und das Leben» (Joh 11, 25). In der Ostertatsache ragt der Jüngste Tag bereits in diese unsere Weltenzeit herein. Muss man nicht für die Oberflächlichkeit der Martha dankbar sein, dass sie diese unerhörte Selbst-Aussage gleichsam herausgefordert hat?

Der Ostersonntag steht nahe bevor. Nimmt man dafür den 5. April des Jahres 33 an und hält man sich an die Überlieferung, dass das Lazaruswunder am 23. Februar geschah, dann liegt gerade die in der Bibel mehrfach eine Rolle spielende Zeitspanne von 40 Tagen dazwischen. Das große Ich-Bin-Wort des Christus ist in dem Augenblick des Martha-Gespräches eine geistige Ur-Zeugung, ein Intuitionsblitz, ein Seiner-selbst-Innewerden. Nicht so, als würde hier ein schon bereitliegender Lehr-Inhalt doziert. Es geschieht etwas, das auch für den Christus selbst nicht ohne Bedeutung ist. Er wird jetzt in vollem Maße der in seinen Wesenstiefen ruhenden Auferstehungsmächtigkeit inne.

Von da aus hellt sich auch ein rätselhaft anmutender, ein «anstößiger» Zug im Lazaruskapitel auf: das «Ergrimmen» des Christus. Als er Maria und die anderen Leidtragenden «weinen sah, ergrimmte er im Geiste und erschütterte sich selbst» (Joh 11, 33). Das griechische Wort, das Luther mit «betrüben» übersetzt, meint in Wahrheit eine starke «Erschütterung». Und noch einmal: «Abermals in seinem eigenen Selbst ergrimmend kommt er zu dem Grabe» (Joh 11, 38). Die Ausleger haben vergeblich nach einem einleuchtenden Grund für dieses «Ergrimmen» gesucht. Jedenfalls richtet es sich nicht gegen irgendwelche Menschen, obwohl ausgelöst durch das Weinen der Maria; denn es steht allein für sich da, ohne ein sonst fälliges «Dativ-Objekt». Man wird überhaupt nicht an ein Ergrimmen im Sinne des Zornigwerdens zu denken haben. Es handelt sich um den umfassenderen Begriff einer «gewaltigen Seelen-Bewegung». Friedrich Rittelmeyer hat das klar gesehen, indem er übersetzte: «Er erbrauste im Geiste.» Es geht etwas Gewaltiges vor in dem Geist-Teil seines Wesens (Joh 11, 33), in seinem ureigenen Selbst (Joh 11, 38). Es regt sich in ihm seine Osterkraft. Die Formulierung, dass er «sich selbst erschütterte», soll wohl besagen, dass er von diesem Aufbruch sich regender Kräfte nicht überwältigt und passiv hingenommen wurde und auch in ihrem Stürmen und Erbrausen die souveräne innere Führung nicht verlor. Im Zusammenhang mit dem, was sich da in ihm tat, steht wohl auch, dass ihm Tränen in die Augen kamen (Joh 11, 35). Schließlich ergießt sich die ganze ungeheure Geistesenergie in die mit «großer Stimme» gerufenen Worte: «Lazarus, hierher! Heraus!» (Joh 11, 43). Der «großen» Stimme hört man es an, dass sie in eine andere Welt übergreift, dass sie auch «drüben» vernommen wird und den Lazarus ins irdische Dasein zurückholen kann. «Herauskam der gestorben Gewesene, gebunden an Füßen und Händen mit Grab-Binden, sein Antlitz verhüllt von einem Schweißtuch.» «Bindet ihn los!» (Joh 11, 44). Es ist wahrhaft die Ent-Bindung eines Neugeborenen. Schon im Prolog des Evangeliums klang es an: «aus Gott geboren» (Joh 1, 13). Der an Füßen und Händen Gebundene wird losgebunden. Er muss nun erst lernen, in dem neuen höheren Leben, das in ihm erweckt wurde, zu «wandeln» und «zu handeln». «Noch blendet ihn der neue Tag», heißt es im «Faust».

Noch «anstößiger» als das unverständliche «Ergrimmen» ist im Lazaruskapitel die Tatsache, dass der Christus nach der Botschaft der Schwestern zwei ganze Tage untätig vergehen lässt, obwohl er schon durch innere Kunde weiß, dass Lazarus bereits gestorben ist. Will er durch das Hinzögern es dahin bringen, dass er durch die Erweckung eines schon mehrere Tage Verstorbenen einen um so eklatanteren Beweis seiner höheren Fähigkeiten liefern kann? Als die Botschaft ihn am Jordan erreicht, wartet er noch zwei Tage. «Danach, nach diesem» sagt er zu den Jüngern, dass sie nun nach Judäa aufbrechen wollen. Der Ausdruck «danach, nach diesem» (Joh 11, 7) lässt uns nachfühlen, wie das rätselhafte passive Zuwarten auf den Jüngern gelastet haben mag, obwohl sie dann auch wieder erschrecken, als der Weg wieder in das gefährliche Judäa führen soll. Ohne dass eine weitere Botschaft gekommen wäre, weiß der Christus in hellsichtiger «Telepathie», dass der Tod eingetreten ist (Joh 11, 14). Das muss schon an dem Tage geschehen sein, als die Botschaft der Schwestern eintraf. Jesus kommt am vierten Tag in Bethanien an. Der Wanderweg vom Jordan bis dahin war gut in eineinhalb Tagen zurückzulegen. Diese Zeitspanne zusammen mit den zwei verwarteten Tagen ergibt vier Tage. Der Christus hat es also so eingerichtet, dass er nach dreieinhalb Tagen am Grabe ankam. – Der «Anstoß» wird behoben, wenn man diesen Zeitpunkt als den kritischen Moment ansieht, der vor dem endgültigen Reißen des letzten Bandes zum Erdenkörper hin für die Zurückrufung in einem höheren Sinne «technisch» infrage kam. Das Zeitvergehenlassen, bis der vierte Tag gekommen war, lag in der Notwendigkeit des Geschehens begründet.

Das Hinblicken des Christus auf den zu erweckenden gesteigerten «Glauben» der Jünger (Joh 11, 15) sowie der Öffentlichkeit (Joh 11, 42) – «um des umstehenden Volkes willen» – gilt nicht einem propagandistischen Erfolge, der von einem überdimensionalen Wunder zu erwarten wäre, sondern der nunmehr weltgeschichtlich fällig werdenden «Veröffentlichung» des früher streng verborgenen Mysterienwesens. Was früher im strengsten Geheimnis an wenigen Auserwählten vollzogen wurde, soll jetzt vor alle Welt hintreten und allen, die guten Willens sind, zugänglich werden können. Wir zitierten bereits das Wort Rudolf Steiners, dass in Hinkunft der Blick auf das Ereignis von Golgatha, auf Tod und Auferstehung des Christus, die früheren Einweihungsprozeduren soll «ersetzen» können. Dieser großen Offenbarmachung des Mysteriums auf Golgatha geht 40 Tage früher die Lazarus-Erweckung voraus, als ein vorbereitendes Vorspiel, das die alte Mysterienzeit abschließt und zum Neuen hinüberleitet.

Zu allen Zeiten des Christentums haben empfängliche Menschen ein Gespür gehabt für jenes unsagbare besondere «Etwas», das dem Johannes-Evangelium eigen ist. Hat man einmal jenen «johanneischen» Hauch empfunden, dann ist man nicht mehr fern davon, einer weiteren Aussage Rudolf Steiners zuzustimmen: dass sich hinter der Gestalt des Lazarus der Schreiber des Johannes-Evangeliums verbirgt. Es hat etwas Einleuchtendes, den Ursprung der so einzigartigen, unverwechselbaren johanneischen Geistigkeit in einem so erschütternden und tief eingreifenden Widerfahrnis zu suchen, wie es das Lazarus-Erlebnis gewesen sein muss. – Der Evangelist nennt sich in seinem Evangelium nie selbst mit Namen, wohl aber weist er auf sich hin, indem er von dem Jünger spricht, «den der Herr liebte». Diese Wendung erscheint erst nach dem Lazarus-Ereignis (Joh

13, 23; 19, 26; 20, 2; 21, 1 u. 7), sie klingt aber schon im Beginn des Lazarus-Kapitels an: «der, den du lieb hast ...» (Joh 11, 3, auch 11, 5). Über die menschliche Sympathie hinaus deutet das auf ein Meister-Jünger-Verhältnis besonderer Art. – Das Antlitz des aus dem Grabe Hervorkommenden war mit einem Tuch bedeckt (Joh 11, 44). Fällt diese Hülle, so wird das Angesicht dessen sichtbar, der den Herrn am tiefsten erkennen durfte – das Angesicht des Evangelisten Johannes.

3.
Kultus und Heilkunst

Bedenken Sie nur einmal, dass in Paracelsus eine Persönlichkeit lebte, für die die Religion so weit gilt, dass sie die Medizin mitumfasst. In Paracelsus lebte eine Auffassung der Religion, die es ihm möglich machte, an dem Geistigen so festzuhalten, dass man sich mit ihm durchdringen kann bis in die Krankheit hinein, sodass der Arzt derjenige ist, der den Willen Gottes auf Erden ausführt in Bezug auf den Kranken. Für ihn war medizinischer Dienst religiöser Dienst. Und das ist das, was heute durchaus nötig ist: nicht nur ewig zu reden über das Ewige, sondern dieses Ewige hineinzutragen in alles Leben und es in allem Lebendigen regsam, wirksam zu machen.

Rudolf Steiner

THEOPHRASTUS PARACELSUS
DAS MAHL DES HERRN [1]

VORREDE

an Clemens VII., obersten Bischof der Pfarrer
zu Rom. [2]

Nicht mein, sondern Dein ist eigentlich die Sorge, mit der ich   2a
jetzt arbeite am Nachtmahl des Herrn, Du oberster Bischof der
Prälaten, daß man nämlich nicht falle in alle die Irrtümer, die sich
da unterfangen zu zerstören den Tempel Christi. Du aber in Rom,
der Du nicht ohne große Irrung lebst, verursachst selbst andere
Irrung. Denn das Irregehen des Hauptes ist die Ursache, daß
auch irregehen die Glieder. Nun kann kein Glied ohne ein
Haupt sein, weshalb Du als ein Haupt verursachst, daß Deine
Irrung viel irrige Häupter ergibt. Petrus, Dein Vorvorderer, hat
sich dermaßen gehalten, daß kein Haupt unter ihm aufstand noch
sich erheben konnte, wiewohl er schlichter Geburt war, nicht
Deiner Bildung gemäß, aber im heiligen Geist ersättigt, wie
einem Haupt zusteht. Darum entzieh Dich der Zahl derer, die
Christus verkündet hat und geweissagt, da er sprach: Es werden
falsche Propheten aufstehen, falsche Apostel usw. [a]. Wenn Du
Dein Amt mit Ernst betrachtest und Christus unserem Erlöser
nachfolgst, so wirst Du Dir den Balken aus den Augen ziehen [b].
Denn Du hast die größten Augen, darum auch die größten

---

[a]) Matth. 24, 11.
[b]) Gemäß Matth. 7, 3—5.

11

Abb. 8: Erstausgabe. Dornach 1950

«Die heilende Arznei».
Das Verständnis der Transsubstantiation bei Paracelsus und Rudolf Steiner

> Für ihn [Paracelsus] war gewissermaßen das, was er am
> Kranken tat, ein Zusammenfügen der äußeren physi-
> schen Menschentat mit einer religiösen Verrichtung.
> Im Grunde genommen war für ihn das Heilen noch
> Kultushandlung. *Rudolf Steiner*[91]

1922 war das Jahr, in dem die Christengemeinschaft begründet wurde, 1923 begann Rudolf Steiner seine engere Zusammenarbeit mit Ita Wegman zur Schaffung einer neuen Mysterienmedizin. 1922 war auch das Jahr, in dem der erste Band der gesammelten naturwissenschaftlichen Schriften des Arztes Theophrast von Hohenheim, genannt Paracelsus, erschien – im Jahr darauf setzte die Gesamtedition seiner theologischen Manuskripte ein.

Das ganze, sukzessive erscheinende Werk des Einsiedler-Arztes aus dem beginnenden 16. Jahrhundert war um die «Arzney», um die Heilsubstanz und Heilung zentriert – noch seine theologischen Schriften, in deren Mitte das Sakrament des Abendmahles steht, gelten dem kranken und bedürftigen Menschen. Auch Rudolf Steiners grundlegendes Buch mit Ita Wegman, dessen Ausarbeitung 1923 begann, baute auf der geisteswissenschaftlichen Beschreibung der menschlichen Leibessubstanz auf und macht den Weg zur Heilsubstanz methodisch ansichtig. Und die mit Steiners Hilfe 1922 begründete Christengemeinschaft sieht im Vollzug des Abendmahls und damit der sakramentalen Substanzwandlung ihren spirituellen Mittelpunkt.[92]

Nur fünf Tage waren vergangen, seit Friedrich Rittelmeyer die erste vollständige Menschen-Weihehandlung zelebriert hatte, als Rudolf Steiner am 21. September 1922 in Dornach relativ unvermittelt seinen Hörern sagte:

> Bedenken Sie nur einmal, dass in Paracelsus eine Persönlichkeit lebte, für die die Religion so weit gilt, dass sie die Medizin mitumfasst. In Paracelsus lebte eine Auffassung der Religion, die es ihm möglich machte, an dem Geistigen so festzuhalten, dass man sich mit ihm durchdringen kann bis in die Krankheit hinein, sodass der Arzt derjenige ist, der den Willen Gottes auf Erden ausführt in Bezug auf den Kranken. Für ihn war medizinischer Dienst religiöser Dienst. Und das ist das, was heute durchaus nötig ist: nicht nur ewig zu reden über das Ewige, sondern dieses Ewige hineinzutragen in alles Leben und es in allem Lebendigen regsam, wirksam zu machen.[93]

Für Paracelsus, so Steiner, sei die Heilbehandlung eine «religiöse Tat» gewesen, in Richtung einer Kultushandlung.

Wenn auch die Substanz des medizinischen Heilmittels von jener des Abendmahls wesensverschieden ist – was von Paracelsus sowie Rudolf Steiner mit großem Nachdruck betont und herausgearbeitet wurde –, so kann nicht übersehen werden, dass die Menschheit durch viele Jahrhunderte hindurch beide in ihrer inneren Verwandtschaft erblickte. Lange wurde das «tägliche Brot», die alltägliche Nahrung des Menschen als «Heilung» verstanden; noch die althochdeutschen Worte «nerjan» beziehungsweise «neren» und das mittelhochdeutsche «nerigen» hatten nach Grimm die Bedeutung von «am Leben erhalten», «gesund machen», «heilen» – und das bis heute gebräuchliche Wort der «Genesung» umschließt das Verbum «neren» in seiner Wurzel.[94] Die Heiligung wiederum impliziert seit alters her eine

Heilung des Menschenwesens und war ursprünglich ohne dieselbe gar nicht denkbar; sie hatte immer auch einen leibnahen, nahezu medizinischen Aspekt. Über den *Gral* ist bei Wolfram von Eschenbach zu lesen, dass von seiner Kraft nicht nur die ganze Gralsgesellschaft physisch ernährt wird («si lebent von einem steine»), sondern auch der todkranke König Anfortas allein durch ihn am Leben bleibt. All dies vermag der «Stein» (nach Trevrizents Enthüllung) dadurch, dass eine blendend weiße Taube («diu tube ist durchliuhtec blanc») ihm einmal im Jahr, am Karfreitag, eine «cleine wize oblat» auflegt. Dieselbe bringt «des grales craft».[95]

Im Evangelium wiederum verwandelt der Christus die Erdensubstanz und verleiht ihr ein heilendes Vermögen – der Blindgeborene wird sehend durch den «Teig» der Erde, den ihm Christus unter Verwendung des eigenen Speichels bereitet und auf die Augen legt (Joh 9, 6ff.). Und in der Synagoge von Kapernaum heißt es bereits zu Anfang des Christus-Wirkens:

> Ich Bin das lebentragende Brot, das aus dem Himmel herniedersteigt. Wer von diesem Brot isst, wird leben durch alle Zeitenkreise. Und das Brot, das ich geben werde, das ist mein irdischer Leib, den ich für das Leben der Welt dahingeben werde. […] Wer meinen irdischen Leib isst und mein Blut trinkt, der hat überzeitliches Leben, und ich gebe ihm die Kraft der Auferstehung am Ende der Zeiten. Denn mein Fleisch ist die wahre Speise, und mein Blut ist der wahre Trank. Wer wirklich mein Fleisch isst und mein Blut trinkt, der bleibt in mir und ich in ihm. (Joh 6, 51ff.)

*

175

Abb. 9: Kupferstich von Paracelsus, 1538

Paracelsus

Wie kann ich aber nit seltsam sein dem,
der nie in der suunen gewandelt hat?[96]

Der Arzt Paracelsus blieb zeitlebens ein isolierter, landfahrender Außenseiter, um seiner therapeutischen Erfolge beneidet, ob seines Auftretens und seiner Ideen belächelt oder verhasst. Seine zahllosen Aufzeichnungen zur Medizin, zur Naturwissenschaft und zur Theologie – Notate, die auf Reisen entstanden und den Charakter der mündlichen Rede bewahrten – erschienen überwiegend nach seinem Tode. Die 1923 von Wilhelm Matthießen begonnene Edition seiner theologischen Werke ist auch heute noch nicht abgeschlossen – auch der Band mit Paracelsus' Abendmahlschriften steht noch aus.[97] Trotz seiner Neuentdeckung am Ende des 19. Jahrhunderts durch den Medizinhistoriker Karl Sudhoff waltet ein merkwürdig-verzögerndes und aufhaltendes Schicksal über dem revolutionären geistigen Werk des Einsiedler-Arztes. Bereits zu Lebzeiten kämpfte Paracelsus lange Jahre dagegen an, wütete gegen seine Feinde. Doch schließlich folgte sein Satz: «Wie kann ich aber nit seltsam sein dem, der nie in der sunnen gewandelt hat?»

Paracelsus' ärztliches Hauptanliegen war die Heilung des kranken Menschen; seine sämtlichen schriftstellerischen Bemühungen aber galten, so Gunhild Pörksen,[98] dem für die Heilkunst grundlegenden Phänomen der *Menschwerdung*. Dabei nahmen seine Gedanken zur Leibesbildung am Ernährungsprozess sowie auch seine theologischen Ideen zur Bildung des «ewigen Leibes» am Sakrament einen hervorragenden Raum ein.

Hinsichtlich des menschlichen Ernährungsprozesses hob Paracelsus wiederholt hervor, dass dieser eine vollständige Um- und Einverwandlung nichtmenschlicher Nahrung in den Leib

des Menschen impliziert. Umwandlung aber heißt hier in erster
Linie «Scheidung» – zu scheiden ist die dem Menschen zuträg-
liche «Essenz» der Nahrungssubstanz von dem stets vorhandenen, potenziell den Tod bringenden Gift. Denn: Eine jede orga-
nismusfremde Substanz ist als solche schädigend, obgleich für
sich möglicherweise vollkommen gebildet. Organ dieser notwendigen «Scheidung» ist der Magen, ein, so Paracelsus, «großer Künstler» und «Alchemist»:

> Dies ist der Alchemist, und aus der Ursach so ge-
> nannt, weil er die Kunst der Alchemie gebraucht.
> Er scheidet das Böse vom Guten, er verwandelt
> das Gute in eine Tinktur, er tingiert den Leib zu
> seinem Leben, er ordnet der Natur das Subjekt in
> ihr, er tingiert sie, dass sie zu Blut und Fleisch
> wird. Dieser Alchemist wohnt im Magen, welcher
> sein Instrument ist, in dem er kocht und arbeitet.[99]

Letztes Ziel des irdischen Ernährungsprozesses ist die reale Verinnerlichung des Fremdstoffes, das heißt die Verwandlung der
Substanz zu «Fleisch und Blut» des Menschen. Diese Stoffes-
wandlung «in uns oder zu uns»[100] war für Paracelsus' Verständnis
ein weitgehender Vorgang. Er beschrieb ihn als einen zerstören-
den Feuer- oder Fäulnisprozess, einen realen Durchgang durch
den Tod, der der «anderen Gebärung» im Sinne einer neuen,
organismuseigenen Substanzbildung notwendig vorauszugehen
hat.[101]

Einen prinzipiell vergleichbaren Vorgang machte Paracelsus
für die «alchemistische» Arzneizubereitung geltend, ja, er ver-
glich wiederholt den Vorgang der Nahrungsverdauung und
«neuen Gebärung» mit der vom Arzt zu leistenden pharmako-
poetischen Substanzwandlung. Diese ist zwingend notwendig,
da, so Paracelsus, kein unveränderter Erdenstoff als Arznei angesehen werden kann:

Denn die Natur ist so subtil und so scharf in ihren Dingen, dass sie ohne große Kunst nicht kann gebraucht werden, denn sie gibt nichts an den Tag, das auf seine Art vollendet sei, sondern der Mensch muss es vollenden. Diese Vollendung heißt alchimia. Denn der Bäck, indem er Brot macht, der Rebmann, indem er den Wein macht, der Weber, indem er das Tuch macht, ist ein Alchemist. Derselbe, der, was aus der Natur dem Menschen zu nutz wächst, es dahin bringt, dahin es von der Natur geordnet wird, der ist ein Alchemist.[102]

Der pharmazeutische Wandlungsprozess ist dabei nur auf dem rechten Weg, wenn er die erneute Öffnung der geschaffenen Substanz für die gestaltenden kosmischen Kräfte leistet. *Diese* sind es, die die (von Paracelsus als «arcanum» bezeichnete) Arznei letztlich wirksam werden lassen:

Wenn es nun dazu kommen soll, dass deine Arznei so vollendet werde, wie der Sommer seine Früchte bringt, so wisst, dass der Sommer das durch die astra tut und nit ohne die selben. So nun die astra das tun, so wisse hier an dem Ort auch, dass diese Zubereitung dahin gerichtet werden muss, dass sie den Sternen unterworfen seien, denn sie sind die, die das Werk des Arztes vollbringen.[103]

Der Vorgang jedoch, der die Erdenstoffe den Gestirnen zubereitet, ist seinem Wesen nach ein Zerstörungsprozess. Erst die «Zerbrechung» der Stoffe, das heißt die Aufhebung ihrer irdischen Eigengesetzlichkeiten, bringt diese «in Luft» und ermöglicht die kosmische Einwirkung: «Dieses arcanum ist ein chaos, und es ist dein Gestirn möglich es zu führen, wie eine Feder vom Wind. [...] Drum wisst allein das: dass es die arcana

sind, die da Tugenden und Kräfte sind, die sind volatilia oder
Flüchtige und haben keine corpora, und sind chaos und sind
clarum, das ist Helle, und sind durchsichtig und sind in der Gewalt des Gestirns.»[104] Von daher muss der die Heilmittel zube-
reitende Arzt – ebenso wie der große «Scheidekünstler» des
Magens – in erster Linie die Konstitution der natürlichen Dinge kennen, um diese sachgerecht «zerbrechen» und einer höheren Einwirkung zuführen zu können: «So er diese Dinge, der
Natur Zusammensetzung, nicht kann, was ist er dann im Wie-
derauflösen der selben? Merkt, dass ihr auflösen müsst! Den
Weg zurückgehen! Alle die Werke, die die Natur vorangetrie-
ben hat, von einer Staffel zu der anderen, die müsst ihr wieder-
auflösen.»[105] Begegnen die Natursubstanzen dem Menschen in
unverwandelter Daseinsform, so befinden sie sich nach Paracelsus im Zustand eines «Mittellebens» zwischen ursprünglicher
«prima materia» und möglicher «ultima materia», in einem gewordenen Latenzzustand, der der Weiterführung bedürftig ist.
In diesem mittleren Latenzzustand werden die möglichen Kräfte der Erdensubstanz nicht offenbar und wirksam, da sie dafür
der kosmischen Einwirkung bedürfen. Unverwandelte Erdensubstanz ist daher für sich genommen nie Heilsubstanz und
verbirgt ihre entsprechenden Qualitäten:

> [So] ist das gleich einem, der im Winter einen
> Baum sieht, kennt ihn aber nit und weiß nit, was in
> ihm ist, so lange, bis der Sommer kommt und er-
> öffnet nacheinander jetzt die Sprösslein, jetzt das
> Geblüh, jetzt die Frucht und was weiter in ihm ist.
> So liegt nun die Tugend in den Dingen dem Men-
> schen verborgen, und es sei denn, dass der Mensch
> durch den Alchemisten derselben inne werde, wie
> durch den Sommer, sonst ist es ihm unmöglich, sie
> zu erkennen.[106]

Wendet man diese Schilderung der Arzneimittelzubereitung auf den Ernährungsprozess zurück – dessen erstes «Zerbrechungs»-Stadium Paracelsus ausführlich beschrieb –, so ist zu fragen, ob die «neue Gebärung» der leibeseigenen Substanzen ebenfalls als ein kosmischer, wenngleich innerhalb des Menschen sich vollziehenden Vorgang von Paracelsus verstanden wurde. Dass dem möglicherweise so ist, verdeutlicht eine längere Textpassage des «Volumen Paramirum», in der Paracelsus davon spricht, dass im menschlichen Leib ein autonomes, dem Planetenhimmel vergleichbares und mit diesem in Beziehung stehendes Organgefüge existiere, das als solches die Erdenstoffe *nicht* benötige: «Wie der Himmel mit all seinem Firmament, Constellationen und nichts ausgeschlossen frei, für sich selbst ist, so ist auch der Mensch constelliert, völlig für sich selbst seiend. Ebenso wie das Firmament im Himmel für sich selbst ist und von keinem Geschöpf regiert wird, so wenig wird das Firmament im Menschen, das in ihm ist, von andern Geschöpfen gewaltigt. Sondern es ist allein ein gewaltig frei Firmament, ohne alle Bindung. Also merke zwei Schöpfungen: Himmel und Erden eine, der Mensch die andere.»[107] Dabei sind es namentlich die den kosmischen Planeten «im geist, aber nit in der Substanz» verwandten sieben Hauptorgane des Leibes, die keiner Ernährung im eigentlichen Sinne bedürfen, vielmehr das innerorganismische Leben in ihrer jeweiligen Wirkenssphäre unterhalten. Den irdischen Nahrungsstoffen kommt lediglich eine anregende, unterhaltende Bedeutung für den übrigen «corpus» des Leibes zu (den Paracelsus von dem leiblichen Firmament wie die Erde vom Himmel unterschied) – nach Betonung der nahezu absolut beschriebenen Leibesautonomie (zumindest im Bereich der Hauptorgane) schrieb er hierzu:

> So sollt ihr aber nun auch verstehen, dass der Mensch auch eine Bindung habe, dass er von au-

ßen her eine Nahrung nehmen muss; die selbige
Nahrung dient allein dem corpus, wie der Mist
dem Acker. Sie gibt keine Frucht in ihm, sie meh-
ret die Samen in ihm nit, sie tut nichts anderes,
denn dass sie denselben in der Substanz erhält und
geil macht, wie der Mist den Acker, sonst ist er ihm
nichts nutz. Eben soviel ist die Speise dem Menschen nutz, als wäre sie sein Mist.[108]

Textimmanent möglich erscheint, dass Paracelsus an dieser Stelle deutlich machen wollte, dass die Bedeutung der Ernährung
keinesfalls mit einer unmittelbaren Substanzanreicherung
gleichzusetzen ist, sondern lediglich in einer Anregung dessen
besteht, was im Organismus nach kosmischem Vorbild sich nahezu autonom ereignet. Zieht man eine weitere Textpassage seines Schriftwerkes hinzu («Von der Schwindsucht» aus der Schrift
«Elf Tractat»), so steht zumindest ein Teil des menschlichen
Leibes hinsichtlich seiner substanziellen Beschaffenheit eher in
unmittelbar *kosmischer*, denn in primär irdischer Abhängigkeit.
Denn sehr deutlich heißt es dort: «Welchem Gliede die Nahrung durch den Himmel entzogen wird, dem begegnet eine
Schwindung.»[109]

*

«Ein Irrsal ist eingefallen: dass man sagt, dass die Glieder, der
Leib usw. Nahrung haben müssen; aber warum sie Nahrung haben müssen und wozu, da steht ihre Weisheit still. Sie haben nit
verstanden, was im Menschen die Nahrung sei und wozu sie
wird, und wer sie dazu macht. [...] Was ist die Nahrung? Ist nit
eine Mästung oder Füllung, sondern eine *Formerstattung*.»[110]
Die menschliche Leibessubstanz bildet sich im Organismus
nach dessen eigenen Gesetzen und wird durch die irdische Ernährung allenfalls angeregt und unterhalten; die verinnerlichten

Nahrungsmittel sind darüber hinaus jedoch auch für die Leibesform bzw. Organgestaltung von Bedeutung, wie Paracelsus in den Ausführungen des «Opus Paramirum» mit Nachdruck betonte: «Die Nahrung ist in allen Dingen der Form halber.»[111] In *dieser* Hinsicht, so Paracelsus, ist der Ernährungsvorgang unmittelbar lebensnotwendig und lebenserhaltend. Der Mensch bedarf seiner fortwährend, denn die ihm eigene «Form», sein «Bildnis» (das von Paracelsus offensichtlich als Leibes- und Organgestalt verstanden wurde), wird kontinuierlich zerstört – durch eine dem Menschen selbst innewohnende, ihn abbauende Kraft:

> Denn in uns ist ein Wesen, gleicherweise wie ein Feuer; das selbige Wesen zehrt uns unsere Form und Bild hinweg. Wenn wir nichts hinzu täten und nit die Form unseres Leibes mehrten, so stürb einer in verlassener Bildnis. [...] Darum wisst, dass alle Dinge, die da leben, den Hunger haben und den Durst wegen der Hinzehrung ihrer Form und deren Behaltung, auf dass sie im Hunger und Durst die Bildnis wieder ergänzen ...[112]

In diesem Sinne ist die Nahrungsaufnahme ein fortwährender Kampf gegen den dem Menschen immanenten Tod, der ihm als «Verzehrung der Form» gesetzt ist: «Den selbigen Tod muss der Mensch hinhalten, durch das, was die Nahrung tut und vermag.»[113] Daraus aber folgt: *«Der nit isst, der wächst nit, der nit isst, der bleibt nit.»*[114] «Denn Gesundheit will gleichsowohl im Bestehen gehalten werden wie Krankheit.»[115]

Die mithilfe der Ernährung verinnerlichten Formgestalten oder -bildkräfte erhalten das «Bildnis»; der Mensch regeneriert sich keinesfalls substanziell, jedoch plastisch-funktionell an seiner nichtmenschlichen Umgebung. Dies aber bedeutet den Vorgang einer fortwährenden *Menschwerdung* der Natur:

Drum so essen wir unsere Finger, unsern Leib, Blut, Fleisch, Füße, Hirn, Herz usw.; das ist: ein jeglicher Bissen, den wir essen, der selbige hat in ihm alle unsere Glieder, alles, was der Mensch in sich begreift und in sich fasst.[116]

Im Licht der Natur wird sichtbar, dass alle Dinge das nicht sind, wofür wir sie ansehen. Denn unseren Augen ist das Wesen der Dinge verborgen. So enthält alles, was wir essen und trinken, unser Fleisch und Blut, aber wir sehen das nicht. Darum sollen wir dem, was wir sehen, nicht glauben. So sehen wir den Weizen für Mehl an, und er ist doch Fleisch und Blut. Ochsenfleisch ist wohl Fleisch, aber offenbar nicht Menschenfleisch. Und ebenso Gemüse und alle anderen Dinge, sie sind alle «Menschenfleisch in Mysterio».[117]

Alle äußerlichen Dinge sind nichts anderes denn der Leib des Menschen.[118]

Das Brot ist Blut, wer sieht es?[119]

Dabei ist für das Gesamtverständnis dieses fortwährenden *Menschwerdeprozesses* zu berücksichtigen, dass für Paracelsus alle Naturwesenheiten auf den Menschen hingeordnet sind beziehungsweise von ihm als evolutive Fragmente jener Gestaltbildung gesehen werden, die im Menschen ihr ganzheitliches Ziel und Vorbild hat: «[…] Alle creata seind buchstaben und bücher des menschen herkommen zu beschreiben; die creata seind buchstaben, in denen gelesen wird, wer der mensch ist.»[120] Vor diesem Hintergrund sind die durch den Menschen einverleibten Gestaltungspotenzen seiner Naturumgebung keineswegs primäre Erdenkräfte; vielmehr muss davon ausgegangen werden, dass diese Formkräfte kosmischer Herkunft sind und lediglich eine temporäre Gestaltung in den irdischen Wesenheiten gefunden haben, ehe sie vom Menschen gewissermaßen befreit, verinnerlicht und gesteigert beziehungsweise vollendet werden:

> Dan der himel ist der mensch und der mensch ist
> der himel und alle menschen ein himel und der
> himel nur ein mensch …[121]

Denjenigen Leib, den sich der Mensch durch die Verinnerlichung der natürlichen Gestaltungskräfte fortwährend bildet, nannte Paracelsus bereits in seinen medizinischen Schriften den *«Leib der Barmherzigkeit»* und differenzierte ihn von dem kontinuierlich verzehrten *«Leib der Gerechtigkeit»*, der von den Eltern stammt und den «Anfang unserer Menschwerdung» darstellt.[122] Dabei sagte er im Einzelnen:

> Denn gerechterweise haben wir einen Leib aus Vater und Mutter; dass aber der selbige nit sterb und abgang, so empfangen wir […] aus Gnaden, durch Bitt von Gott, indem wir bitten, das täglich Brot gib uns heut, was so viel ist wie: gib uns heut unsern täglichen Leib. Denn der Leib aus der Mutter nähert sich der Stunde des Todes. Darum bitten wir um das tägliche; das selbige ist das tägliche, das uns den Leib gibt. […] Das ist, in beiden Leiben sind wir berufen, in dem, der uns aus Vater und Mutter angefallen ist, und dem, der uns aus der Speise anfällt.[123]

Die Bitte um das tägliche Brot im Vaterunser bedeutet in diesem Zusammenhang die Sorge darum, dass die Nahrung «rein» und damit dem Menschen einverwandelbar sei – denn: *«je näher dem Brote, desto gesünder der Leib»*[124].

*

«Können wir im Licht der Natur nicht begreifen, wie Fische, Kraut usw. in ihrer Potenz Fleisch sind und zu unserem Fleisch werden, wie viel weniger das, was uns Christus gibt in Brot und Wein. Darum, in der Natur müssen wir gleichwohl dem Gebot Gottes nachkommen und essen und trinken, sofern wir unseren irdischen Leib erhalten wollen, Gott gebe uns nun das Verstehen davon oder nicht, wie das Kraut in uns zu Fleisch wird. Noch viel weniger aber gerät uns im Verständnis des Leibes und Blutes Christi.» (Paracelsus: «Das Mahl des Herrn»[125]) Die sakramentale Substanzwandlung ist, so Paracelsus, den gewöhnlichen Sinnen und der menschlichen Verstandestätigkeit nicht zugänglich; gleichwohl aber kann eine Annäherung an den Gesamtzusammenhang des zentralen christlichen Mysteriums über eine vertiefte Ernährungsbetrachtung erfolgen. Denn sofern im dargelegten Sinne «alle äußerlichen Dinge [...] nichts anderes denn der Leib des Menschen» sind,[126] sollte sich nach Paracelsus niemand darüber «verwundern», wie Brot und Wein als Leib und Blut Christi bezeichnet werden können:

> Denn, wie gesagt, eine jede Speise und jeder Trank sind unser Leib und Blut, und der Mensch könnte von einer jeden Speise und jedem Trank sagen: Das ist mein Leib und Blut, mein Mark usw. Dies ist offenbar keine Lüge, denn es erweist sich so in der Natur, obwohl unsere Augen es nicht sehen. [...] Kann also nicht auch Christus, der ein Mensch war, also reden und auf Brot und Wein als auf Leib und Blut zeigen und sagen, das sei er? Denn er hat ein Fleisch und Blut, auch einen menschlichen Leib gehabt wie andere Menschen. Seht an folgendem Beispiel: Nehmen wir an, ich hätte zu meiner Nahrung und Notdurft genug an täglicher Speise und an Getränk und an Gewicht zu meinem Fleisch

und Blut. Nun käme von ungefähr ein Durstiger zu mir oder ein Hungriger und ich gäbe ihm, ehe ich gegessen, die Hälfte meines täglichen Bedarfs - könnte ich nicht sagen: Dieser isst meinen Leib und trinkt mein Blut, denn ich gebe ihm ja von meiner Substanz, von meinem inneren Leibe? [...] Es ist die Liebe, die dem Nächsten gibt, wenn einer von seinem Leibe gibt.[127]

Den solchermaßen aufgezeigten Zusammenhang erläuterte Paracelsus anhand einer Passage des Markus-Evangeliums, in der Christus die bescheidene Almosengabe einer völlig verarmten Witwe im Jerusalemer Tempel mit den Worten hervorhebt: «Sie hat mehr gegeben als alle anderen. [...] Denn sie hat alles gegeben, was sie besaß, alles, was ihr zum Leben blieb.» (Mk 12, 44) Paracelsus kommentiert dies mit den Worten: «Sie hat einen Teil von ihrem *Leibe* gegeben.» Am Ende seiner diesbezüglichen Ausführungen heißt es:

Ist es nicht so, dass aus diesen oder ähnlichen Berichten der einfältige gewöhnliche Mann das Nachtmahl Christi besser begreifen könnte, nämlich, dass es dabei um seinen Leib geht, auch wenn es den äußeren Augen nicht hinreichend deutlich erscheint und dem natürlichen Verstande?[128]

*

Es ging dem Arzt Paracelsus in seiner Abendmahlschrift in dieser Weise immer um Christi *Leib*. Eine jede symbolische oder gleichnishafte Uminterpretation der sakramentalen Substanzwandlung lehnte er ab – man solle, so Paracelsus, das christliche Mysterium nicht disputierend zerlegen, sondern in «Einfalt» verstehen und begreifen lernen. Namentlich aber dürfe nicht «unleiblich» gemacht werden, *«was Christus leiblich gemacht hat»*.[129] Die Christus-Inkarnation zur Zeitenwende als reale Menschwerdung des göttlichen Sohnes (der, nach Paracelsus' suchender Formulierung, «ein geistliches Fleisch oder ein Geistfleisch, ein gegeistetes» annahm[130]) war für ihn *das* weltgeschichtliche Ereignis, vor dessen Hintergrund alles weitere zu sehen ist, auch das «Nachtmahl». («Dieweil Christus nichts Unleibliches gestiftet hat und kein Geist gewesen ist, sondern ein Mensch, darum muss das Nachtmahl leiblich verstanden werden.»[131]) Christi Menschwerdung in ihrer fortwährenden Weiterwirksamkeit schenkt dem Menschen einen sakramentalen Leib – einen ewigen Leib, der den alten, sterblichen Adam-Leib des Vater-Gottes erneuert und ein neues Bündnis mit der menschlichen Seele stiftet. Durch dieses neue Bündnis von Leib und Seele (sie sind «ein Ding»[132]) wird die menschheitliche «Erbsünde» aufgehoben, an der das alte Leib-Seele-Verhältnis zerbrochen war (was die Sterblichkeit des Vater-Leibes nach sich gezogen hatte).

Der neue Christus-Leib hat nach Paracelsus' wiederholter Schilderung die Form des alten Adam-Leibes und ist unsichtbar in diesem verborgen. Er ist geistig, doch zugleich substanziell und bedarf zu Zeiten (*einmal* jährlich) einer Speisung, die sich im sakramentalen Abendmahl vollzieht:

> Sehet an Christus, der nach seiner Auferstehung Fisch und Honig aß, obwohl er nun unsterblich war. Aber es ist geistlich verdaut worden und hat den Leib nicht wieder verlassen. Mit Hilfe einer solchen «Verdauung» essen auch wir leiblich und verarbeiten es geistlich.[133]

> Wir essen uns ins ewige Leben.[134]

Die sakramentale Nahrung wird nach Paracelsus im ewigen Leib des Menschen bewahrt – sie kommt in das menschliche *Herz*, in dem sie bleibt und zunimmt.[135]

Das Abendmahl ist auf diese Weise ein menschheitlicher Heilungsprozess und schließt ein Auferstehungsgeschehen in sich, das den Anfang des Gottesreiches auf Erden bildet. Dessen Ursprung liegt auf Golgatha – das Ausströmen des Blutes Christi und seine Verbindung mit der Erde bedeutete den Anfang der Erlösung, wie das Abendmahl Christi «Eingang in den Tod» war.[136] Seither ist der schöpferische Gottessohn im Himmel *und* auf Erden:

> Denn wo der Leib und das Blut Christi sind, da ist auch Christus. Das ist einmal so beschlossen, dass wir das auf Erden haben sollen.[137]

> Wie der Mensch ist von der Erde und die Erde ist in ihm, also wir von Christus und Christus bleibt in uns.[138]

In seinem irdischen Wirken vollendete Christus, der göttliche Logos, die Werke der Natur – er handelte nach Paracelsus *im Sinne* der geistigen Weltenordnung und nie wider das Natürliche, dessen eigentlicher Schöpfer er ist. So vermochte Christus durch seine Wort-Wirksamkeit leiblich zu heilen, was sonst nur den natürlichen Prozessen vorbehalten ist. «Denn er ist der Schöpfer der Arznei und darum der höchste Arzt, und so ist in ihm das höchste Wissen der Natur.»[139]

*

Seine zahlreichen, aber bis zum heutigen Tage mehrheitlich unpublizierten Abendmahlschriften verfasste Paracelsus in wenigen Jahren um und nach 1530 – in einer Zeit, da er vorübergehend die Medizin ganz verlassen hatte, um ausschließlich als theologischer Laienprediger (mit apostolischem Selbstverständnis) zu wirken. Dann kehrte er, der in der «Sonne Christi» wandelte, wieder zur praktischen Heilkunst und zur medizinischen Schriftstellerei zurück, argumentierte nun jedoch häufig ganz aus dem Geist des Evangeliums und der Christologie. So in einer persönlichen Rechtfertigungsschrift aus dem Jahre 1538, in der es unter anderem heißt:

> So will ich mich defendiert haben, dass ich billig nach der jetzigen monarchia eine neue Medizin hervorbringe und an den Tag tue. Und wenn gleichwohl gefragt würde: wer lehrt dich das zu tun? Frag ich dich? Wer lehrt das heutige Laub und Gras wachsen? Denn der selbige hat gesagt: kommt zu mir und lernt von mir, denn ich bin eines milden und demütigen Herzens. Aus dem fließt der Grund der Wahrheit.[140]

Christus hat, so Paracelsus, durch sein Wirken das ewige *und* das natürliche Licht «erneuert» – er hat Erde und Himmel mit seiner Wirksamkeit durchdrungen und ist daher ebenso «Lehrer des Ewigen», wie er die Pflanzen wachsen und den Arzt werden lässt.

Paracelsus' Rückwendung zur Medizin war durch seinen unbedingten Heilwillen motiviert, den er von jeher in seiner Seele getragen hatte, der aber möglicherweise eine weitergehende Vertiefung durch das Christus-Erlebnis in den Jahren um 1530 erfuhr. 1538 schrieb er:

> Wie kann ein Arzt sprechen, dass eine Krankheit, in der nit der Tod ist, nit zu heilen sei? [...] Warum betrachtet ihr nit die Rede Christi, der sagt: Die Kranken bedürfen des Arztes? Sind denn die nit krank, die ihr verwerft? Ich mein: ja. Sind sie nun krank, wie es sich erweist, so bedürfen sie eines

Arztes. Bedürfen sie nun eines Arztes, warum sprecht ihr dann, ihnen sei nit zu helfen?[141]

Das Christus-Wort, dass die Kranken des Arztes bedürfen, scheint ihn nun auf allen Wegen begleitet zu haben.

Seine Pfade aber blieben die eines Einzelgängers, der von sich und seinen Erfahrungen berichtete, aber wenig gehört und noch weniger verstanden wurde. «Wie kann ich aber nit seltsam sein dem, der nie in der sunnen gewandelt hat?»

*

Rudolf Steiner

Erlebe das Feuer
Du wandelst mit dem Sonnenwesen.   Wärme ♄

Erlebe die Luft
Du wandelst mit dem Sonnenlicht.   Licht ☉

Erlebe das Wasser
Du wandelst mit dem Sonnenwirken.   Chem. ☾

Erlebe die Erde
Du wandelst mit dem Sonnenleben.[142]   ♂ ☿

Auch Rudolf Steiner wandelte als Geisteswissenschaftler «in der Sonne» in seinen Worten: «*Auf das geistige Gestanden-Haben vor dem Mysterium von Golgatha in innerster ernstester Erkenntnis-Feier kam es bei meiner Seelen-Entwicklung an.*»[143] Die von Paracelsus intendierte Schaffung einer kosmologischen Menschenkunde aus dem Geist des Christentums führte Steiner im Sinne der neuen Sohnes-Mysterien noch bis in seine allerletzte Arbeitszeit hinein fort, wovon nicht zuletzt die sogenannten «Jungmedizinerkurse» Zeugnis ablegen.[144] Auch Rudolf Steiner sprach in diesen Zusammenhängen über die Bildung der menschlichen Leibessubstanz bzw. den fortwährenden Prozess der «Menschwerdung» – und auch er bezog die sakramentale Transsubstantiation in seine Darlegungen vor Theologen ein.

*

Der Natur ist es gestattet, Natur zu sein außerhalb der menschlichen Haut; innerhalb der menschlichen Haut wird dasjenige, was Natur ist, zu dem, was sich der Natur entgegenstellt.[145]

Dem Menschen ist, so Rudolf Steiner, eine «organische Tendenz» eigen, «geradezu das Entgegengesetzte irgendwo von dem aus auszuführen, was äußerlich geschieht»[146] und eine «ganz andere Welt» aufzurichten,[147] eine eigengesetzliche Welt der inneren organischen Vorgänge. So wandelt der gesunde Mensch alle von ihm verinnerlichten Umwelteinflüsse radikal um, die elementaren Qualitäten von Licht und Wärme, aber auch die aufgenommene Nahrungssubstanz. Dabei bildet der aktive Widerstand der autonomen Innenwelt bzw. der notwendige Wandlungsvorgang an der Grenze von Innen- und Außenwelt den essenziellen Lebensprozess.[148] Im Hinblick auf die Ernährung sagte Rudolf Steiner:

> Die Reaktion in unserem Inneren gegen die Nahrungsmittel ist es eigentlich, was wir dann als dasjenige empfinden, was uns anregt und was unser Leben unterhält.[149]

Und weiter:

> Erst wenn man einsehen wird, wie der Organismus darauf hinorganisiert ist, die Anregung zu einer Abwehr zu erhalten [...], erst wenn man einsehen wird, dass in der Abwehr einer von außen kommenden [Substanz die] Anregung zu dem Lebensprozess der Ernährung liegt, wird man die Ernährung richtig verstehen können. Man hat es beim Ernähren mit einem Abwehrprozess zu tun, in dem das Aufnehmen von Substanzen nur als eine Begleiterscheinung [anzusehen ist], durch die in die feinsten Verfaserungen des Wesens des Menschen von außen die Anregung zu Widerständen geleitet werden, damit bis in die äußeren Peripheriegebiete diese Abwehr Platz greifen kann.[150]

Betonte bereits Paracelsus, dass die Verinnerlichung der Nahrungsstoffe mit einem als «Fäulnis» charakterisierten Abbauprozess verbunden ist, der der «neuen Gebärung» der Substanz im Menschenleib notwendig vorausgeht, so beschrieb auch Rudolf Steiner die vollständige Zerstörung oder gar materielle Aufhebung der (in den Magen-Darm-Bereich) aufgenommenen Fremdsubstanz – er sprach von deren «Verschwinden» als Voraussetzung eines organismuseigenen «Wiederauferstehens» neuer Materie.[151] Beide Vorgänge – Zerstörung und Wiederaufbau, Auslöschung aller Fremdqualitäten und anschließende Neubelebung, Beseelung und Durchgeistigung der Substanz – schilderte Rudolf Steiner in vielen seiner geisteswissenschaftlichen Vorträge und in seinem medizinischen Lehrbuch mit Ita Wegman detailliert.[152] Sie münden in die Bildung des Blutes als dem zentralen Individualitätsorgan des Menschen, und damit in die Ich-Werdung der Schöpfung.[153]

Dabei hob Steiner unter anderem hervor, dass der Gesamtprozess von physischer Zerstörung, ätherischer Wiederbelebung, astralischer Beseelung und ichhafter Durchgeistigung einer verinnerlichten Substanz die radikale Aufhebung der Erdenkräfte zugunsten eines Einwirkens kosmischer Wirkenskräfte bedeutet – denn die höheren menschlichen Wesensglieder tragen keine irdische Wirkensrichtung in sich, sondern sind als individualisierte menschliche Organisationsform realer kosmischer Kräftezusammenhänge konstituiert. Im Ernährungsprozess erhalten sie eine nachhaltige und essenzielle Anregung, ihre leibgebundene Wirksamkeit entfalten und verstärken zu können – ein geisteswissenschaftlich erforschter Sachverhalt, den möglicherweise auch Paracelsus im Auge hatte, als er davon sprach, dass das «innere Firmament» in sich kräfteautonom sei und der Ernährung lediglich in dem Sinne bedürfe, wie der Acker des Mistes.

Dabei setzt die reale Substanzwirksamkeit der geistig-kosmischen Wesensglieder die vollzogene Zerstörung der zuvor stoffimmanenten Erdengesetzlichkeiten voraus. Über den Ernährungsprozess hinausgehend, beschrieb Rudolf Steiner dies wiederholt und sehr ausführlich am Beispiel der kosmisch bestimmten Embryonalbildung, in knapperer Diktion auch hinsichtlich des Homöopathisierungsprozesses, den er – wie Paracelsus – primär als Aufhebung der Erdengesetzlichkeit mit nachfolgender Wirksamkeit höherer Entitäten verstand. In diesem Zusammenhang sagte Steiner auch:

> Es gibt in Wirklichkeit gar keine Allopathen, denn auch dasjenige, was allopathisch als Heilmittel verordnet wird, macht im Organismus einen Homöopathisierungsprozess durch und heilt eigentlich durch diesen Homöopathisierungsprozess. Sodass eigentlich jeder Allopath eine Unterstützung seines allopathischen Verfahrens findet durch die Homöopathisierung des eigenen Organismus, der eigentlich dasjenige vollzieht, was der Allopath unterlässt: die Aufhebung des Zusammenhanges der einzelnen Teile der Heilmittel.[154]

Hatte bereits Paracelsus im Hinblick auf die Arzneimittelbereitung davon gesprochen, dass der Erdenstoff für die kosmische (Wieder-)Einwirkung ins «chaos» gebracht, das heißt in seiner Eigengesetzlichkeit aufgehoben werden müsse, so verwandte Steiner diesen Begriff auch hinsichtlich der menschlichen Konzeptionsvorgänge in verwandter Weise:

> Die befruchtete Keimzelle ist in Bezug auf das Materielle direkt Chaos, Chaos, das zerfällt, Chaos, das wirklich zerfällt.[155]

Nur so öffnet oder wiederöffnet sich die Eizelle einer «peripherisch-kosmischen Wirksamkeit»[156], die die Embryonalbildung bestimmt.[157]

Die Ernährung mit Erdenstoffen stellt nach Rudolf Steiner insgesamt einen Vorgang dar, der den menschlichen Organismus zur initiativen Abwehr, d. h. die höheren, kosmisch konfigurierten Wesensglieder zur Tätigkeit aufruft. Die in der Folge des Verdauungsprozesses sich vollziehende Neubildung der Leibessubstanz betrifft dabei nicht den Gesamtorganismus, sondern ordnet sich lediglich dem Nerven-Sinnes-System ein. Die materielle Versorgung des Stoffwechsel-Gliedmaßen-Systems beschrieb Rudolf Steiner als Ausdruck eines originär kosmischen Ernährungsgeschehens; ihm zufolge werden die dafür notwendigen ätherischen Wirkqualitäten vom Menschen durch einen Sinnes-Einatmungs-Prozess verinnerlicht:

Es findet fortwährend im Menschen ein solcher Prozess statt, dass das durch den Magen Aufgenommene hinaufströmt und im Kopfe verwendet wird, dass dasjenige aber, was im Kopfe beziehungsweise im Nerven-Sinnes-System aufgenommen wird aus der Luft und aus der anderen Umgebung, wiederum hinunterströmt, und daraus werden die Organe des Verdauungssystems oder die Gliedmaßen. Wenn Sie also wissen wollen, woraus die Substanz der großen Zehe besteht, müssen Sie nicht auf die Nahrungsmittel hinschauen. Wenn Sie Ihr Gehirn fragen: Woher kommt die Substanz? Da müssen Sie auf die Nahrung sehen. Wenn Sie aber die Substanz Ihrer großen Zehe, insoferne sie nicht Sinnessubstanz, also mit Wärme und so weiter ausgekleidet ist – insofern wird sie auch durch den Magen ernährt –, sondern dasjenige, was sie außerdem an Gerüstessubstanz und so weiter ist, kennen wollen, so wird das aufgenommen durch die Atmung, durch die Sinnesorgane, ein Teil sogar durch die Augen. Und das geht alles [...] durch einen siebenjährigen Zyklus in die Organe hinein, sodass der Mensch substantiell in Bezug auf sein Gliedmaßen-Stoffwechsel-System, das heißt die Organe, aufgebaut ist aus kosmischer Substanz. Nur das Nerven-Sinnes-System ist aus tellurischer, aus irdischer Substanz aufgebaut.[158]

Infolge dieser irdisch-kosmischen Genese ist der fortwährende Prozess der Menschwerdung ein Geschehen gegenläufiger Substanzströme – «aufwärts», über den irdischen Ernährungsstrom, bildet sich die Materialität des Nerven-Sinnes-Systems, «abwärts», aus dem kosmischen Umraum, diejenige des Stoffwechsel-Gliedmaßen-Systems. Der rhythmische Organismus hat eine nach beiden Seiten hin ausgleichende Bedeutung.[159]

Diese geheimnisvollen Zusammenhänge der menschlichen Organisation gewinnen noch an Komplexität, wenn, so Rudolf Steiner, berücksichtigt wird, dass die Bilde- und Funktionskräfte in Kopf und Gliedmaßenorganisation ein gegensätzliches Verhältnis vorweisen:

Der Kopf besteht aus Erdenstoff und wird seinen plastischen Formen nach aus Himmelsaktivität gebildet. Die Gliedmaßen des Menschen und damit zusammen die Verdauungsorganisation sind ganz und gar aus Himmelssubstanz gebildet. Man würde sie nicht sehen, wenn sie nicht vom Kopf durchtränkt würden mit irdischer Substanz. Aber indem der Mensch geht, indem der Mensch greift, indem der Mensch verdaut, bedient sich die Himmelssubstanz der irdischen Kräfte, um dieses Leben auf Erden von der Geburt bis zum Tode zu führen.[160]

Über die ausgleichende Mitte, die rhythmische Sphäre von Herz und Lunge, heißt es in diesem Zusammenhang:

> Im mittleren System, das die Atmung und die Blut-
> zirkulation umfasst, in dem gehen eben durchein-
> ander geistige Aktivität, stoffliche Substantialität.
> Aber die geistige Aktivität, die durch unsere At-
> mungsbewegungen, durch unsere Herzbewegun-
> gen strömt, die ist wieder begleitet von Substanti-
> alität.[161] Und ebenso ist die Substantialität des
> irdischen Wesens, insofern sie durch den Sauer-
> stoff in die Atmung einströmt, etwas begleitet von
> irdischer Aktivität. Sie sehen also, in dem mittleren
> Menschen, in dem zweiten System des Menschen,
> da strömt alles zusammen. Da strömt himmlische
> Substantialität und Aktivität ein, da strömt irdische
> Aktivität und Substantialität ein.[162]

Diese Gegebenheiten des menschlichen Leibesaufbaus aus Erde und Kosmos sowie deren Zusammenwirken in Bildung und Funktionalität sind nach Rudolf Steiner keine geschichtslose, ewige Wahrheit, sondern haben ihren zeitlichen Ort in der Entwicklung der Menschheit. So setzte der zentrale kosmische Substanzaufbau des Stoffwechsel-Gliedmaßen-Systems erst mit dem Christus-Geschehen des Mysteriums von Golgatha ein – und auch die heilende Mitte des Menschen gewann dadurch ihre besondere Qualität.[163]

*

> [...] Die Transsubstantiation ist das Hinausstellen
> desjenigen in die Außenwelt, was im tiefsten
> menschlichen Innern wirklich sich vollzieht. Wir

schauen in der Transsubstantiation dasjenige, was
wir nicht in der Außenwelt schauen können, weil
die Außenwelt ein Fragment des Daseins ist, nicht
eine Totalität; und wir fügen im Sakramente dasjenige zu der Außenwelt hinzu, was im Reiche der
Natur erst vollzogen wird innerhalb des Menschen.[164]

Innerhalb des Menschenwesens, in der fortwährenden Mensch-
oder Ich-Werdung, vollendet sich die irdische Materie im Sinne
einer stufenweisen Vergeistigung, die im Wandlungssakrament
zum Ausdruck kommt. In seinem realen Vollzug – der nach Steiner noch im 12. und 13. Jahrhundert als eine «oberste alchemistische Handlung» angesehen wurde[165] – reicht die Ich-Werdung
der Substanz über das Menschen-Ich hinaus in das göttliche
Christus-Ich. Die ursprünglich aus der Sphäre des Vater-Gottes
stammende Erdensubstanz wird in das Reich des Sohnes aufgenommen.

Die in der Messe auf die Substanzwandlung folgende Vereini-
gung des Menschen mit der vergeistigten, entmaterialisierten
Substanz (Kommunion) beschreibt Rudolf Steiner als einen Ge-
genprozess zur Inkarnation der menschlichen Geistseele, die
eine Anverwandlung an die irdischen Gesetzmäßigkeiten beziehungsweise eine partielle Anpassung an die Erdenverhältnisse
impliziert und eines fortwährenden Ausgleiches bedarf:

Es ist so, dass der Mensch mit seinem Geistig-Seelischen in jedem Augenblick gegenübersteht dem
Physisch-Leiblichen; in jedem Augenblick muss
der Mensch Sorge tragen, dass er in den richtigen
Rhythmus kommt, damit er sein Seelisch-Geistiges nicht in das Tierische hinuntersinken lässt,
oder dass er das Leibliche allein lässt und gewisser-

maßen weltfremd ins Geistig-Seelische herauf-
geht, wodurch das Geistig-Seelische schwach wird.
Das ist dasjenige, was der Mensch suchen muss
durch das Empfangen des Altarsakramentes in den
richtigen Rhythmus zu bringen.[166]

Den geistesgeschichtlichen Horizont dieses sakramental-thera-
peutischen Gleichgewichtes eröffnete Rudolf Steiner im Anschluss an Paulus, der Christus als «höchsten Seelenheiland nach
dem Ritus des Melchi-Sadek» bezeichnet hatte.[167] Steiners Darstellung zufolge erneuerte Christus auf höherer Stufe das Brot-
und Wein-Opfer des Priesterkönigs Melchisedek, das einen heilsamen Eingriff in die Situation des inkarnierten Menschenwesens mit sich gebracht hatte. Der Initiat Melchisedek wusste, so
Steiner, um die Urform der Brot- und Wein-Opfergabe, die ein
polares Salz- und Schwefelprinzip in sich trägt und alchemistisch
im Menschen wirksam werden kann:

Was sich […] im menschlichen Leibe – nicht außerhalb des menschlichen Leibes – durch die Verbindung des Salzes mit dem Phosphor vollzieht,
das ist ein Vorgang, der den Menschen richtig in
das Erdendasein hineinstellt, aus dem Grunde,
weil das Salz ihn in richtiger Weise mit der Erde
verbindet, der Phosphor ihn in richtiger Weise
dem Erdendasein entreißt, ihn wieder davon frei-
macht. Es ist so, dass der Mensch, der in richtiger
Weise Salz und Phosphor in sich hat, auf der Erde
in der richtigen Weise steht, richtig stark genug
mit der Erde verbunden ist, aber auch die nötige
ätherische und astralische Leichtigkeit erhält, um
in seinem Wesen auch wiederum frei zu sein von
den Erdenkräften.[168]

Die von Melchisedek aus den Mysterien heraus praktizierte Salz-
und Schwefel-Wirkung[169] ermöglichte in welt- und bewusst-
seinsgeschichtlicher Orientierung, dass der Mensch überhaupt
ein schicksalsbefähigtes Wesen werden konnte, d. h. die moralische Qualität eines Erdenlebens in die nachfolgende Inkarnation
überführen und dort ausgleichend bewältigen kann:

> Der Mensch kann nicht durch sich selbst dasjenige,
> was er in einem Erdenleben als Tätigkeit voll-
> bringt, ohne Weiteres hineintragen in den Körper,
> das heißt in die physische und ätherische Organi-
> sation des nächsten Erdenlebens; er kann es hinein-
> tragen – und zwar jetzt im Sinne der Zeit vor dem
> Mysterium von Golgatha – dadurch, dass für ihn
> verrichtet wird dasjenige, was sich durch den Kul-
> tus mit Salz und Phosphor vollzieht, in dem Sinne
> wie Melchi-Sadek das Opfer durch Brot und Wein
> verrichtet hat. Dadurch wurden die Menschen der
> Zeit vor dem Mysterium von Golgatha fähig, in die
> Körper, in die sie beim nächsten Erdenleben ka-
> men, das mit hineinzunehmen, was sie in dem vor-
> hergehenden Erdenleben an Gutem und Bösem
> verrichtet haben, als dessen Folgen. Mit anderen
> Worten: Dadurch wurden die Menschen erst in die
> Lage versetzt, ein Karma zu entwickeln.[170]

Der Opferritus des Melchisedek war insofern «Arznei» für die
Sünden der Menschen, als er ihnen ermöglichte, ihre Verfehlungen mit sich tragen und künftig ausgleichen, das heißt «heilen»
zu können. So verfielen die wesenhaften Verfehlungen nicht dem
«Fürsten dieser Welt»[171], der, so Steiner, die Kraft des menschlichen Bösen der kosmischen Ordnung einverwandelt hätte.
Rudolf Steiner zufolge wurde Christus durch das Mysterium

von Golgatha, das «Große Messopfer»[172], in Weiterführung der Tat des Melchisedek und im großen, makrokosmischen Sinne der «Herr des Karma», der das Menschenschicksal nachtodlich begleitet und ordnet und dabei das objektiv geschehene Böse – unter Beibelassung einer individuellen karmischen Verantwortlichkeit – ausgleicht und heilt.[173] Christus wirkte und wirkt als «höchster Seelenheiland nach dem Ritus des Melchi-Sadek» auch weiterhin sakramental in das inkarnierte Menschenwesen heilend ein. Steiner beschrieb detailliert, dass es die Christus-Wirksamkeit ist, die der überstarken Inkarnationstendenz des Menschen entgegenwirkt und damit der kosmischen «Erbsünde» – die Steiner wörtlich als «Krankheit» bezeichnete[174] – ausgleichend gegenübertritt. Der Sohnes-Gott reißt die Menschenseele aus ihrer Gebundenheit in die ererbten Blutkräfte heraus, die zur Zeitenwende erstmals drohten, das menschliche Bewusstseinsleben als solches zu okkupieren. («In der Überwindung des Todes auf Golgatha haben die Kräfte den Ursprung genommen, die in der Menschenseele wieder anfachen können die verlorengegangenen Kräfte.»[175]) Physiologisch aber bedeutet diese Christus-Wirksamkeit einen realen Eingriff in das menschliche Leibesgefüge. Dominierte bis zur Zeitenwende der vitale Blutprozess, der seine Kräfte dem kosmisch-vitalen, irdisch aber abgetöteten Nervenprozess verdankt, so schuf die Christustat eine harmonisierende, freiheitsbildende Neuverbindung beider Sphären:

> Indem wir unser Nervensystem zur Entwickelung der Erde anvertraut haben, haben wir es der Totwerdung anvertraut, und sein Leben haben wir oben gelassen. Dieses Leben, das wir oben gelassen haben, ist dasselbe, das später nachgekommen ist in der Christus-Wesenheit. Das Leben unserer Nerven, das wir nicht in uns tragen, das wir nicht vom Anfange unseres Erdendaseins an in uns tra-

gen konnten, es ist nachgekommen in der Christus-Wesenheit. Und was musste es ergreifen im Erdendasein? Es musste ergreifen das Blut! Daher das viele Hinblicken auf das Blutmysterium. Dasjenige, was in uns getrennt ist, indem das Nervensystem sein kosmisches Leben verloren und das Blut ein kosmisches Leben bekommen hat, dass Leben Tod und der Tod Leben wurde, das erreichte eine neue Verbindung dadurch, dass dasjenige, was nicht in unserem irdischen Nervensystem lebt, aus dem Kosmos zu uns niedergestiegen ist, Mensch geworden ist, in das Blut getreten ist, das Blut sich aber mit der Erde vereinigt hat [...]. Und wir als Menschen können durch die Teilnahme am Christus-Mysterium den polarischen Gegensatz ausgleichen zwischen unserem Nervensystem und unserem Blutsystem.[176]

In diesem Sinne wirkt die «Teilnahme am Christus-Mysterium» in rein geistiger oder sakramentaler Weise auf die Wesensmitte des Menschen und begründet von dort eine heilende Wirkung.[177]

*

Die *Mitte* des Menschen aber bildet sein Herz, das den rhythmischen Ausgleich des divergenten oberen und unteren Leibespoles in seinem Zusammenspiel mit der Atmungsorganisation vollzieht. Als Ita Wegman (für eine Medizinstudenten- und Ärztegruppe) Rudolf Steiner noch auf seinem Krankenlager nach den tieferen spirituellen Hintergründen des Blutgeschehens in Herz und Lunge befragte, antwortete Rudolf Steiner in schriftlicher Form. Am Ende seiner Ausführungen hieß es zusammenfassend:

Was von der Lunge zum Herzen strömt, ist
menschliches Correlat des Herabsteigens des
Christus auf die Erde; was vom Herzen nach der
Lunge kraftet, ist menschliches Correlat des Hin-
durchführens des Menschen nach dem Tode durch
den Chr.impuls in die Geistes-Welt. Insoferne lebt
das Geheimnis von Golgatha auf menschlich or-
ganhafte Art zwischen Herz und Lunge.[178]

In diesem Sinne ist jede «Teilnahme am Christus-Mysterium»
und damit auch die Teilnahme am Abendmahl ein Geschehen
der «Heilkunst». Das Sakrament der Wandlung ist die «heilende
Arznei», weil es den Menschen in seiner konstitutionellen Wesensmitte gesundet und durchseelt, das heißt ihn in das richtige,
geistgemäße Verhältnis zum Irdischen bringt und ihn so auf dem
Ewigkeitsweg zum Guten bestärkt. Erreicht das sakramentale
Logos-Geschehen den Menschen und kann es seine zentrieren-
de Wirksamkeit entfalten, so schützt es die Seele vor irrenden
Wegen, die nicht selten Wege des Leibes sind oder zu solchen
werden:

Wenn Sie hineinsehen können in die geheimnisvollen Zusammenhänge zwischen der Unempfindlichkeit gegenüber dem Worte, das vom Göttlich-Geistigen kündet, und den Störungen in der
Zirkulation und den Herzkrankheiten, und wenn
Sie hineinsehen auf alles dasjenige, was dann wiederum zurückschlägt – das Pendel geht ja nicht nur
hin, es geht auch her –, zurückschlägt an materia-
listischer Gesinnung aus einer ruinierten Blutzir-
kulation heraus, aus einem ruinierten Herzen, das
zustandekommt aus dieser Unempfindlichkeit gegenüber dem geisterfüllten Worte, dann werden
Sie ermessen können, wie die Lage der gegenwär-

tigen Menschheit eigentlich geworden ist, und dann werden Sie in der richtigen ernsten Weise verspüren, was eigentlich religiöse Erneuerung heißen muss. Dann werden Sie auch etwas verspüren von dem, wie man das Heilende wiederum in dem Heiligen finden kann und wie man nicht in der Abstraktion der Heiligung die Heilung zu verlieren braucht.[179]

Die sakramental-therapeutische Wirksamkeit des Abendmahls vollzieht sich demnach in der Grenzsphäre von Leib und Seele und betrifft die gesamte Inkarnationsvoraussetzung des Menschen; dieser aber entstammen die Grundkrankheiten seines Wesens. Nach Paracelsus und Rudolf Steiner bedeutete das geschichtliche Abendmahl den ersten Anstoß zum Herankommen des Gottesreiches durch Christus[180] – mit ihm begann ein Weg, der zur Heilung des Menschen führen soll. Im Januar 1924 notierte Rudolf Steiner in seinem Notizbuch den Spruch:

Seele bist du
Körper ist Gottes
Wesen in dir

Deiner Seele
Wohnet inne der Geist
Deinem Körper
Wohnet inne der Geist

Doch lasse in des Körpers Geist
Die Gottheit walten
Und lasse in der Seele Geist
Die Ichheit walten

Denn nimmt deiner Seele Geist
Deinen Körper für sich als Kraft
So bist du körperkrank
Und nimmt deines Körpers Geist
Deine Seele für sich als Kraft
So bist du seelenkrank.[181]

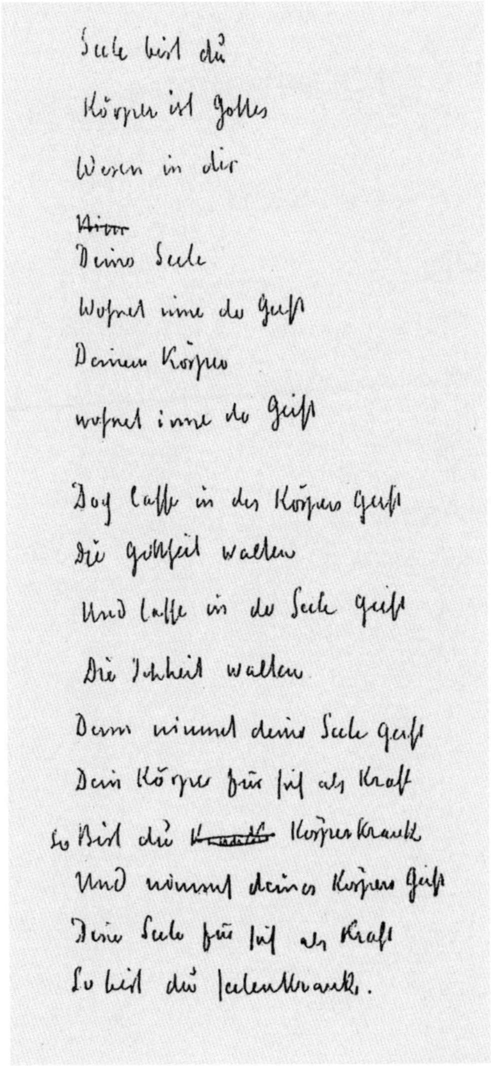

Seele bist du
Körper ist Gottes
Wesen in dir

~~Körper~~
Deine Seele
Wohnet inne der Geist
Deinem Körper
wohnet inne der Geist

Doch lasse in des Körpers Geist
Die Göttheit walten
Und lasse in der Seele Geist
Die Ichheit walten.
Denn nimmt deine Seele Geist
Dein Körper für sich als Kraft
So Bist du ~~~~ Körperkrank
Und nimmt deines Körpers Geist
Deine Seele für sich als Kraft
So bist du Seelenkrank.

Abb. 10: Rudolf Steiner: Notizbuchniederschrift, 1924
© Rudolf Steiner Archiv, Dornach

Anmerkungen

1 Vgl. Peter Selg: *Geistiger Widerstand und Überwindung. Ita Wegman 1933 – 1935*. Dornach 2005, S. 134ff. Zur Intensität von Wegmans christologischen Studien und Bemühungen am Ende ihres Lebens vgl. auch Peter Selg: *Die letzten drei Jahre. Ita Wegman in Ascona 1940 – 1943*. Arlesheim ³2023.

2 Rudolf Steiner: *Initiations-Erkenntnis*. GA 227. Dornach ⁴2000. Zur Bedeutung dieses Kurses für Ita Wegman vgl. J. Emanuel Zeylmans van Emmichoven: *Wer war Ita Wegman. Eine Dokumentation*. Band 1. Dornach ³2022, S. 144ff. Vgl. a. Ita Wegman: *Vom Brand des Goetheanum zur Weihnachtstagung. Ausgewählte Briefe 1923*. Arlesheim 2023.

3 Vgl. hierzu u. a. Madeleine P. van Deventer: «Wie kam das medizinische Buch zustande?»: In: Andreas von Grunelius (Hg.): *Ita Wegmans Erdenwirken aus heutiger Sicht*. Arlesheim ¹1976, S. 8 – 10; Walter Holtzapfel: «Zur Entstehungsgeschichte des Buches ‹Grundlegendes für eine Erweiterung der Heilkunst nach geisteswissenschaftlichen Erkenntnissen› von Rudolf Steiner und Ita Wegman». In: *Der Merkurstab*. Heft 4, 1991, S. 245 – 247; Heft 1, 1992, S. 46 – 47. Peter Selg: «Zur Entstehungsgeschichte des Buches ‹Grundlegendes für eine Erweiterung der Heilkunst nach geisteswissenschaftlichen Erkenntnissen›. In: *«Und in*

der Tat, dies wirkte». Die Krankengeschichten des Buches «Grund-legendes für eine Erweiterung der Heilkunst nach geisteswissen-schaftlichen Erkenntnissen» von Rudolf Steiner und Ita Wegman. Eine Dokumentation. Dornach 2007, S. 13 – 25.

4 Vgl. PETER SELG: *Rudolf Steiner. 1861 – 1925. Lebens- und Werkgeschichte. Band 7: Die Freie Hochschule für Geisteswissen-schaft und das Lebensende (1924 – 1925).* Arlesheim ²2017, S. 1880ff. Zu Wegmans Sektionsverständnis und zum Um-fang ihrer Tätigkeiten vgl. in erster Linie J. EMANUEL ZEYLMANS VAN EMMICHOVEN: *Wer war Ita Wegman. Eine Dokumentation.* Band 2. Dornach ³2015, S. 21ff.

5 Vgl. PETER SELG: *Krankheit und Christus-Erkenntnis. Anthro-posophische Medizin als christliche Heilkunst.* Dornach ¹2001; *«Es war einer krank». Die Heilungen in den Evangelien.* Stutt-gart 2003; *Christliche Medizin. Die ideellen Beziehungen des Christentums zur Heilkunde und die Anthroposophische Medizin.* Dornach 2005.

6 AUGUST STÖHR: *Handbuch der Pastoralmedizin.* Freiburg 1900, S. 19.

7 GREGOR VON NAZIANZ: *In laudem Basilii,* zit. n. PEDRO LAÍN ENTRALGO: *Heilkunde in geschichtlicher Entscheidung.* Salzburg 1950, S. 120.

8 EUSEBIUS: *Kirchengeschichte.* VII, 22. – Auch der in Karthago tätige Bischof Cyprian bescheinigte der christlichen Ge-meinde einen vorbildlichen Einsatz in der Pestkatastrophe, während die «Heiden», so Cyprian, die Kranken sich selbst überließen, aufgaben und sich sogar an ihnen bereicherten: «Durch die Pest und die Seuche sind die verbrecherischen Gesinnungen und Taten Vieler teils aufgedeckt, teils gestei-gert worden. Den Kranken wird keine Barmherzigkeit er-wiesen, und den Sterbenden lauern Habsucht auf und Raub. Dieselben, die feige sind, wo es einen Liebesdienst gilt, wer-den verwegen, wo es sich um ruchlosen Gewinn handelt;

fliehend vor dem Todeskampfe der Sterbenden greifen sie gierig nach der Habe der Verstorbenen, sodass die Unglücklichen in ihrer Krankheit wohl deshalb im Stiche gelassen worden sind, damit sie nicht, wenn sie gepflegt worden wären, wieder genesen. Denn der hat den Untergang des Kranken gewollt, der über das Vermögen des Dahinscheidenden herfällt. Selbst dieser entsetzliche Schrecken der Verheerungen vermag nicht ein reines Leben zu erzeugen [...].» (Zit. n. ADOLF VON HARNACK: «Medicinisches aus der ältesten Kirchengeschichte.» In: OSCAR VON GEBHARDT UND ADOLF VON HARNACK (HG.): *Texte und Untersuchungen zur Geschichte der altchristlichen Literatur.* VIII. Band. Leipzig 1892, S. 100f.) Ganz anders, so Cyprian in seinem Traktat «Von der Sterblichkeit», verhielten sich die Christen: «Der Umstand, dass der Leib in der heftigsten Kolik die Kräfte ausfließen lässt, dass in dem wunden Schlund ein tief innerlich entzündetes Feuer aufbrennend tobt, dass durch fortwährendes Erbrechen die Gedärme geschüttelt werden, dass durch Blutandrang die Augen sich entzünden, dass Einigen die Füße, Anderen andere Körperteile, weil von der verderblichen Fäulnis angesteckt, abgenommen werden müssen, dass in Folge des Verlustes oder der Einbuße der Leibeskräfte Lähmung eintritt und nun die Beine bewegungslos werden oder das Ohr taub, das Auge blind wird – dies dient zur Erweisung des Glaubens. Wider so viele Angriffe der Verheerung und des Todes mit unerschütterlicher Glaubenskraft zu streiten, welche Seelengröße ist das! Wie erhaben ist es, unter den Trümmern des Menschengeschlechts aufrecht zu stehen und nicht mit denen, die keine Hoffnung auf Gott haben, am Boden zu liegen!» Weiter schrieb Cyprian, der die Christen dazu aufrief, sich pflegend um ihre bisherigen Feinde und Verfolger zu kümmern, im Hinblick auf das notwendige soziale Verhalten in der gegenwärtigen Situation:

«Wie wichtig ist es, geliebteste Brüder, wie vortrefflich, wie gelegen, wie notwendig, dass die gegenwärtige Pest und Seuche, die so schrecklich und verderblich erscheint, die innere Beschaffenheit eines Jeden an den Tag bringt und die Gesinnungen des Menschengeschlechts prüft, ob die Gesunden den Kranken Dienste leisten, ob die Verwandten ihren Angehörigen liebevoll zugetan sind, ob sich die Herren ihrer leidenden Sklaven erbarmen, ob die Ärzte die flehenden Kranken nicht verlassen [...].» (Ebd., S. 99f.)

9 Die frühchristlichen Zeugnisse belegen unzweideutig, dass die Krankenpflege und -behandlung trotz der individuell zu leistenden Aufgabe als eine reale Gemeinschaftsverpflichtung betrachtet wurden. «Tröstet die Kleinmütigen, nehmt euch der Kranken an», schreibt Paulus an die Gemeindemitglieder von Thessaloniki (1. Thess 5, 14). – «Ist Jemand krank, der rufe zu sich die Ältesten der Gemeinde», heißt es im Jakobusbrief (Jak 5, 14).

10 ‹‹Das ist mein Gebot, dass Ihr einander liebt, wie ich Euch geliebt habe.› (Joh 14, 12) Das besagt: mit einer Liebe (*Agápê*), die sich von der hellenischen Liebe (*Éros*, aus Sehnsucht oder aus Begehren entsprungene Liebe) darin unterscheidet, dass sie eine großzügige Selbsthingabe, ein Ausströmen des seine Fülle habenden Seins ausdrücke, eine Ausströmung in der Richtung zu dem im Zustand des Mangels oder der Beraubtheit befindlichen Seins.» (PEDRO LAÍN ENTRALGO: *Heilkunde in geschichtlicher Entscheidung*, S. 88) Gerhard Kienle machte in einem Vortrag vor Krankenpflegeschülern des Gemeinschaftskrankenhauses Herdecke 1981 darauf aufmerksam, dass das Liebes-Gebot des Evangeliums («Liebe deinen Nächsten wie dich selbst.») eine reale Willensaufforderung zur Ausweitung des eigenen Daseins in Richtung des Anderen bedeute, eine Willensbewegung, die nicht nur zur Voraussetzung der sozial-karitativen Tätigkei-

ten der Jünger, sondern auch jener esoterischen Gemein-
schaftsbildung wurde, die ihre Aktivitäten trug und substan-
tiierte: «Und nun ist da die Aufforderung: Lebe mit den
Daseinsbedingungen des Anderen, das heißt, ziehe den eigenen Willen heraus, wolle das Sein des anderen, tauche ein in
die Existenzbedingungen des anderen! Dieses Sich-Auswei-
ten, das Mit-Sein des Seins des anderen ist ein Motiv, das
durch das ganze Neue Testament hindurchgeht. Es bedeutet,
dass im Menschen ein Willensleben auftauchen kann, das
sich nicht nur von der Leiblichkeit loslösen kann – dies wäre
reine Askese –, sondern das eintauchen kann in die Seins-
Bedingungen des anderen. Das weitet sich über die eigene
Person hinaus. Dies ist ganz wichtig: Der Wille soll sich
ausweiten! Wenn dieses Ausweiten den anderen Menschen
und sein Geistiges, das, was sozusagen von Gott kommt, mit
einbezieht, dann geschieht das Folgende: ‹Wenn zwei oder
drei in meinem Namen zusammen sind, bin ich unter Euch.›
Das heißt: Wenn zwei oder drei Menschen zusammen sind,
deren Wille sich auf das Geistige miterstreckt, dann kom-
men sie heran an die Sphäre, wo der andere anwesend ist.
Nur so kann man verstehen, wenn es heißt: ‹Ich werde bei
Euch sein bis an der Tage Ende›, das ist gemeint mit der
Ausweitung des Willens über die Person hinaus.» (GER-
HARD KIENLE: *Christentum und Medizin*. Stuttgart 1986,
S. 61)

11 Bereits Eusebius wies in seiner Kirchengeschichte Anfang
des 4. Jahrhunderts nicht nur auf die ärztliche Profession von
Lukas, sondern auch auf die durch die ärztliche Perspektive
geprägte Ausrichtung seines Evangeliums und seiner Apostelgeschichte hin («Lucas, seiner Wissenschaft nach Arzt,
hinterließ uns als Beweise der Seelenheilkunde, die er von
den Aposteln gelernt hatte, zwei Bücher.» III, 4). Auf den
inneren Bezug von Lukas zur Medizin machte Ende des 19.

Jahrhunderts dann William Hobart in einer Arbeit erneut aufmerksam (*The medical language of St. Luke*. Dublin 1882), die von Adolf von Harnack 1906 positiv aufgegriffen und um weitere Textbelege ergänzt wurde (*Lukas, der Arzt. Der Verfasser des dritten Evangeliums und der Apostelgeschichte.* Leipzig 1906, v. a. Anhang 1, S. 122ff.). Rudolf Steiner wies seit seinem großen Basler Kurs über das Lukas-Evangelium vom September 1909 (Gesamtausgabe [GA], Band 114) immer wieder auf den therapeutischen Geist des Lukas-Evangeliums hin – und sagte noch am 24. April 1924 vor Medizinstudenten und Ärzten: «Das, was nicht verstanden worden ist, dessen Verstehen heute vollständig verdunkelt worden ist, das ist, dass durch Christus ausgesandt worden sind zunächst vier, um das Christentum der Welt zu verkünden: der Theologe Matthäus, der Jurist Markus, der Arzt Lukas und der Philosoph Johannes. In diesem Zusammenhang, der etwas ganz Tiefes ist, wurzelt, was einmal heraufkommen muss. Es sind die Dinge nur in den Keimen vorhanden, blühen und Früchte tragen müssen sie noch. Das, was tief wurzelt im Geistesleben, das ist, dass die Evangelien nicht übereinstimmen können dem Wortlaute nach, weil das eine vom Standpunkte des Theologen, das andere vom Standpunkt des Philosophen, das dritte vom Standpunkt des Juristen und das vierte vom Standpunkt des Arztes geschrieben ist. Das ist etwas, was durchaus verstanden werden muss; und weil das Lukas-Evangelium überhaupt noch nicht in Wirklichkeit als eine innere Anweisung für den Heilerwillen genommen worden ist – es ist die Sache nicht verstanden worden –, deshalb ist es gekommen, dass eigentlich innerhalb unserer heutigen Denkweise gar nicht ein christlicher Heilerwille lebt [...].» (*Meditative Betrachtungen und Anleitungen zur Vertiefung der Heilkunst.* GA 316. Dornach [4]2003, S. 191f.) Rudolf Steiner machte in diesem Vortragskontext auch auf die grundlegende Bedeutung der vier Evangelisten bzw. Evangelien-Darstellungen für die ursprüngliche Ausbildung des Universitätswesens aufmerksam («Es gab früher traditionell vier Fakultäten: die Philosophie, Theologie, Jurisprudenz und Medizin. Was dann noch angereiht worden ist, ist eigentlich nur auf Grundlage des äußersten finstersten Missverständnisses geschehen.» Ebd., S. 191) – ein Zusammenhang, den Adolf von Harnack noch 1892 in polemisch-entwertender und zudem inhaltlich entstellender Weise mit den Worten angeführt hatte: «Ist dieser [Lukas] der Verfasser des dritten Evangeliums, so haben wir unter den vier Evangelisten nach der Tradition nicht nur einen ‹Theologen› – den Johannes, der diesen Ehrentitel führt –, sondern auch einen ‹Mediciner›. Marcus als der Dolmetscher des Petrus wäre der ‹Philologe›, und der ‹Zöllner› Matthäus müsste zusehen, ob er bei den Juristen eine Unterkunft fände. Man hat die vier Evangelisten mit allem Möglichen verglichen, was vierfach in der Welt respektive über der Welt vorkommt und eine Universitas bildet, mit den vier Himmelsgegenden, den vier Winden, den vier Cherubim usw. Ob Einer schon bei diesen Vergleichen, die man einst sehr ernst genommen hat[!], auf die vier Fakultäten verfallen ist, weiß ich nicht. Es sollte mich aber wundern, wenn es nicht geschehen wäre.» (ADOLF VON HARNACK: «Medicinisches aus der ältesten Kirchengeschichte», S. 39.) Vgl. bzgl. Lukas als Arzt insbesondere DIETER BECK: «Lukas». In: DIETER BECK UND SABINE GÜLDENRING: *Die Heilungen im Lukas-Evangelium*. Arlesheim 2013, S. 17 – 33. Vgl. a. Anm. 51.

12 ORIGINES: *Contra Celsum* III, 59 – 61; zit. n. PEDRO LAÍN ENTRALGO: *Heilkunde in geschichtlicher Entscheidung*, S. 90f.

13 Ebd., III, 61f. Zit. n. ADOLF VON HARNACK: *Medicinisches aus der ältesten Kirchengeschichte*, S. 141.

14 Ebd., VII, 60. Ebd., S. 140.

15 Vgl. hierzu die gesammelten frühchristlichen Zeugnisse bei Harnack (ebd.), auch in ihrer Tendenz zur Naturabwendung und damit zur Preisgabe des gesamten Naturwissens. So hieß es bei Tatian in der Mitte des zweiten Jahrhunderts: «Die Arzneiwissenschaft in allen ihren Formen stammt aus derselben betrügerischen Kunst; denn wenn Jemand von der Materie geheilt wird, indem er ihr vertraut, um wie viel mehr wird er, wenn er sich auf die Kraft Gottes verlässt, geheilt werden? [...] Weshalb will der, welcher sein Vertrauen auf die Eigentümlichkeit der Materie setzt, nicht Gott vertrauen? Warum gehst du nicht zu dem mächtigeren Herrn; statt dessen ziehst du es vor, dich zu heilen wie der Hund durch Kräuter, der Hirsch durch Schlangen, das Schwein durch Flusskrebse, der Löwe durch Affen? Warum vergöttlichst du irdische Dinge? Warum lässt du dich einen Wohltäter nennen, wenn du deinen Nächsten heilst? Folge der Macht des Logos!» (Ebd., S. 55) Obwohl urkundlich belegt ist, wie intensiv viele christliche Ärzte und Therapeuten mit Arzneien, Bädern und diätetisch-hygienischen Maßnahmen behandelten (und in verschiedener Hinsicht die Substanzerkenntnisse der griechischen Heilkunst aufnahmen und weitertrugen), ist offenkundig, dass die Christus-Intention einer Durchdringung und Verwandlung des Erdenprozesses in den auf Golgatha folgenden Jahrhunderten von den Urchristen nur z. T. erkannt und umgesetzt wurde.

16 Zit. n. ADOLF VON HARNACK: *Medicinisches aus der ältesten Kirchengeschichte*, S. 135.

17 Die polaren Entwicklungstendenzen der assyrisch-babylonisch-hebräischen und der hellenistischen Heilkunde im Hinblick auf Personalismus und Naturalismus arbeitete Laín Entralgo prägnant heraus (*Heilkunde in geschichtlicher Entscheidung*, S. 23 – 78); mein Text folgt in wesentlichen Zügen seinen Darlegungen, im Hinblick auf den alttestamentari-

schen Raum darüber hinaus der bemerkenswerten Studie von ADOLF ALLWOHN: «Die Krankenheilungen im Alten Testament». In: ADOLF ALLWOHN: *Evangelische Pastoralmedizin: Grundlegung der heilenden Seelsorge.* Stuttgart 1970, S. 21 – 27.

18 RUDOLF STEINER: *Geistige Zusammenhänge in der Gestaltung des menschlichen Organismus.* GA 218. Dornach ³1992, S. 295f.

19 Vgl. hierzu auch die Sammlung von entsprechenden Vortragspassagen Rudolf Steiners «Zur alten Initiatenmedizin». In: PETER SELG (HG.): *Rudolf Steiner. Quellentexte für die Wissenschaften. Texte zur Medizin.* Band 4. Teil II. Pathologie und Therapie. Dornach 2004, S. 509 – 533.

20 RUDOLF STEINER: *Meditative Betrachtungen und Anleitungen zur Vertiefung der Heilkunst.* GA 316, S. 182.

21 Vgl. u. a. die Übersichtsarbeiten von KARL SUDHOFF: «Vor- und frühgeschichtliche Anfänge heilenden Tuns und Denkens» (in: *Geschichte der Medizin.* Berlin 1922), PAUL DIEPGEN: «Die Heilkunde bei den Kulturvölkern der alten Welt» (in: *Geschichte der Medizin.* 1. Band. Berlin 1949), HENRY E. SIGERIST: *Anfänge der Medizin* (Zürich 1963), KURT POLLAK: *Wissen und Weisheit der alten Ärzte. Die Heilkunst der frühen Hochkulturen* (Düsseldorf / Wien 1968) und HEINRICH SCHIPPERGES / EDUARD SEIDLER / PAUL U. UNSCHULD (HG.): *Krankheit, Heilkunst, Heilung.* Teil I: «Kulturen und Epochen» (Freiburg, München 1978) – sowie zahlreiche Einzelstudien zu Aspekten der «Priestermedizin» in alten Hochkulturen.

22 Am Ende des einleitenden Kapitels («Gesichtspunkte») seiner schriftlichen Ausarbeitung der genannten Vortragsfolge (die 1910 unter dem erweiterten Titel *Das Christentum als mystische Tatsache und die Mysterien des Altertums* in zweiter Auflage erschien) schrieb Steiner im Hinblick auf die not-

wendige geisteswissenschaftliche Weiterentwicklung natur-
wissenschaftlicher Erkenntniswege zur Erforschung geschichtlicher Zusammenhänge: «Man handelt nur im Sinne
der Naturwissenschaft, wenn man den geistigen Werdegang
des Menschen ebenso unbefangen betrachtet, wie der Naturforscher die sinnliche Welt beobachtet. Man wird dann
allerdings auf dem Gebiete des Geisteslebens zu einer Be-
trachtungsart geführt, die sich von der bloß naturwissenschaftlichen ebenso unterscheidet wie die geologische von
der bloß physikalischen, die Untersuchung der Lebensent-
wicklung von der Erforschung der bloßen chemischen Gesetze. Man wird zu höheren Methoden geführt, die zwar
nicht die naturwissenschaftlichen sein können, doch ganz in
ihrem Sinne gehalten sind. [...] Solche Methoden allein können dazu führen, in geistige Entwicklungen wie in diejenige
des Christentums oder anderer religiöser Vorstellungswel-
ten wirklich einzudringen. [...] Über die bloße geschichtliche Erforschung der Dokumente des Geisteslebens muss ein
also Forschender hinausschreiten. Er muss es gerade wegen
seiner aus der Betrachtung des natürlichen Geschehens ge-
schöpften Gesinnung. Es hat für die Darlegung des chemischen Gesetzes wenig Wert, wenn man die Retorten, Scha-
len und Pinzetten beschreibt, die zu der Entdeckung des
Gesetzes geführt haben. Aber genau so viel und genau so
wenig Wert hat es, wenn man, um die Entstehung des Christ-
tentums darzulegen, die geschichtlichen Quellen feststellt,
aus denen der Evangelist Lukas geschöpft hat; oder aus denen die ‹Geheime Offenbarung› des Johannes zusammengestellt ist. Die ‹Geschichte› kann da nur der Vorhof der eigentlichen Forschung sein. Nicht dadurch erfährt man etwas
über die Vorstellungen, welche in den Schriften des Moses
oder in der Überlieferung der griechischen Mysten herr-
schen, dass man die geschichtliche Entstehung der Doku-

mente verfolgt. In diesen haben doch die Vorstellungen, um die es sich handelt, nur einen äußeren Ausdruck gefunden. Und auch der Naturforscher, der das Wesen des Menschen erforschen will, verfolgt nicht, wie das Wort ‹Mensch› entstanden ist, und wie es in der Sprache sich fortgebildet hat. Er hält sich an die Sache, nicht an das Wort, in dem die Sache ihren Ausdruck findet. Und im Geistesleben wird man sich an den Geist und nicht an seine äußeren Dokumente zu halten haben.» (Rudolf Steiner: *Das Christentum als mystische Tatsache und die Mysterien des Altertums.* GA 8. Dornach ⁹1989, S. 15ff.; zur methodischen Ausbildung übersinnlicher Erkenntnisorgane und zur Möglichkeit der spirituellen Erforschung geschichtlicher Vorgänge vgl. insbesondere Rudolf Steiners grundlegende Publikationen der Jahre 1904 bis 1910: *Theosophie. Einführung in übersinnliche Welterkenntnis und Menschenbestimmung.* GA 9; *Wie erlangt man Erkenntnisse der höheren Welten?* GA 10; *Aus der Akasha-Chronik.* GA 11; *Die Stufen der höheren Erkenntnis.* GA 12; *Die Geheimwissenschaft im Umriß.* GA 13.)

23 Am detailliertesten sprach Rudolf Steiner über die griechischen (ephesischen, eleusinischen und samothrakischen), hybernischen (irischen) und mittelalterlichen Mysterienstätten und -forschungen im November und Dezember 1923 (*Mysteriengestaltungen.* GA 232 bzw. *Die Weltgeschichte in anthroposophischer Beleuchtung und als Grundlage der Erkenntnis des Menschengeistes.* GA 233); weitere zentrale Darstellungen finden sich u. a. in den unmittelbar vorausgehenden Kursen vom Sommer 1923 (*Initiations-Erkenntnis.* GA 227 bzw. *Initiationswissenschaft und Sternenerkenntnis.* GA 228) sowie in den Vortragsfolgen vom Frühjahr und Sommer 1924 (*Mysterienstätten des Mittelalters.* GA 233a bzw. *Das Initiaten-Bewusstsein* GA 243). Während Rudolf Steiner für die genannten griechischen Mysterienstätten einen Bezug zur

Heilkunde explizit geltend machte, sprach er in seinem Breslauer Vortrag vom 8. Juni 1924 von eigenen «Merkur-Mysterien» und betonte, dass diese «im Wesentlichen im Dienste der alten Heilkunde gestanden» hätten («[...] Das, was in diesen alten Zeiten Heilkunde war, das wurde durchaus in den Merkur-Mysterien [...] entgegengenommen.»), ohne sie jedoch näher geografisch zu charakterisieren (*Esoterische Betrachtungen karmischer Zusammenhänge.* Band V. GA 239. Dornach ³1996, S. 139).

24 RUDOLF STEINER: *Geistige Zusammenhänge in der Gestaltung des menschlichen Organismus.* GA 218, S. 295f.

25 RUDOLF STEINER: *Das Geheimnis der Trinität.* GA 214. Dornach ³1999, S. 160.

26 RUDOLF STEINER: *Geistige Zusammenhänge in der Gestaltung des menschlichen Organismus.* GA 218, S. 296.

27 «Alte Heilmittel waren [...] aus den Mysterien heraus entnommen; aber sie haben alle eine sehr merkwürdige Eigentümlichkeit. Wenn Sie [...] ein altes Rezept in die Hand nehmen: Das ist ungeheuer kompliziert, das erfordert – um es darzustellen, und zu dem anzuwenden, wovon einem gesagt wird nach der Tradition, dass es angewendet werden soll – außerordentlich viel. Wenn Sie nun in die alten Mysterien gegangen wären und einen Mysterienarzt gefragt hätten, wie solch ein Rezept zustande kommt, der würde Ihnen nie geantwortet haben: Da mache ich chemische Versuche, da probiere ich zuerst einmal, ob die Stoffe miteinander sich so und so verhalten, und dann wende ich das bei den Kranken an und sehe, was sich da ergibt. – Das würde Ihnen der alte Mysterienarzt nie geantwortet haben, ihm wäre das nicht eingefallen. Die Menschen wissen nur nicht, wie das in früheren Zeiten war. Der hätte Ihnen geantwortet: Ich lebe in dem Laboratorium – wenn wir es so nennen wollen –, das mir im Sinne des Mysteriums eingerichtet worden ist, und

wenn ich zu einem Heilmittel komme, so haben mir das die Götter gesagt. – Denn er war sich klar darüber: Durch die ganze Stimmung, die in seinem Laboratorium erzeugt worden ist, kam er in lebendigen Verkehr mit der geistigen Welt. Da wurden geistige Wesen so gegenwärtig für ihn, wie es sonst die Menschen sind. Und da wurde er sich bewusst: Durch den Einfluss der geistigen Wesen in der geistigen Welt kann er mehr sein als ohne solchen Einfluss. Und er setzte seine komplizierten Rezepte zusammen. Nicht mit Naturerkenntnis, nach Götterart setzte er sie zusammen. Man wusste innerhalb dieser Mysterien selber: Will man an den Menschen herankommen, dann darf man nicht in der Illusion stehen bleiben, dann muss man zur Wahrheit der göttlichen Welt dringen.» (RUDOLF STEINER: *Das Initiatenbewusstsein*. GA 243. Dornach ⁵1993, S. 20f.)

28 RUDOLF STEINER: *Geistige Zusammenhänge in der Gestaltung des menschlichen Organismus*. GA 218, S. 136f.

29 Vgl. hierzu Rudolf Steiners ausführliche Schilderung einer in Ephesus praktizierten Forschungsgemeinschaft zwischen Lehrer und Schüler zum Erwerb einer vertieften Substanzerkenntnis in seinem Torquai-Vortrag vom 14. August 1924 (*Das Initiatenbewusstsein*. GA 243). Vgl. dazu ausführlich J. EMANUEL ZEYLMANS VAN EMMICHOVEN: *Wer war Ita Wegman. Eine Dokumentation*. Band 2, S. 99ff. («Hintergründe der anthroposophischen Heilkunst»)

30 RUDOLF STEINER: *Heilfaktoren für den sozialen Organismus*. GA 198. Dornach ²1984, S. 11.

31 RUDOLF STEINER: *Geisteswissenschaft und Medizin*. GA 312. Dornach ⁶1985, S. 16. – Wiederholt machte Rudolf Steiner in ärztlichen und naturwissenschaftlichen Darstellungen geltend, dass Hippokrates in seinen medizinischen Anschauungen und Handlungen noch auf dem Boden der alten Mysterienmedizin stand, zugleich jedoch eine neue

Zeitepoche eröffnete («dass Hippokrates der Letzte ist, der auf Grundlage der alten Mysterienmedizin heilte»; *Meditative Betrachtungen und Anleitungen zur Vertiefung der Heilkunst*. GA 326, S. 193). In Hippokrates, so Steiner am 21. März 1920 in Dornach, lebte noch ein «letzter filtrierter Rest von uralten medizinischen Anschauungen» (*Geisteswissenschaft und Medizin*. GA 312, S. 16), in einer «Abenddämmerung» des esoterisch fundierten Wissens; er hatte noch Kenntnis von den Beziehungen der leiblichen Organisationsstufen («Säften») zu den Wesensgliedern des Menschen (*Geistige Zusammenhänge in der Gestaltung des menschlichen Organismus*. GA 218, Vortrag vom 23. Oktober 1922). Vgl. hierzu PETER SELG: *Hippokrates. Ärztliche Ausbildung und Ethik*. Arlesheim 2015 sowie das dortige Literaturverzeichnis, S. 107 – 109.

32 Zu Pythagoras und der pythagoräischen Medizin vgl. u. a. die Darstellungen von JOSEPH SCHUMACHER: *Antike Medizin*. Berlin ²1963, S. 34 – 85 und *Die Anfänge abendländischer Medizin in der griechischen Antike*. Stuttgart 1965, S. 38 – 63. Rudolf Steiner schilderte Pythagoras wiederholt als einen herausragenden Initiaten der vorchristlichen Zeit; vgl. bereits *Die Rätsel der Philosophie*. GA 18. Dornach ⁹1985, S. 46ff.

33 POLYBOS: *De natura hominis*. Zit. n. WILLEM F. DAEMS: *Streifzüge durch die Medizin- und Pharmaziegeschichte*. Dornach 2001, S. 28.

34 Vgl. die Darstellung dieser Entwicklungstendenz u. a. durch MAX POHLENZ: *Hippokrates und die Begründung der Wissenschaftlichen Medizin*. Berlin 1938; FRIDOLF KUDLIEN: *Der Beginn des medizinischen Denkens bei den Griechen*. Zürich 1967; OWEN TEMKIN: «Griechische Medizin als Wissenschaft und Handwerk». In: HELLMUT FLASHAR (HG.): *Antike Medizin*. Darmstadt 1971, S. 1 – 28; HULDRYCH M. KOELBING: *Arzt und Patient in der antiken Welt*. Zürich,

München 1977, und JACQUES JOUANNA: «Die Entstehung der Heilkunst im Westen». In: MIRKO D. GRMEK: *Die Geschichte des medizinischen Denkens*. München 1996.

35 Wobei zu berücksichtigen ist, dass die Kritik der Schrift sich in erster Linie mit jener Form der (gefallenen, popularisierten und verzerrten) «Mysterien»-Medizin auseinandersetzte, die in der Zeit des 5. und 4. vorchristlichen Jahrhunderts noch real existierte und von der Qualität der einstigen Weihestätten und -forschungen weit entfernt war: «Mir aber scheinen diejenigen, die zuerst diese Krankheit für heilig erklärt haben, Menschen solcher Art zu sein, wie es auch jetzt Zauberer, Sühnepriester, Bettler und Schwindler gibt, die sich den Anschein geben, als wären sie ganz besonders gottesfürchtig und wüssten mehr als die gewöhnlichen Menschen. Diese nun nehmen die Gottheit zum Vorwande für ihre Ohnmacht, um etwas zu besitzen, was sie anwenden könnten, um den Menschen zu helfen, damit sie ihrerseits nicht als Menschen entlarvt werden, die überhaupt nichts wissen. Diese Menschen sind es, die behauptet haben, dass diese Krankheit heilig wäre. Sie haben sich nämlich alle möglichen glaubhaften Gründe ersonnen und so ihre angebliche Heilung für sich selber gefahrlos gemacht. Sie wandten Sühnungen und Besprechungen an, verordneten, keine Bäder zu nehmen und mancherlei Speisen zu meiden, die für kranke Menschen schädlich wären […]. Man dürfe auch keine schwarze Kleidung tragen – denn Schwarz sei die Farbe des Todes – und auch nicht in einem Ziegenfell schlafen oder ein solches tragen und nicht einen Fuß vor den anderen setzen und nicht eine Hand auf die andere legen; denn all diese Dinge seien Hindernisse. […] Mit solchen Reden und Machenschaften geben sie sich den Anschein, als ob sie ein tieferes Wissen besäßen, und betrügen die Menschen, indem sie ihnen Reinigungen und Entsühnungen vorschreiben.

Und vor allem zielt ihre Rede auf die Einwirkung der Gottheit und der Dämonen! Wahrhaftig! Mir wenigstens scheinen sie ihre Reden nicht über Gottesfurcht zu halten, wie sie wähnen, sondern vielmehr über Gotteslästerung, und dass es keine Götter gibt. Denn ihre angebliche Frömmigkeit und ihre Gottesfurcht ist in Wahrheit Gotteslästerung und der Tod aller Religion, wie ich zeigen werde. Denn wenn sie behaupten, sie könnten den Mond herabziehen, die Sonne verfinstern und Sturm und gutes Wetter machen und Regen und Dürre und Land und Meer mit Unfruchtbarkeit schlagen und Teufelswerke solcher Art vollbringen – sei es, dass die Menschen, die so etwas betreiben, behaupten, durch geheime Weihen oder vermittels einer anderen Erkenntnis oder Praktik so etwas fertigzubringen –, dann scheinen sie mir Gott zu lästern und überhaupt nicht an Götter zu glauben, oder doch, wenn es sie gäbe, anzunehmen, dass sie überhaupt keine Macht haben und dass sie nicht imstande sind, irgend etwas von diesen unheimlichen Dingen zu verhindern. Und wenn sie solches tun, sind sie Todfeinde der Götter. Denn wenn ein Mensch durch Zauberei und Opfer den Mond herabzöge, die Sonne verfinsterte und Sturm und gutes Wetter machte, dann wäre meines Erachtens nichts von diesen Dingen göttlichen Ursprungs, sondern nur Menschenwerk, wenn die Macht der Gottheit durch Menschenwitz überwältigt und geknechtet wäre.» («Von der Heiligen Krankheit». In: HIPPOKRATES: *Fünf auserlesene Schriften.* Eingeleitet und neu übertragen von Wilhelm Capelle. Zürich ²1984, S. 65ff.)

36 «Wer es aber versteht, unter den Menschen einen solchen Wandel hervorzubringen, und es vermag, den Körper des Menschen durch die von ihm verordnete Diät feucht und trocken, warm und kalt zu machen, der könnte wohl auch diese Krankheit heilen, wenn er die rechtzeitige Anwendung

der erforderlichen Mittel erkennt, ohne Entsühnungen und Zauberkünste und allen anderen solchen Schwindel.» (Ebd., S. 84)

37 Ebd., S. 68. – Vgl. in diesem Zusammenhang die Bedeutung der «Pneuma»-Lehre Alkmaion von Krotons für das Seelen- und «Göttlichkeits»-Verständnis der hippokratischen Medizin; hierzu schrieb Pohlenz zusammenfassend: «Die Seele ist kein Sonderwesen, das als konstante Größe sich mit dem anders gearteten Leibe verbindet. Sie ist nichts anderes als das durch Ein- und Ausatmung sich ständig erneuernde innermenschliche Pneuma, das dem ganzen Organismus Bewegung und Leben verleiht und in seiner konzentrierten Form die geistige Einheit und das Ich des Menschen konstituiert. Von der rechten Zirkulation des Pneumas durch den Organismus hängt dessen Leben und Gesundheit ab. Darin liegt aber auch, dass jede Störung dieser Zirkulation das Leben hemmen muss und zerstören kann. Diese Störungen zu beseitigen und den naturgemäßen Zustand herzustellen ist die Aufgabe des Arztes.» (MAX POHLENZ: *Hippokrates und die Begründung der wissenschaftlichen Medizin.* Berlin 1938, S. 84f.) Zur hippokratischen Leib-Seelen-Wahrnehmung bzw. zur Bewusstseinsverfassung des griechischen Menschen dieser Zeit vgl. im übrigen Rudolf Steiners Vortragsdarstellung vom 5. Juni 1921, in der es unter dezidierter Bezugnahme auf Hippokrates heißt: «[…] Wir würden ganz fehlgehen, wenn wir glauben wollten, dass in dem griechischen Bewusstsein dieses Geistig-Seelische so lebte, wie wir es heute im Bewusstsein haben. Bedenken Sie nur, wie arm für den heutigen Menschen, wie abstrakt arm für den heutigen Menschen dasjenige ist, was er Seele nennt. Denken, Fühlen, Wollen – es sind recht nebelhafte Gebilde, die sich der Mensch vorstellt, wenn er von Denken, Fühlen, Wollen spricht. Es ist etwas, was gar nicht mehr inhaltsvoll auf den Menschen

wirkt. Bei dem Griechen hat es inhaltsvoll gewirkt, weil er ein Bewusstsein davon hatte, dass dieses Geistig-Seelische eigentlich die Elemente des Leibes zusammenhält, durcheinanderbrodeln macht. Er hatte gar nicht ein solches abstrakt Seelisches im Auge, wie der Mensch es heute hat, sondern er hatte im Auge ein recht vollinhaltliches Kräftesystem, das namentlich das flüssige Element formt, das dem flüssigen Element die Menschenform gibt. [...] Der Grieche sagte sich: Dasjenige, was ich bewusst erlebe, dieses Seelische, das gibt dem Wasser die Form, das ist dasjenige, was sein Bedürfnis nach Luft hat und was die Zirkulationsorgane dann einformt, was die Wärmeverhältnisse des Körpers bewirkt, und was auch Salz und sonstiges Irdische im Körper ablagert. – So stellte sich der Grieche die Seele eigentlich nicht getrennt vom Körper vor, sondern er stellte sich vor, wie sie den wässerigen Leib bildet, wie sie in dem Leib die Luft, das Ein- und Ausatmen macht, wie sie in dem Leib die Wärmeverhältnisse bewirkt, dieses Warm- und Kaltwerden des Leibes, dieses Atmen, dieses überhaupt Bewegen der Säfte, dieses Durchsetzen der Säfte mit den festen Bestandteilen, die ja nur etwa acht Prozent im menschlichen Leibe ausmachen – das stellte sich der Grieche in voller Lebendigkeit vor. [...] Das alles stellte sich der Grieche so vor, dass für ihn die Stoffe nicht gesondert waren vom Seelischen. Es war gewissermaßen ein halb Seelisches, das Blut, der Schleim, und ein halb Körperliches die Seele selbst in ihren Kräften, wie sie da die Säfte bewegte. [...] [Hippokrates] sagte sich, das Geistig-Seelische des Menschen, wie es sich äußert zwischen Geburt und Tod, bewirkt so diese Mischungen und Entmischungen des Säftesystems; wenn das nun nicht so weit geht, wie es das Geistig-Seelische will, so ist die Krankheit da. Aber das Geistig-Seelische, das hat eigentlich immer das Bestreben, normal diesen Gang zu gestalten. Daher hat der Arzt die besondere Aufgabe, dieses Geistig-Seelische in seinem Kräfteeinfluss auf die Säftewirkungen zu studieren und die Krankheit zu beobachten. Ist irgendwie die Bestrebung im menschlichen Leibe, die Säftemischung unnormal zu machen, dann greift das Seelische ein, greift ein bis zur Krisis, wo es auf der Kippe steht, ob das Leibliche oder das Seelisch-Geistige siege. Der Arzt muss die Sache so wenden, dass es zu dieser Krisis kommt. Dann zeigt sich das an irgendeiner Stelle, dass heraus will, was schlechte Säftemischung ist. Dann muss man in der Krisis, die man eingeleitet hat, in der richtigen Weise eingreifen, entweder dadurch, dass man die Säfte, die sich in dieser Weise zusammengezogen haben, und die nicht dulden den Einfluss von Seiten des Geistig-Seelischen, dass man diese entweder durch Purgieren entfernt, oder durch Aderlass im richtigen Moment herausbringt. – Es war ein ganz besonderes, eben mit dieser Anschauung des Menschen zusammenhängendes Heilen des Hippokrates, und es ist interessant, wie da ein inniges Zusammendenken von Geistig-Seelischem, wie es sich äußert zwischen Geburt und Tod, und dem Säftesystem, als Anschauung da war.» (*Perspektiven der Menschheitsentwickelung.* GA 204. Dornach [1]1979, S. 301ff.; vgl. a. Rudolf Steiners diesbezügliche Ausführungen in *Die Rätsel der Philosophie.* GA 10, S. 37f.)

38 «Über den Anstand». Zit. n. ALFRED LÄNGLER: *Die Beziehung zwischen Kranken und ihren Ärzten im Corpus Hippocraticum.* Hannover 1993, S. 79.

39 PEDRO LAÍN ENTRALGO: *Heilkunde in geschichtlicher Entscheidung,* S. 48f.

40 Vgl. hierzu PETER SELG: *Hippokrates. Ärztliche Ausbildung und Ethik.* Arlesheim 2015.

41 «Über das Gesetz». Zit. n. ALFRED LÄNGLER: *Die Beziehung zwischen Kranken und ihren Ärzten im Corpus Hippocraticum,* S. 72.

42 «Der eigentlichen Heilstätte, dem Abaton, waren die Einrichtungen zur Reinigung des äußeren (Bäder) und inneren
(Diät) Körpers, zur Einstimmung der Seele (Musik, Thea-
ter) und des Geistes (Bibliothek) vorangestellt. Nur wer diese Reihenfolge durchlaufen hatte, fand Eingang zum Tempelschlaf. Am Ende und wohl auch schon in der Vorbereitung
stand der Kultus, der neben der Danksagung und Fürbitte
auch dazu diente, Vertrauen in die Heilkraft des Gottes und
seiner Priester zu schaffen.» (ALFRED LÄNGLER: *Die Beziehung zwischen Kranken und ihren Ärzten im Corpus Hippocraticum*, S. 67f.; vgl. hierzu auch die Darstellungen von KARL
KERÉNYI: *Der göttliche Arzt. Studien über Asklepios und seine
Kultstätten*. Darmstadt ²1956.)

43 Ebd., S. 36.

44 Über die real-geistigen Prozesse des Inkubationsvorganges
sagte Rudolf Steiner einmal im Rahmen einer Vortragsschil-
derung von Mysterienpraktiken der ägyptischen Hochkul-
tur: «Die Kranken wurden in den Tempel gebracht und in
eine Art Schlaf versetzt, in dem sie in traumähnliche Zustände verfielen. Dasjenige, an das sie sich da erinnerten, wurde
in seiner charakteristischen Bildlichkeit von den in solchen
Dingen unterrichteten Priestergelehrten studiert. Diese fanden zwischen dem Ablaufen der inneren Dramatik der Träu-
me, zwischen der Art der Bilder, ob finstere Bilder auf helle,
helle auf finstere folgten und so weiter, erstens etwas, was auf
die Pathologie des Menschen hindeutete. Auf der anderen
Seite fanden sie aus der besonderen Konfiguration der Träu-
me eine Andeutung des Heilmittels, das zu verwenden war.
Aus dieser Betrachtung dessen, was der Mensch innerlich
erlebt und was in Traumbildern vor das innere Auge trat,
studierten die Menschen in Ägypten den innerlich körperlichen Zustand des kranken Menschen. [...] Die Priester, die
in diesen Dingen unterrichtet waren, die wussten, es kam da

mehr auf den dramatischen Verlauf des Traumes an als auf seinen Inhalt. Seinen Inhalt zu deuten, wäre Aberglaube gewesen. Aber darauf kam es an, ob irgendein Finsteres im Traum auf ein Helles folgte oder umgekehrt und ob sich der Traum beziehen musste auf Furchtzustände oder Freudezustände und dergleichen. Auf dieses Dramatische des Traumes kam es an, und aus diesem Dramatischen ergab sich dann, wie das eine oder andere Organ krankhaft sein könne, ja, wie ich andeutete, es ergab sich sogar ein Heilmittel. Das ist die Realität dessen, was später als der ägyptische Tempelschlaf bezeichnet wurde.» (*Die Naturwissenschaft und die weltgeschichtliche Entwickelung der Menschheit seit dem Altertum.* GA 325. Dornach ²1989, S. 110f./123.)

45 PLATO: *Charmides*, 156d – 157c, zit. n. PEDRO LAÍN ENTRALGO: *Heilkunde in geschichtlicher Entscheidung*, S. 56.

46 Ebd.

47 Zu Platos Initiationserfahrungen in den eleusinischen und chthonischen Mysterien vgl. u. a. Steiners Vortrag vom 15. Dezember 1923 (*Mysteriengestaltungen*. GA 232). Nach DIETHER LAUENSTEIN (*Die Mysterien von Eleusis*. Stuttgart 1987) gewähren mindestens 13 von Platons 40 Schriftwerken einen tiefen inhaltlichen Einblick in die Weihe-Welt der Eleusinien («Anspielungen finden sich in fast allen.» Ebd., S. 12). Zur Beziehung zwischen den Eleusinien und dem therapeutischen Asklepios-Kult vgl. KARL KERÉNYI: *Der göttliche Arzt. Studien über Asklepios und seine Kultstätten*, wo es u. a. heißt: «[...] Die Verwandtschaft zwischen Epidauros und Eleusis beruhte nicht bloß auf dem diesen beiden Heiligtümern gemeinsamen allgemeinen Mysteriencharakter. Es bedeutet an sich nicht viel, wenn in späteren Zeiten ‹Hierophanten›, die Träger einer eleusinischen Priesterwürde in Epidauros eine Rolle spielten [Inscr. Gr. IV2 1, 427; 438; 424/5]. Es muss aber seinen besonderen Grund haben, wenn

die ‹Epidauria›, die ‹Epidaurischen Begehungen›, nach der
Einführung des Asklepioskultes in Athen in den Festzyklus
der eleusinischen Mysterien eingereiht wurden, und zwar als
Vorbereitung zu den Erlebnissen der Eingeweihten. Wie
wenig Einzelheiten wir von den heiligen Ereignissen in Epidauros und Eleusis kennen, ihre mythologischen Ausdrucks-
weisen sind uns bekannt und zeigen bedeutsame Überein-
stimmungen. [...] Die Vorgänge von Eleusis führten in eine
noch tiefere Schicht als die von Epidauros. Der Weg war
derselbe, nur machte der Kranke, der in Epidauros seine
Heilung fand, früher kehrt als der Myste, der in den eleusinischen Weihen bis zur Unterweltskönigin vordrang.» (S.
39ff.) Vgl. zu Platos prinzipieller Mysterien-Bezogenheit
auch Steiners Darstellungen aus dem Jahre 1901: *Das Christentum als mystische Tatsache und die Mysterien des Altertums*, S.
54ff. («Plato als Mystiker») Über die platonische Akademie
und ihre Lehrunterweisungen schrieb Rudolf Steiner dort in
allgemeiner Wendung: «Von Plato ging auf seine Schüler
noch mehr über als der Wortsinn seiner Darlegungen. Da
wo er lehrte, lebten die Teilnehmer in Mysterien-Atmosphäre. Die Worte hatten Obertöne, die mitschwangen. Aber
diese Obertöne brauchten eben die Mysterien-Atmosphäre.
Sonst verklangen sie ungehört.» (S. 55) Über die Literatur-
form des «Phaidon»-Dialoges heißt es bei Steiner: «Man
überblicke die ganze Entwicklung in diesem Gespräche, in
dem Sokrates seine Zuhörer dahin führt, dass sie das Ewige
in der menschlichen Persönlichkeit schauen. Die Zuhörer
nehmen seine Gedanken auf; sie forschen in sich selbst, ob
sich in ihren eigenen inneren Erlebnissen etwas findet, wodurch sie zu seinen Ideen ‹ja› sagen können. Sie machen die
Einwände, die sich ihnen aufdrängen. Was ist mit den Zuhörern geschehen, wenn das Gespräch sein Ende erreicht hat?
Sie haben in sich etwas gefunden, was sie vorher nicht gehabt

haben. Sie haben nicht bloß eine abstrakte Wahrheit in sich aufgenommen; sie haben eine Entwicklung durchgemacht. Es ist etwas in ihnen lebendig geworden, was vorher nicht in ihnen lebte. Ist das nicht etwas, was sich mit einer Einweihung vergleichen lässt? Wirft das nicht ein Licht darauf, warum Plato seine Philosophie in Gesprächsform dargelegt hat? Es sollen diese Gespräche eben nichts anderes sein als die literarische Form für die Vorgänge in den Mysterienstätten.» (S. 63)

48 ARISTOTELES: *Metaphysik*, zit. n. WERNER LEIBBRAND: *Der göttliche Stab des Äskulap. Eine Metaphysik des Arztes*. Salzburg 1939, S. 54.

49 «[...] Die wissenschaftliche Auffassung, die sich mit der krankhaften Veränderung in der menschlichen Naturbeschaffenheit abgibt, übt eine *a Limine* ausschließende Beschränkung, ja man kann sogar noch treffender sagen, sie übt ein radikales Verkennen zweier mitbildender Grundgegebenheiten des Menschseins aus: das Verkennen der Innerlichkeit und der Freiheit. Die griechische Idee bezüglich der menschlichen Physis ließ keine andere Deutung zu.» (PEDRO LAÍN ENTRALGO: *Heilkunde in geschichtlicher Entscheidung*, S. 74.) Laín Entralgo vertritt in diesem Zusammenhang, dass die hellenische Reduktion bzw. Abschattung des seelisch-geistigen Menschen in seiner Personalität und Individualität auch für die heil-kultischen Vollzüge in den – der hippokratischen Richtung zumindest partiell konträren – Asklepios-Stätten Gültigkeit hatte, und schreibt zusammenfassend: «[...] Mochte die griechische Heilkunde ‹physiologisch› sein, oder ‹glaubensmäßig› – sie unterließ es doch nie, dem radikalen Naturalismus der griechischen Geistigkeit treu zu bleiben. Auch nicht in jenen Riten, die sich von der ‹physiologischen› Heilkunde am allerweitesten entfernten, sahen die Hellenen irgendein Element, das nicht ‹physisch›

gewesen wäre; auch da gab es für sie nichts von dem, was wir ‹spirituell› nennen möchten; ob in Kos oder in Epidauros, überall wurde der Mensch aufgefasst im Sinn seiner bloßen ‹Naturbeschaffenheit›, niemals aber, wie wir uns ausdrücken würden, im Sinn seiner ‹Person›. Die Wesenseigentümlichkeiten, in denen sich die sittliche Verfassung des Menschseins bekundet – des Menschen Innerlichkeit, Freiheit und sittliche Verantwortlichkeit –, sie wurden bloß im physischen, ja sogar bloß im somatischen Sinn betrachtet, und das traf für alle Pathologen und Therapeuten unter den Griechen zu.» (Ebd., S. 77; zur Bewusstseinsverfassung bzw. zum leibverbundenen Seelenleben zur Zeit der griechischen Kulturentwicklung vgl. Rudolf Steiners weiterführende Darstellungen in Anm. 31.)

50 Der Midrasch-Überlieferung zufolge empfing bereits Noah ein Buch über Heilmittel von Gott: «Dieses ist das Buch der Heilmittel, welches die frühesten Weisen übersetzt haben aus dem Buche Sem's, des Sohnes Noah, das dem Noah übergeben wurde auf dem Berge Lubar, der zu den Bergen des Ararat gehört. [...] Und die Heilmittel der Plagen der Menschenkinder und alle Arten von Heilmitteln zeigte der Engel an, zu heilen mit den Bäumen der Erde und den Gewächsen des Erdbodens und ihren Wurzeln.» (Zit. n. ADOLF VON HARNACK: «Medicinisches aus der ältesten Kirchengeschichte», S. 57.) Vgl. bezüglich der konkreten Heilverfahren und Substanzgebräuche innerhalb der hebräischen Medizin auch die Arbeiten von WILHELM EBSTEIN: *Die Medizin im Alten Testament.* Stuttgart 1901 und JULIUS PREUSS: *Biblisch-talmudische Medizin. Beiträge zur Geschichte der Heilkunde und der Kultur überhaupt.* Berlin 1911.

51 «Da Elias ins Haus kam, siehe, da lag der Knabe tot auf seinem Bett. Und er ging hinein und schloss die Tür zu und betete zu dem Herrn und stieg aufs Bett und legte sich auf

das Kind und legte seinen Mund auf des Kindes Mund und seine Augen auf dessen Augen und seine Hände auf dessen Hände und breitete sich so über ihn; da wurde des Kindes Leib warm. Er aber stand wieder auf und ging im Haus einmal hierhin und dahin und stieg wieder aufs Bett und breitete sich über ihn. Da nieste der Knabe siebenmal: danach tat der Knabe seine Augen auf.» (2. Kön 4, 32ff.)

52 Vgl. hierzu insbesondere GERHARD KIENLE: *Christentum und Medizin.* Stuttgart 1986 und GERHARD KIENLE: *Die ungeschriebene Philosophie Jesu.* In: PETER SELG (HG.): *Gerhard Kienle. Leben und Werk.* Band 2. Dornach 2003, S. 387 – 458; vgl. des Weiteren PETER SELG: *Krankheit und Christus-Erkenntnis. Anthroposophische Medizin als christliche Heilkunst.* Dornach 2001; PETER F. MATTHIESSEN: «Prinzipien der Heilung im Neuen Testament». In: N. FUCHS / K. KOBLER-FUMASOLI: *Hilft der Glaube? Heilung auf dem Schnittpunkt von Therapie und Medizin.* Münster 2002, S. 146 – 172; SABINE GÜLDENRING: «Die Heilungen im Lukas-Evangelium». In: DIETER BECK UND SABINE GÜLDENRING: *Die Heilungen im Lukas-Evangelium*, S. 35 – 96; FRIEDWART HUSEMANN: «Der Heilungsimpuls des Lukas-Evangeliums». In: *Anthroposophische Medizin. Ein Weg zu den heilenden Kräften.* Dornach 2009, S. 221 – 243.

53 Über die Heilung des Gelähmten schreibt Peter Matthiessen in Charakterisierung der spezifisch-christlichen Wirkensrichtung: «Was innerhalb der Hippokratischen Medizin die Vorstellung des Anstoßes und die Förderung der Selbstheilung(-sfähigkeit) das leitende therapeutische Prinzip, so erscheint hier in der Heilungsgeschichte des Gelähmten [vom Teich Bethesda] das Prinzip der Selbstheilung auf einer neuen, höheren Stufe: Als eine durch die Geist- und Seelen-Kraft des Christus-Jesus befähigte geistig-seelische Selbstaufrichtung und Selbstgesundung des inneren Men-

schen, die von dort aus die Physis ergreift.» (*Prinzipien der Heilung im Neuen Testament*, S. 153.)

54 «Das Schicksal des [blindgeborenen] Kranken – welches ohne Wiederverkörperungsgedanken schwer zu verstehen ist, denn wann soll denn wohl ein Blindgeborener gesündigt haben? – ist nicht aus einer Vergangenheit heraus verursacht; im Sinne der griechischen Philosophie ist hier vielmehr *telos*, die Zukunft, die eigentliche Ursache. Den Menschen trifft ein schweres Schicksal; dessen Überwindung aber benötigt die menschliche Bewegungskraft, um ihre Möglichkeiten zu verwirklichen und eine Erhöhung der Person in das Geistige zu erreichen. Wenn der Mensch geheilt wird, ist seine Individualität reicher, als wenn er gleich gesund geboren wäre.» (GERHARD KIENLE: *Die ungeschriebene Philosophie Jesu*, S. 449.)

55 Bereits die griechische Heilkunst kannte die hohe Bedeutung des «richtigen Zeitpunktes» für das Gelingen des Heilprozesses und verehrte «Kairos» als den Gott dieser temporalen Ordnung: «Die frühgriechischen Weisen und Dichter bezeichnen mit Kairos die durch eine Gunst der Natur (oder Gottheit) ausgezeichnete Stelle in Raum und Zeit, deren Erkenntnis und Nutzung dem menschlichen Handeln Gelingen verspricht.» (JOACHIM RITTER / KARLFRIED GRÜNDER: «Historisches Wörterbuch der Philosophie»; zit. n. ALFRED LÄNGLER: *Die Beziehung zwischen Kranken und ihren Ärzten im Corpus Hippocraticum*, S. 132.) In den Christus-Heilungen bekommt dieses Zeitcharakteristikum ganz offensichtlich eine erweiterte und vertiefte Dimension – im Sinne des besonderen, individuellen Schicksalsaugenblickes, der dem Christus-Wesen wahrnehmbar ist und eine aktive Zukunftsorientierung der hilfsbedürftigen Individualität erlaubt. In Bezug auf die Heilung des Gelähmten am Teich Bethesda heißt es diesbezüglich bei Matthiessen: «Handelt

es sich bei dem Hinweis auf das zu bestimmten Zeiten emporwallende Wasser um die Kennzeichnung gnadenvoller Augenblicke, die sich innerhalb der natürlichen Schöpfungsordnung in rhythmischer Wiederholung – und damit naturgesetzlich beschreibbar und voraussagbar – ereignen, so ist der ‹Kairos› der in der Begegnung mit dem Gelähmten zu diesem gesprochenen Worte von einer anderen Qualität. Deren ‹Zeitigung› resultiert nicht aus der Zeitenordnung der äußeren Natur bzw. der gewordenen Welt. Die schöpft sich aus einem Gewahrwerden der Schicksalssituation des Kranken, genauer: aus einem höheren diagnostischen Durchschauen der geistig-seelischen Situation des Kranken im Hinblick auf dessen von der Vergangenheit her zu Ende gekommenes und für die Zukunft zur Vollendung anstehendes Schicksal. Die therapeutische Kunst der Erfassung des richtigen Zeitpunkts erscheint hier erhöht zur heilsamen Geistesgegenwart als einem Gegenwärtig-Sein des Geistes.» (*Prinzipien der Heilung im Neuen Testament*, S. 157.)

56 Über den Abschluss der Heilung des Gelähmten bzw. seine Wiederbegegnung mit Christus im Tempel schreibt Matthiessen: «Erst nachdem der Kranke sein Lager verlassen und die Lasten und Aufgaben seines Lebens zu tragen und in Angriff zu nehmen begonnen hat, die in der Gesundheit gegebene Freiheit zur Lebensverwirklichung schon zu erfahren begonnen hat, weiß der Jesus-Christus ihn im Tempel zur rechten Zeit zu finden und ihn darauf hinzuweisen, dass er seine aus der Vergangenheit herrührende Krankheit zwar hat ablegen können, von nun an aber Selbstgestalter seines künftigen Schicksals ist.» (Ebd., S. 156.)

57 RUDOLF STEINER: *Das Markus-Evangelium.* GA 139. Dornach ⁶1985, S. 65.

58 Über die heilende Christus-Wirksamkeit schreibt Clemens von Alexandrien: «Die Heilung der Leidenschaften bewirkt

der Logos durch Zureden; er kräftigt die Seelen mit milden Gesetzen wie mit mildernden Arzneien und disponiert die Kranken zur vollen Erkenntnis der Wahrheit.» (Zit. n. ADOLF VON HARNACK: *Medicinisches aus der älteren Kirchengeschichte*, S. 137.)

59 Im Hinblick auf die platonische Lehre einer Gesundungsmöglichkeit des Menschen aus den Kräften seiner Geistseele (s. o.) und ihre Steigerung durch das reale Auftreten und Wirksamwerden des Logos-Prinzipes in Christus Jesus heißt es bei Gerhard Kienle: «Das Konzept der hippokratischen Medizin war es, durch hygienische Maßnahmen die Selbstheilungskräfte zu unterstützen und Hindernisse aus dem Weg zu räumen. Im Sinne von Platon und Aristoteles besteht vor der Heilung eine Möglichkeit, *dynamis*, die in der Heilung verwirklicht wird, *enérgeia*. Es ist dabei die Kraft der Seele, die die Möglichkeit zur Verwirklichung bringt – eine der Formen der Bewegung nach Plato. Denn die Seele hält die Materie in dem Leib zusammen und der Organismus zerfällt, wenn die Materie ein Übergewicht über die Seele bekommt *(phtora)*. Es hängt also letztlich von der Entscheidung der Seele ab, ob sie sich an die Ideenwelt und das Göttliche hält oder an die *kakía*, an das Zerfallende der materiellen Welt. Indem die Seele sich an das *noûs*, an den göttlichen Geist, wendet, gewinnt sie die Kraft, ihren Zustand *(hexis)* zu bewegen. Sie verwirklicht dann die Möglichkeit zur Wiederherstellung der Gesamtgestalt, das heißt, sie schließt sich an die Weltenordnung an. Hier wird das [Evangelien-]Wort: ‹Ändert euren Sinn!› verstehbar – weil sich die Seele in freier Entscheidung von der *kakía* zum *noûs* hinwenden soll! Die Seele des Kranken gewinnt diese Kraft zur Umwendung, wenn ihr Gegenüber im sokratischen Sinne Geburtshilfe leistet, also kraft seiner eigenen Seelenstärke den Kranken zu wecken versucht. So ist der Heilende im Bilde Jesu der ‹Sau-

erteig». Es ist dabei ein besonderes Augenmerk darauf zu legen, dass Jesus den geheilten Kranken immer wieder versichert, ihr eigener Glaube hätte ihnen geholfen. Denn im Sinne der platonischen Bewegungslehre ist jede Bewegung der Seele Selbstbewegung. Die Fremdbewegung – *ananke* – ist der Gegenpol zum *noûs* und wirkt unordnungsstiftend, zerfallend.» (*Die ungeschriebene Philosophie Jesu*, S. 403 f.)

60 RUDOLF STEINER: *Menschenwesen, Menschenschicksal und Welt-Entwickelung*. GA 226. Dornach ⁵1988, S. 134.

61 Zit. n. KARL EDUARD ROTHSCHUH: *Konzepte der Medizin in Vergangenheit und Gegenwart*. Stuttgart 1978, S. 429. Vgl. hierzu im Einzelnen: PETER SELG: «Die geistige Dimension des Menschen? Zur Entwicklung der medizinischen Anthropologie im 20. Jahrhundert». In: PETER HEUSSER / PETER SELG: *Das Leib-Seele-Problem. Zur Entwicklung eines geistgemäßen Menschenbildes in der Medizin des 20. Jahrhunderts*. Arlesheim 2011, S. 35 – 94.

62 Zit. n. KARL EDUARD ROTHSCHUH: *Konzepte der Medizin in Vergangenheit und Gegenwart*, S. 425.

63 Ebd., S. 422.

64 Ebd., S. 423.

65 Vgl. HEINRICH SCHIPPERGES: *Repräsentative Eröffnungsreden auf den Naturforscherversammlungen im 19. Jahrhundert*. Zit. n. HEINZ HERBERT SCHÖFFLER: *Die Zeitgestalt des Herzens*. Stuttgart 1975, S. 9.

66 Zit. n. HEINRICH SCHIPPERGES: «Johannes Müller im Lichte der modernen Wissenschaftsgeschichte». In: *Zeitschrift für Kardiologie* 76 (1987), S. 8.

67 Zit. n. KARL EDUARD ROTHSCHUH: *Konzepte der Medizin in Vergangenheit und Gegenwart*, S. 423.

68 VIKTOR VON WEIZSÄCKER: «Zur Frage der ‹christlichen› Medizin». In: *Gesammelte Schriften*. Band 7. Frankfurt 1987, S. 231.

69 RUDOLF STEINER: *Geisteswissenschaftliche Menschenerkenntnis und Medizin*. GA 319. Dornach 1982, S. 180.

70 Vgl. hierzu im Einzelnen: PETER SELG: *Vom Logos menschlicher Physis. Die Entfaltung einer anthroposophischen Humanphysiologie im Werk Rudolf Steiners*. Dornach [1]2000 sowie PETER SELG (HG.): *Rudolf Steiner. Quellentexte für die Wissenschaften. Texte zur Medizin. Band 3: Physiologische Menschenkunde*. Dornach 2004.

71 Vgl. hierzu im Einzelnen: PETER SELG: *Krankheit, Heilung und Schicksal des Menschen. Über Rudolf Steiners geisteswissenschaftliches Pathologie- und Therapieverständnis*. Dornach 2004 sowie PETER SELG (HG.): *Rudolf Steiner. Quellentexte für die Wissenschaften. Texte zur Medizin. Band 4: Zur Pathologie und Therapie*. Dornach 2004.

72 Vgl. PETER SELG: *Krankheit und Christus-Erkenntnis. Anthroposophische Medizin als christliche Heilkunst*. Dornach [2]2003, S. 59ff.

73 Vgl. Rudolf Steiners Darstellungen vom 19. Mai 1910, in: *Die Offenbarungen des Karma*. GA 120.

74 RUDOLF STEINER: *Der Christus-Impuls und die Entwickelung des Ich-Bewusstseins*. GA 116. Dornach [4]1982, S. 49.

75 RUDOLF STEINER: *Das Sonnenmysterium und das Mysterium von Tod und Auferstehung*. GA 211. Dornach [2]1986, S. 85.

76 Vgl. zu den einzelnen Therapieangaben Rudolf Steiners insbesondere die Ausführungen seiner Ärztevorträge von 1920 bis 1924 (GA 312 – 319), das zusammen mit der Ärztin Ita Wegman veröffentlichte Buch *Grundlegendes zu einer Erweiterung der Heilkunst nach geisteswissenschaftlichen Erkenntnissen* (GA 27) sowie die Kasuistiken der klinischen Behandlungen in Arlesheim und Stuttgart unter Steiners Beratung (vgl. HILMA WALTER: *Grippe, Encephalitis, Poliomyelitis*. Arlesheim 1950; *Der Krebs und seine Behandlung*. Stuttgart 1953; *Abnormitäten der geistig-seelischen Entwicklung in ihren Krank-*

heitserscheinungen und Behandlungsmöglichkeiten. Arlesheim
1965; *Die sieben Hauptmetalle.* Dornach 1965; *Die Pflanzen-
welt.* Arlesheim 1971, sowie ANTONIJ GERRIT DEGENAAR
(HG.): *Krankheitsfälle und andere medizinische Fragen bespro-
chen mit Dr. Rudolf Steiner* [o. J.]). Eine detaillierte wissenschaftliche und wissenschaftsgeschichtliche Aufarbeitung
und Neuedition dieses gesamten kasuistischen Materials
steht trotz zahlreicher Sekundärpublikationen vonseiten anthroposophischer Ärzte noch aus.

77 Die entsprechenden Heilmantren Rudolf Steiners aus dem
Archiv der Arlesheimer Klinik wurden 1997 erstmals von
Anton Gerretsen in einer halbinternen Edition unter dem
Titel *Meditationen für Kranke. Meditative Anweisungen und
Texte von Rudolf Steiner, zusammengestellt für Ärzte* zugänglich
gemacht. Eine exemplarische Heilmeditation Rudolf Steiners für ein Kind zitierte ich im christologischen Begrün-
dungszusammenhang des Kapitels «Et incarnatus est. Die
Heilungen in den Evangelien und die Medizin Rudolf Steiners» meines Buches *Krankheit und Christus-Erkenntnis,* in
Anlehnung an Nik Fiechter, der die Meditation erhielt und
veröffentlichte (S. 36f.); darüber hinaus wurden im Anhang
meines Buches *Mysterium cordis. Studien zu einer sakramentalen Physiologie des Herzorgans. Aristoteles, Thomas von Aquin,
Rudolf Steiner* (Dornach [1]2003) zahlreiche therapeutische
Herz-Mantren Rudolf Steiners erstmals in einem größeren
inhaltlichen Kontext publiziert (S. 137ff.). 2019 erschien
dann in Arlesheim die umfassende, wenn auch keineswegs
vollständige Veröffentlichung *Patienten-Meditationen von
Rudolf Steiner* unter Berücksichtigung der Krankengeschichten.

78 Es sollte bei den Diskussionen um eine «Evidence-based
Medicine», um statistisch evaluierte Therapiestudien und
normierte, an Patientenkollektiven gewonnene Therapie-

«Standards» nicht übersehen werden, dass die damit tendenziell einhergehende Ausschaltung der individuellen Erkennt-
nis- und Urteilskraft des behandelnden Arztes ein dezidiert
antichristliches Prinzip darstellt; zur Erkenntnisdimension
des Christentums vgl. GERHARD KIENLE: «Die ungeschriebene Philosophie Jesu. Entwurf zu einer Rekonstruktion».
In: PETER SELG (HG.): *Gerhard Kienle. Leben und Werk.
Band 2: Ausgewählte Aufsätze und Vorträge.* Dornach 2003, S.
357ff.; zu Kienles Lebens- und Erkenntnisarbeit für die zivilisatorische Durchsetzung einer christlich-anthroposophi-
schen Medizin im 20. Jahrhundert vgl. PETER SELG: *Gerhard Kienle. Leben und Werk. Band 1: Eine Biographie.* Dornach
2003 sowie PETER SELG: *Gerhard Kienle und die Universität
Witten-Herdecke. Ärztliche Ausbildung und Ethik.* Arlesheim
2017.

79 Vgl. hierzu insbesondere RUDOLF STEINER: *Meditative Betrachtungen und Anleitungen zur Vertiefung der Heilkunst.* GA
316, sowie zahlreiche Hinweise und Ausführungen im weiteren Vortragswerk. Einen einführenden Überblick über die
damit verbundene Thematik beinhaltet das Kapitel «Vom
Leidesfühlen zum Karmawillen. Stufen einer therapeutischen Gesinnung» meiner Publikation *Krankheit und Christus-Erkenntnis* (S. 39ff.); in dieser Monografie werden auch
die Bezüge von Steiners geisteswissenschaftlichem Verständnis des differenzierten «Heilwillens» (in seiner Verbindung
mit dem Gesundungswillen des Patienten) zu den Qualitäten
der Evangelien-Heilungen herausgearbeitet. Vgl. a. PETER
SELG: *Der Mut des Heilens. Über Ita Wegman.* Arlesheim 2017.

80 «Es ist das Allerschlimmste, wenn man bei irgendeinem
Kranken, auch wenn er noch so schwer krank ist und man
ihn heilen will, an den Tod denkt. Man müsste sich geradezu
als Arzt verbieten, an den Tod des Patienten als an irgendeine Möglichkeit zu denken. Es wirken ja die Imponderabilien

so stark. Es ist eine ungeheure stärkende Kraft, wenn Sie unter allen Umständen bis zuletzt den Gedanken an den Tod – bis zuletzt! – fortschicken und nur denken, was tue ich, um an Lebenskraft zu retten, was zu retten ist.» (RU-DOLF STEINER: *Physiologisch-Therapeutisches auf Grundlage der Geisteswissenschaft.* GA 314. Dornach ³1989, S. 283.) Steiner zufolge ist es in diesem Sinne die zentrale ärztlich-therapeutische Aufgabe, im unbedingten Dienst des irdischen Lebens und seiner Prozesse zu stehen, diese zu unterstützen und beistehend anzuregen, das heißt den Inkarnations- und Lebenswillen des Patienten bis zuletzt zu ermutigen – was kein Plädoyer für eine maximale Substitution der Organismusfunktionen unter intensivmedizinischen Konditionen, sondern ein christliches Votum für einen absolut gesetzten Therapie- und Individualitätswillen bedeutet. In den Worten Ita Wegmans: «Sie müssen immer denken, dass jeder Atemzug auf der Erde bedeutsam ist, und alles dafür tun, was möglich ist. Bis zum letzten Atemzug kann das Schicksal sich noch wenden.» (Zit. n. PETER SELG: *Die letzten drei Jahre. Ita Wegman in Ascona.* Dornach ¹2004, S. 28; vgl. auch: PETER SELG: *Sterben, Tod und geistiges Leben. Die Kondolenzbriefe Ita Wegmans und das Todesverständnis der anthroposophischen Geisteswissenschaft.* Dornach 2005 und PETER SELG: *Der Mut des Heilens. Über Ita Wegman.* Arlesheim 2017.)

81 RUDOLF STEINER: *Meditative Betrachtungen und Anleitungen zur Vertiefung der Heilkunst.* GA 316, S. 228.

82 Vgl. zur kosmischen Beziehung und Dimension des Heil-Wissens und des therapeutischen Heil-Willens insbesondere Rudolf Steiners Vorträge vor den «jungen Medizinern» (*Meditative Betrachtungen und Anleitungen zur Vertiefung der Heilkunst.* GA 316), in einzelnen, weiterführenden Aspekten auch den Kurs *Das Initiaten-Bewusstsein.* GA 243.

83 «Die Mysterien selbst sind ja zurückgegangen in der Zeit, in

der die menschliche freie Entwickelung Platz greifen musste. Nun ist die Zeit gekommen, in der die Mysterien wieder gefunden werden müssen. Sie müssen wieder gefunden werden. Dessen muss man sich voll bewusst sein, dass heute Anstalten dazu gemacht werden müssen, die Mysterien wieder zu finden. Aus diesem Bewusstsein heraus ist die Weihnachtstagung gehalten worden, denn es ist eine dringende Notwendigkeit, dass auf der Erde eine Stätte ist, wo wiederum Mysterien begründet werden können. Die Anthroposophische Gesellschaft muss in ihrem weiteren Fortgange der Weg zu den erneuerten Mysterien werden.» (RUDOLF STEINER: *Mysterienstätten des Mittelalters. Rosenkreuzertum und modernes Einweihungsprinzip*. GA 233a. Dornach ⁵1991, S. 134f.) Vgl. hierzu u.a.: SERGEJ PROKOFIEFF: *Rudolf Steiner und die Grundlegung der neuen Mysterien*. Stuttgart ¹1982; DERS.: *Menschen mögen es hören. Das Mysterium der Weihnachtstagung*. Stuttgart ¹2002. Für die Heilkunst begann Rudolf Steiner eine systematische Unterweisung in Richtung einer neuen Mysterienmedizin mit seinen Vorträgen vor den «jungen Medizinern» im unmittelbaren Anschluss an die Weihnachtstagung. (*Meditative Betrachtungen und Anleitungen zur Vertiefung der Heilkunst*. GA 316.) Vgl. zu diesen Vorträgen meine Publikationen *Helene von Grunelius und Rudolf Steiners Kurse für junge Mediziner* (Dornach 2003), *Die «Wärme-Meditation». Geschichtlicher Hintergrund und ideelle Beziehungen* (Dornach 2005), *Die Briefkorrespondenz der «jungen Mediziner». Eine dokumentarische Studie zur Rezeption von Rudolf Steiners «Jungmediziner»-Kursen* (Dornach 2005) sowie *«Die Medizin muss Ernst machen mit dem geistigen Leben». Rudolf Steiner und die Kurse für die jungen Mediziner* (Dornach 2005).

84 Über diese von ihm mit der Ärztin Ita Wegman realisierte esoterisch-medizinische Forschungsgemeinschaft im Sinne der neuen christlichen Mysterien sprach Rudolf Steiner aus-

führlich in seinen Torquai-Vorträgen vom 14. und 21. August 1924 (*Das Initiaten-Bewusstsein*. GA 243). Vgl. hierzu J. EMANUEL ZEYLMANS VAN EMMICHOVEN: *Wer war Ita Wegman. Eine Dokumentation.* Dornach ²2000. Band 1, S. 220ff. und Band 2, S. 99ff. Vgl. a. J. EMANUEL ZEYLMANS VAN EMMICHOVEN: *Die Erkraftung des Herzens. Eine Mysterienschulung der Gegenwart. Rudolf Steiners Zusammenarbeit mit Ita Wegman.* Arlesheim ²2015.

85 Vgl. RUDOLF STEINER UND ITA WEGMAN: *Grundlegendes zu einer Erweiterung der Heilkunst nach geisteswissenschaftlichen Erkenntnissen.* GA 27.

86 Vgl. hierzu u. a. RUDOLF STEINER: *Die Philosophie des Thomas von Aquino.* GA 74.

87 Vgl. PETER SELG: *Was heißt und zu welchem Ende studiert man Anthroposophische Medizin?* Arlesheim 2017.

88 PETER F. MATTHIESSEN: *Prinzipien der Heilung im Neuen Testament*, S. 157.

89 In der Übersetzung von Emil Bock, Ausgabe 1998 (Originalfassung der Übersetzung).

90 Aus: RUDOLF FRIELING: *Gesammelte Schriften.* Band III. Stuttgart 1982.

91 RUDOLF STEINER: *Die Grundimpulse des weltgeschichtlichen Werdens der Menschheit.* GA 216. Dornach ³1988, S. 95f.

92 «[...] Es handelt sich darum, dass im Ritual des Messopfers durchaus lebt der ganze Sinn des Christentums.» (RUDOLF STEINER: *Vorträge und Kurse über christlich-religiöses Wirken, II. Spirituelles Erkennen – Religiöses Empfinden – Kultisches Handeln.* GA 343. Dornach ¹1993, S. 474) «In der Menschenweihehandlung lebt [...] in fortwährender unmittelbarer Gegenwart die christliche Strömung, und es bewegt sich diese Strömung der christlichen Substanz durch diese Menschenweihehandlung hindurch, sodass eigentlich im Mittelpunkt des christlichen Kultus diese Menschenweihehand-

lung stehen muss.» (*Vorträge und Kurse über christlich-religiöses Wirken, III. Vorträge über die Begründung der Christengemeinschaft.* GA 344. Dornach ¹1994, S. 52.)

93 Ebd., S. 223.

94 JACOB UND WILHELM GRIMM: *Deutsches Wörterbuch.* Band 3, München 1986, S. 919.

95 WOLFRAM VON ESCHENBACH: *Parzival.* Stuttgart 1998, Band 2, Buch 19, S. 66ff.

96 Zit. n. KARL SUDHOFF (HG.): *Theophrast von Hohenheim, genannt Paracelsus. Sämtliche Werke.* 1. Abteilung. Band 9, S. 71.

97 Vgl. https://www.paracelsus.uzh.ch/new-paracelsus-edition-05.html. Von den paracelsischen Abendmahlschriften erschien im 20. Jahrhundert lediglich die Schrift *Das Mahl des Herrn (De corna domini libri VII ad Clementem VV. Papam)* im Druck. Der Anthroposoph Gerhard Deggeller (1908 – 1995), Germanist und Mitarbeiter an der Heidelberger Paracelsus-Edition, gab diese Arbeit 1950 im Hybernia-Verlag Dornach selbstständig heraus, zusammen mit Paracelsus' Auslegung des Vaterunsers. Deggellers kommentierende Buchedition der bis dahin noch gänzlich unveröffentlichten Abendmahlschrift liegt eine Abschrift aus der Wolfenbütteler Originalhandschrift zugrunde (Herzog-August-Bibliothek). Vgl. a. NIKOLAUS CZIFRA: *Paracelsus' Abendmahlschriften, Überlieferung und Kontext.* Dissertation Salzburg 2014.

98 GUNHILD PÖRKSEN: «Konturen des Ich – Paracelsus in Selbstzeugnissen». In: DRESDNER BOMBASTUS-GESELLSCHAFT (HG.): *Erbe und Erben.* 1. Dresdner Paracelsus Symposion 28./29. Dezember 1996.

99 WILL-ERICH PEUCKERT (HG.): *Theophrastus Paracelsus. Werke.* Darmstadt 1965. Band 1, S. 200.

100 Ebd., Band 2, S. 38.

101 Ebd., Band 1, S. 561.

102 Ebd., S. 544.

103 Ebd., S. 545.

104 Ebd., S. 548f.

105 Ebd., S. 552.

106 Ebd., S. 554.

107 Ebd., S. 208f.

108 Ebd., S. 210.

109 Ebd., S. 76.

110 Ebd., Band 2, S.33f. (Hervorhebung v. V.)

111 Ebd., S. 34.

112 Ebd., S. 32f.

113 Ebd., S. 36.

114 Ebd., S. 33.

115 Ebd., S. 36.

116 Ebd., S. 34.

117 GERHARD DEGGELLER (HG.): *Paracelsus – Das Mahl des Herrn und Auslegung des Vaterunsers*. Dornach [2]1993, S. 61.

118 Ebd., S. 62.

119 WILL-ERICH PEUCKERT (HG.): *Theophrastus Paracelsus. Werke*. Band 2, S. 35.

120 KARL SUDHOFF (HG.): *Theophrast von Hohenheim, genannt Paracelsus. Sämtliche Werke*. 1. Abteilung, Band 12, S. 32.

121 Ebd., Band 8, S. 100.

122 WILL-ERICH PEUCKERT (HG.): *Theophrastus Paracelsus. Werke*. Band 2, S. 37.

123 Ebd.

124 Ebd., S. 38.

125 In: GERHARD DEGGELLER (HG.): *Paracelsus – Das Mahl des Herrn und Auslegung des Vaterunsers*, S. 45.

126 Ebd., S. 62.

127 Ebd., S. 62f.

128 Ebd., S. 62.

129 Ebd., S. 54.

130 Ebd., S. 51.

131 Ebd., S. 55.

132 Ebd., S. 15.

133 Ebd., S. 56.

134 Ebd., S. 37.

135 Ebd., S. 40.

136 Ebd., S. 30.

137 Ebd., S. 41f.

138 Ebd., S. 33.

139 Ebd., S. 58.

140 WILL-ERICH PEUCKERT (HG.): *Theophrastus Paracelsus. Werke*. Band 2, S. 500.

141 Ebd., S. 501.

142 RUDOLF STEINER: *Mantrische Sprüche. Seelenübungen. Band II, 1903 – 1925*. GA 268. Dornach [1]1999, S. 300.

143 RUDOLF STEINER: *Mein Lebensgang*. GA 28. Dornach [9]2000, S. 272.

144 «Man kann schon sagen, es gab in den als gnostisch verschrieenen Schriften und sonstigen älteren Ausführungen der alten Kirchenlehrer, die noch Schüler der Apostel waren oder Schüler der Apostelschüler, gewaltige Lehren über das Christentum, die von der Kirche dann ausgerottet worden sind, weil die Kirche dasjenige weghaben wollte, was immer mit diesen Lehren verbunden war: das Kosmische. Es sind ja ungeheuer bedeutsame Dinge von der Kirche vernichtet worden. Sie sind vernichtet worden, aber das Lesen in der Akasha-Chronik wird sie wiederherstellen bis zum letzten i-Tüpfelchen, wenn es an der Zeit ist, sie wiederherzustellen.» (Rudolf Steiner: *Vorträge und Kurse über christlich-religiöses Wirken, V. Apokalypse und Priesterwirken.* GA 346. Dornach [2]2001, S. 129) In seinen «Jungmediziner»-Kursen eröffnete Steiner den Studenten und Ärzten Aspekte jener «ursprünglichen kosmischen Denkweise über den Menschen» (*Meditative Betrachtungen und Anleitungen zur*

Vertiefung der Heilkunst. GA 316, S. 194), die in der alten Heilkunde vorhanden war und durch das Christus-Ereignis eine neue Steigerung erfuhr. Das «hingebungsvolle Verhalten der Seele in der Welt» (ebd., S. 197) und der «christliche Heilwille» (vgl. S. 43ff.), deren Zukunftsbedeutung Steiner thematisierte, stehen in innerer Verbindung zu dieser «ursprünglichen kosmischen Denkweise über den Menschen». Den Medizinstudenten und jungen Ärzten vertraute Rudolf Steiner u.a. die Meditation an: «Fühle in des Fiebers Maß / Des Saturns Geistesgabe / Fühle in des Pulses Zahl / Der Sonne Seelenkraft / Fühle in des Stoffes Gewicht / Des Mondes Formenmacht / Dann schauest du in deinem Heilerwillen / Auch des Erdenmenschen Heilbedarf» (ebd., S. 200f.). Dies war im Sinne des Paracelsus – der wie Steiner in seiner medizinischen Reform mit Nachdruck auf die kommenden «jungen Ärzte» setzte. Um 1530 schrieb er: «Es ist die Art des Lichts der Natur, dass sie dem Menschen in der Wiege eingeht, dass sie mit Ruten in ihn hineingeschlagen wird, dass sie am Haar herzu gezogen wird, und geht dermaßen in ihn hinein, dass sie kleiner als das Senfkorn ist und wächst größer auf als der Senf. Dieweil nun der Senfbaum Vögel auf sich sitzen sieht und war der kleinste unter allen, was ist seine Bedeutung anderes, als dass das jung in uns kommt, das im Alter groß wird und so groß, dass der Mensch nicht allein für sich selbst da ist, sondern auch für alle anderen. Auf dieses nun: Weil der Mensch ein Baum werden und diese Lehr Christi und das Exempel vom Senfbaum erfüllen soll, ein alter ausgewachsener Baum kann nichts mehr fassen und ist diesem Senfkorn gegenüber so gut wie tot. Weil er nun tot ist und ist nichts, und das Exempel lautet auf das Senfkorn und nit auf das Holz und die Äste, wie kann dann aus einer alten Tanne ein Kütten oder Sprössling wachsen? Oder aus einem alten

Lorbeerbaum ein junger Holunder? Es ist nit möglich. Noch viel unmöglicher ist es, dass ein alter Korrektor in einer Druckerei, ein alter Conventor in einer Logiker-Burse, ein alter pater in einer Schule Arzt werde, denn ein Arzt soll wachsen. Wie können die Alten noch wachsen? Sie sind ausgewachsen und verwachsen und im Moder vermoost und verwickelt, so dass nichts als Knorren und Knebel daraus werden. Darum, wenn ein Arzt auf dem Grunde stehen soll, so muss er in der Wiege gesät werden wie ein Senfkorn, und darin aufwachsen, so wie die Großen vor Gott, so wie die Heiligen vor Gott, und müssen so wachsen, dass sie in den Dingen der Arznei wie ein Senfkorn zunehmen, dass sie über alle hinaus wachsen. Solches muss mit der Jugend aufgehen und muss wachsen.» (WILL-ERICH PEUCKERT (HG.): *Theophrastus Paracelsus. Werke*. Band 1, S. 574f.)

145 RUDOLF STEINER: *Die Wirklichkeit der höheren Welten. Einführung in die Anthroposophie*. GA 79, S. 215.

146 RUDOLF STEINER: *Geisteswissenschaft und Medizin*. GA 312, S. 182.

147 RUDOLF STEINER: *Der Mensch als Zusammenklang des schaffenden, bildenden und gestaltenden Weltenwortes*. GA 230. Dornach [7]1993, S. 180.

148 RUDOLF STEINER: *Die Naturwissenschaft und die weltgeschichtliche Entwicklung der Menschheit seit dem Altertum*. GA 325. Dornach [2]1989, S. 26.

149 RUDOLF STEINER: *Die gesunde Entwicklung des Menschenwesens. Eine Einführung in die anthroposophische Pädagogik und Didaktik*. GA 303. Dornach [4]1987, S. 277.

150 RUDOLF STEINER: *Vorträge und Kurse über christlich-religiöses Wirken, II. Spirituelles Erkennen – Religiöses Empfinden – Kultisches Handeln*. GA 343, S. 42f. – Wie Paracelsus beschrieb Rudolf Steiner den lebenserhaltenden Ernährungsvorgang als ein fortwährendes Ankämpfen ge-

gen den menscheneigenen Verzehrungsprozess. Hatte Paracelsus gesagt: «Denn in uns ist ein Wesen, gleicherweise wie ein Feuer; das selbige Wesen zehrt uns unsere Form und Bild hinweg. [...] Die Verzehrung der Form ist dem Menschen gesetzt als der Tod. Den selbigen Tod muss der Mensch hinhalten, durch das, was die Nahrung tut und vermag» (s. o.), so heißt es bei Steiner in einem Ärzte-Vortrag: «Sie sterben durch ihre Ich-Organisation fortwährend; das heißt, Sie zerstören Ihren physischen Leib nach innen, während sonst die äußere Natur, wenn Sie durch den Tod gehen, Ihren physischen Leib von außen zerstört. Nach zwei verschiedenen Richtungen ist der physische Leib zerstörungsfähig, und die Ich-Organisation ist einfach die Summe der Zerstörungskräfte nach innen. Man kann schon sagen, die Ich-Organisation hat die Aufgabe, den Tod herbeizuführen [...], der immer nur dadurch verhindert wird, dass neuer Nachschub geschieht, und immer diese Tätigkeit, den Tod herbeizufahren, nur angefangen wird.» (*Meditative Betrachtungen und Anleitungen zur Vertiefung der Heilkunst.* GA 316, S. 30f.)

151 RUDOLF STEINER: *Die Wirklichkeit der höheren Welten. Einführung in die Anthroposophie.* GA 79. Dornach ²1988, S. 211.

152 PETER SELG: *Vom Logos menschlicher Physis.* Band 2. Dornach ²2005, S. 587ff.

153 RUDOLF STEINER: *Vorträge und Kurse über christlich-religiöses Wirken, II. Spirituelles Erkennen – Religiöses Empfinden – Kultisches Handeln.* GA 343 (2), S. 66.

154 RUDOLF STEINER: *Geisteswissenschaft und Medizin.* GA 312, S. 101.

155 RUDOLF STEINER: *Anthroposophie als Kosmosophie – Erster Teil: Wesenszüge des Menschen im irdischen und kosmischen Bereich.* GA 207. Dornach ³1990, S. 128.

156 RUDOLF STEINER: *Vorträge und Kurse über christlich-religiöses Wirken, II. Spirituelles Erkennen – Religiöses Empfinden – Kultisches Handeln.* GA 343, S. 175.

157 Vgl. PETER SELG: *Vom Logos menschlicher Physis.* Band 2, S. 690ff. und PETER SELG: *Ungeborenheit. Die Präexistenz des Menschen und der Weg zur Geburt.* Arlesheim 2009.

158 RUDOLF STEINER: *Geisteswissenschaftliche Grundlagen zum Gedeihen der Landwirtschaft. Landwirtschaftlicher Kurs.* GA 327. Dornach [8]1999, S. 23.

159 RUDOLF STEINER: *Vorträge und Kurse über christlich-religiöses Wirken, V. Apokalypse und Priesterwirken.* GA 346, S. 133.

160 RUDOLF STEINER: *Initiations-Erkenntnis.* GA 227, S. 108.

161 Vgl. diesbezüglich auch Steiners Schilderungen einer fortdauernden Formbildung der Leibesorgane an der Atmung, die von ihm als Aufnahme von – menschengemäßen – Gestaltungskräften beschrieben wird: «Fortdauernd geht aus dem Makrokosmos eine werdende Menschengeburt, eine Luftmenschengeburt in den Menschen hinein.» (GA 318, S. 97f.) Vgl. im Einzelnen PETER SELG: *Vom Logos menschlicher Physis.* Band 2, S. 612ff.)

162 RUDOLF STEINER: *Initiations-Erkenntnis.* GA 227, S. 108.

163 RUDOLF STEINER: *Vorträge und Kurse über christlich-religiöses Wirken, V. Apokalypse und Priesterwirken.* GA 346, S. 137.

164 RUDOLF STEINER: *Vorträge und Kurse über christlich-religiöses Wirken, II. Spirituelles Erkennen – Religiöses Empfinden – Kultisches Handeln.* GA 343, S. 44.

165 Ebd., S. 122.

166 Ebd., S. 260.

167 Heb 7, 17; Übersetzung von RUDOLF STEINER (*Vorträge und Kurse über christlich-religiöses Wirken, III. Vorträge über die Begründung der Christengemeinschaft.* GA 344, S. 143).

168 Ebd., S. 146.

169 – die als heilende Gegenkraft gegen die luziferische Abweichung des Nerven-Sinnes-Systems und die ahrimanische Beeinflussung des Stoffwechsel-Gliedmaßen-Systems beschreibbar ist (ebd., S. 181).

170 Ebd., S. 148. – Dass diese Wirksamkeit des sakramentalen Brot- und Wein-Opfers mit dem menschlichen *Herzen* (als Schicksalsorgan) zusammenhängt, deutete bereits der Psalter an: «Du lässest Gras wachsen für das Vieh / und Saat zu Nutz des Menschen, / dass du *Brot* aus der Erde hervorbringst, / dass der *Wein* erfreue des Menschen Herz / und sein Antlitz schön werde vom Öl / und das *Brot* des Menschen *Herz* stärke.» (Psalm 104; Übersetzung nach Martin Luther, Hervorhebung v. V.) Vgl. diesbezüglich auch die Aussage von Paracelsus, der zufolge die sakramentale Christus-Speise im *Herzen* des Menschen bewahrt wird und dort ein Wachstum erfährt (vgl. S. 189).

171 – den Steiner als einen «luziferisch-ahrimanisch gewordenen Geist, namentlich stark ahrimanisch gewordenen Geist» beschrieb (*Vorträge und Kurse über christlich-religiöses Wirken, III. Vorträge über die Begründung der Christengemeinschaft*. GA 344, S. 149).

172 Ebd., S. 299.

173 Vgl. hierzu insbesondere Rudolf Steiners Darstellung in *Christus und die menschliche Seele. Über den Sinn des Lebens. Theosophische Moral. Anthroposophie und Christentum*. GA 155. Dornach ³1994, S. 183ff.: «Die Schuld, die wir auf uns laden, die Sünde, die wir auf uns laden, die ist ja nicht bloß unsere Tatsache, das müssen wir jetzt unterscheiden, sondern sie ist eine objektive Weltentatsache, sie ist etwas auch für die Welt. Dasjenige, was wir verbrochen haben, das gleichen wir in unserm Karma aus; aber dass wir einem [beispielsweise] die Augen ausgestochen haben, das ist ge-

schehen, das hat sich wirklich vollzogen, und wenn wir, sagen wir, in der jetzigen Inkarnation einem Menschen die Augen ausstechen und dann in der nächsten Inkarnation etwas tun, was dieses ausgleicht, so bleibt das doch für den objektiven Weltengang bestehen, dass wir vor soundsoviel Jahrhunderten einem die Augen ausgestochen haben. Das ist eine objektive Tatsache im Weltenganzen. [...] Wir müssen unterscheiden die Folgen einer Sünde für uns selbst, und die Folgen einer Sünde für den objektiven Weltengang. [...] Unsägliches Leid müsste man mittragen, wenn nicht ein Wesen mit der Erde sich verbunden hätte, welches das, was von uns nicht mehr abgeändert werden kann, für die Erde ungeschehen machte. Dieses Wesen ist der Christus. Nicht subjektives Karma, aber die geistigen objektiven Wirkungen der Taten, der Schuld, die nimmt er uns ab.»

174 Rudolf Steiner: *Vorträge und Kurse über christlich-religiöses Wirken, II. Spirituelles Erkennen – Religiöses Empfinden – Kultisches Handeln.* GA 343, S. 463. – Bereits in seinen frühen Vorträgen über die Erd- und Menschheitsgeschichte hatte Steiner wiederholt darauf hingewiesen, dass dem evolutionsgeschichtlichen Phänomen der «Erbsünde» – als einer überstarken Bindung des Menschen an die Erbverhältnisse – kosmische Einwirkungen von widergöttlichen Mächten zugrunde liegen, die den Menschen zu einer stärkeren Inkarnation drängten und ihn so den erblichen Einflüssen aussetzten. Dieser konstitutionell (physiologisch) bedeutsame Prozess unterlag nicht der menschlichen Freiheit (die infolge unzureichender Ich-Entwicklung noch gar nicht vorhanden war) und erfuhr erst in späteren Zeiten eine moralisierende Interpretation. Vgl. hierzu unter anderem Rudolf Steiner: *Die Polarität von Dauer und Entwicklung im Menschenleben.* GA 184. Dornach [3]2002, S. 238ff.

175 RUDOLF STEINER: *Christus und die menschliche Seele. Über den Sinn des Lebens. Theosophische Moral. Anthroposophie und Christentum.* GA 155, S. 157.

176 RUDOLF STEINER: *Weltwesen und Ichheit.* GA 169. Dornach ³1998, S. 42.

177 Vgl. zur heilenden Bedeutung der rhythmischen Mitte des Menschen Rudolf Steiners Vortrag vom 13. April 1921 (*Geisteswissenschaftliche Gesichtspunkte zur Therapie* (1921). GA 313) sowie die vielen pädagogischen Vortragszusammenhänge, in denen er das gesunde zweite Lebensjahrsiebt als Zeitphase eines dominanten rhythmischen Systems beschreibt (vgl. PETER SELG: *Vom Logos menschlicher Physis.* Band 2, S. 728ff.).

178 PETER SELG: *Vom Logos menschlicher Physis.* Band 2, S. 822f. (Faksimile und Transkription)

179 RUDOLF STEINER: *Vorträge und Kurse über christlich-religiöses Wirken, II. Spirituelles Erkennen – Religiöses Empfinden – Kultisches Handeln.* GA 343, S. 605f.

180 Ebd., S. 248.

181 RUDOLF STEINER: *Mantrische Sprüche. Seelenübungen. Band II, 1903 – 1925.* GA 268, S. 302.

Peter Selg

Hippokrates

Ärztliche Ausbildung und Ethik

112 Seiten, 5 Abb., Broschur
ISBN 978-3-905919-65-3

Die hier vorgelegte Studie zu Hippokrates und der Ärzteschule von Kos
basiert auf einer Vorlesungsfolge zur Ideengeschichte der Medizin und
ärztlichen Bewusstseinsbildung an der Universität Witten-Herdecke
(Studium fundamentale/Integriertes Begleitstudium Anthroposophische
Medizin).

«Überhaupt muss man sich das Vorhergegangene klarmachen, erkennen
das Gegenwärtige, voraussagen das Kommende. Diese Probleme gründ-
lich durchdenken. Grundsatz bei der Behandlung der Kranken: stets zweierlei im Auge haben: helfen oder wenigstens nicht schaden. Die Kunst hat
drei Elemente: die Krankheit, die Kranken und den Arzt. Der Arzt ist der
Diener der Kunst. Die Krankheit bekämpfen muss der Kranke mit Hilfe
des Arztes.»

(Epidemien Buch I. Corpus Hippocraticum)

VERLAG DES ITA WEGMAN INSTITUTS

Peter Selg

Rudolf Steiners Beziehung zur Medizin

96 Seiten, 3 Abb., Broschur
ISBN 978-3-906947-35-8

Den Vortrag «Rudolf Steiner und die Medizin. Die inneren Beziehungen der anthroposophischen Geisteswissenschaft zur Heilkunst» hielt Peter Selg zum 150. Geburtstag Rudolf Steiners innerhalb der Jahreskonferenz der Medizinischen Sektion am Goetheanum (2011). Da er von unverändert aktueller Bedeutung für die Beantwortung der Frage ist, inwiefern Steiners anthroposophische Grundlagenforschung Impulse und Perspektiven für die Weiterentwicklung der Medizin eröffnen konnte, wird er nunmehr publiziert. Er verdeutlicht auch, warum Rudolf Steiner diesem Zivilisationsgebiet so eine außerordentliche Bedeutung beimaß und sich in existentieller Weise engagierte – auch unabhängig von den Fragen der Ärzte. «Der Materialismus wird in rasender Eile seine Konsequenzen ziehen …»

VERLAG DES ITA WEGMAN INSTITUTS

ITA WEGMAN INSTITUT FÜR ANTHROPOSOPHISCHE GRUNDLAGENFORSCHUNG

Im Ita Wegman Institut für anthroposophische Grundlagenforschung wird die von Dr. phil. Rudolf Steiner (1861 – 1925) in Schrift- und Vortragsform entwickelte anthroposophische Geisteswissenschaft ideengeschichtlich aufgearbeitet, unter werkbiographischer Akzentuierung und im Kontext der Wissenschafts- und Sozialgeschichte des 19. und 20. Jahrhunderts.

Das Institut unterhält mehrere, öffentlich zugängliche Arbeitsarchive, die auf den Nachlässen von wegweisenden Mitarbeitern Rudolf Steiners beruhen, insbesondere im Bereich der Medizin, Heilpädagogik und Pädagogik.

Die Arbeiten des Ita Wegman Instituts werden von verschiedenen Stiftungen – in erster Linie der Software AG-Stiftung (Darmstadt) – sowie einem internationalen Freundes- und Förderkreis unterstützt.

Pfeffinger Weg 1A · CH 4144 Arlesheim · Schweiz
Leitung: Prof. Dr. P. Selg
www.wegmaninstitut.ch · E-Mail: sekretariat@wegmaninstitut.ch